胡适经典论丛

胡适论读书

沈卫威 选编

图书在版编目(CIP)数据

胡适论读书 / 胡适著;沈卫威编选. —合肥:安徽教育出版社,2013.8
(胡适经典论丛)
ISBN 978-7-5336-7665-0

Ⅰ.①胡… Ⅱ.①胡…②沈… Ⅲ.①胡适(1891～1962)—读书方法—文集 Ⅳ.①G792—53

中国版本图书馆CIP数据核字(2013)第183414号

书名:胡适论读书　　　　　　　　　　　作者:胡　适
HUSHI LUN DUSHU

出 版 人:郑　可　　　　　　　　　　　责任编辑:王　骏
　　　　　　　　　　责任印制:何惠菊　　装帧设计:许海波

出版发行:时代出版传媒股份有限公司　http://www.press-mart.com
　　　　　安徽教育出版社　http://www.ahep.com.cn
　　　　　(合肥市繁华大道西路398号,邮编:230601)
　　　　　营销部电话:(0551)63683008,63683011,63683015
排　　版:安徽创艺彩色制版有限责任公司
印　　刷:合肥创新印务有限公司　　　　电话:(0551)64456946
(如发现印装质量问题,影响阅读,请与印刷厂商联系调换)

开本:650×960　1/16　　　印张:20.75　　　字数:250千字
版次:2013年9月第1版　　　　　　　　2013年9月第1次印刷

ISBN 978-7-5336-7665-0　　　　　　　　　　　定价:39.00元

版权所有,侵权必究

目 录

前　言···沈卫威(1)

第一辑　读书的姿态

介绍我自己的思想
　　——《胡适文选》自序 ································· (3)
读书 ··· (19)
为什么读书 ··· (28)
读书的习惯重于方法 ································ (34)
找书的快乐 ··· (36)
谈字典的功用 ·· (42)
一个最低限度的国学书目 ··························· (46)
小学及初中毕业应达最低限度的程度 ············ (57)
我们对于西洋近代文明的态度 ····················· (60)
我们今日还不配读经 ································· (73)

第二辑　读书与治学

治学的方法与材料 ···································· (81)
整理国故与"打鬼"
　　——给浩徐先生信 ································· (92)

拟"整理国故"计划 …………………………………（96）
再谈谈"整理国故" ……………………………………（100）
中国书的收集法 ………………………………………（104）
格致与科学 ……………………………………………（118）
推论与思想 ……………………………………………（121）
佛学杂记 ………………………………………………（125）

第三辑　读书办刊杂记

海外读书杂记 …………………………………………（133）
胡适的读书杂记 ………………………………………（144）
《吴虞文录》序 …………………………………………（147）
发起《读书杂志》的缘起 ………………………………（151）
读《楚辞》………………………………………………（152）
评新诗集 ………………………………………………（158）
《蕙的风》序 ……………………………………………（171）
介绍几部新出的史学书 ………………………………（179）
《欧战全史》序 …………………………………………（190）
《崔东壁遗书》序 ………………………………………（193）
《克难苦学记》序 ………………………………………（200）
《詹大佑先生年谱》序 …………………………………（211）
《英文现代读物》序例 …………………………………（216）
读书杂记《黄金的美国》………………………………（218）

第四辑　读书办学赠言

中国公学十八年级毕业赠言 …………………………（225）
赠与今年的大学毕业生 ………………………………（227）
北京大学第二十五周年纪念日的演说 ………………（233）

在中央大学宴会上的演说词 ……………………………（235）
在北京大学哲学系同学欢迎会上的讲话 ……………（236）
给北大哲学系毕业生纪念赠言 …………………………（239）
在母校澄衷中学的演说 …………………………………（241）
在北平图书馆协会上之讲演 ……………………………（244）
给"求真学社"同学的临别赠言 ………………………（248）
北京大学五十周年 ………………………………………（253）

第五辑　读书与学校教育

学术救国 …………………………………………………（259）
大学教育与科学研究 ……………………………………（263）
考试与教育 ………………………………………………（267）
教育家张伯苓 ……………………………………………（274）
教育学生培养兴趣 ………………………………………（281）
选科与择业 ………………………………………………（285）
中学生的修养与择业 ……………………………………（292）
美国大学教育的革新者
　　——吉尔曼的贡献 …………………………………（301）
谈谈大学 …………………………………………………（304）
大学的生活
　　——学生选择科系的标准 …………………………（307）
中国教育史的资料 ………………………………………（313）
一个防身药方的三味药 …………………………………（315）
书院的教育 ………………………………………………（320）
道德教育 …………………………………………………（321）

前　言

同样是读书,每个人的目的和境界不一样,即便是同一个体,不同的人生时段,所读的书也不一样:有受教育阶段的求知赶考;有工作之余的消遣休闲阅读;有专业学者的学术研究需要;还有其他种种。胡适完成受教阶段后的读书主要是为了从事学术研究:寻找材料、发现问题和解答问题。

著名学者王国维在《人间词话》中用晏殊《蝶恋花》、柳永《蝶恋花》和辛弃疾《青玉案》中的词句总结了读书治学,成就事业的境界:古今之成大事业、大学问者,必经过三种之境界:"昨夜西风凋碧树。独上高楼,望尽天涯路。"此第一境也。"衣带渐宽终不悔,为伊消得人憔悴。"此第二境也。"众里寻他千百度,蓦然回首,那人却在灯火阑珊处。"此第三境也。

胡适读书治学和做人处事的境界是:"做学问要在不疑处有疑,待人要在有疑处不疑。"这是胡适对宋儒张载(横渠)"学则须疑","于不疑处有疑,方是进矣"之说的发扬光大。

本书是以胡适论读书为中心的编选,依据《胡适全集》里的文章,我只是加以分类。因胡适论著的丰富性,使得我在选取文章时,要尽量考虑到能够体现出胡适读书、治学的个性特色。所选文章,长短不一,涉及古今中外,多姿多彩,文字简洁明快,可读性强。

这二十多年的学术生活中,胡适的书一直在我身旁相伴,读胡适,讲胡适,是我生命的重要组成部分。胡适的思想与方法,直接影响了我的学术进程。当安徽教育出版社的朋友约我编选一本胡适论读书时,我也就乐意接受了这一工作,并写下这个简短的序言。

沈卫威

2012年8月26日

于南京大学中文系

第一辑
读书的姿态

介绍我自己的思想[*]

——《胡适文选》自序

我在这十年之中,出版了三集《胡适文存》,约计有一百四五十万字。我希望少年学生能读我的书,故用报纸印刷,要使定价不贵。但现在三集的书价已在七元以上,贫寒的中学生已无力全买了。字数近百五十万,也不是中学生能全读的了。所以我现在从这三集里选出了二十二篇论文,印作一册,预备给国内的少年朋友们作一种课外读物。如有学校教师愿意选我的文字作课本的,我也希望他们用这个选本。

我选的这二十二篇文字,可以分作五组。

第一组六篇,泛论思想的方法。

第二组三篇,论人生观。

第三组三篇,论中西文化。

第四组六篇,代表我对于中国文学的见解。

第五组四篇,代表我对于整理国故问题的态度与方法。

为读者的便利起见,我现在给每一组作一个简短的提要,使我的少年朋友们容易明白我的思想的路径。

---

[*] 收入《胡适文选》1930年12月上海亚东图书馆初版。——编者

一

第一组收的文字是：

演化论与存疑主义

杜威先生与中国

杜威论思想

问题与主义

新生活

新思潮的意义

我的思想受两个人的影响最大：一个是赫胥黎，一个是杜威先生。赫胥黎教我怎样怀疑，教我不信任一切没有充分证据的东西。杜威先生教我怎样思想，教我处处顾到当前的问题，教我把一切学说理想都看作待证的假设，教我处处顾到思想的结果。这两个人使我明了科学方法的性质与功用，故我选前三篇介绍这两位大师给我的少年朋友们。

从前陈独秀先生曾说实验主义和辨证法的唯物史观是近代两个最重要的思想方法，他希望这两种方法能合作一条联合战线。这个希望是错误的。辨证法出于海格尔的哲学，是生物进化论成立以前的玄学方法。实验主义是生物进化论出世以后的科学方法。这两种方法所以根本不相容，只是因为中间隔了一层达尔文主义。达尔文的生物演化学说给了我们一个大教训：就是教我们明了生物进化，无论是自然的演变，或是人为的选择，都由于一点一滴的变异，所以是一种很复杂的现象，决没有一个简单的目的地可以一步跳到，更不会有一步跳到之后可以一成不变。辨证法的哲学本来也是生物学发达以前的一种进化理论；依他本身的理论,这个一正一反相毁相成的阶段应该永远不断的呈现。但狭义的共产主义者却似乎忘了这个原则,所以武断的虚悬一个共产共有的理想境界,以为可以用阶级斗争的方法一蹴即到,既到之后又可以用一阶级专政方法把持不变。这样的化复杂为简单,这样的根本否定演变的继续便是十足的达尔文以前的武断思想,比那顽固的海格尔更顽固了。

实验主义从达尔文主义出发,故只能承认一点一滴的不断的改进是真实可靠的进化。我在《问题与主义》和《新思潮的意义》两篇里,只发挥这个根本观念。我认定民国六年以后的新文化运动的目的是再造中国文明,而再造文明的途径全靠研究一个个的具体问题。我说:

> 文明不是拢统造成的,是一点一滴的造成的。进化不是一晚上拢统进化的,是一点一滴的进化的。现今的人爱谈"解放"与"改造",须知解放不是拢统解放,改造也不是拢统改造。解放是这个那个制度的解放,这种那种思想的解放,这个那个人的解放;都是一点一滴的解放。改造是这个那个制度的改造,这种那种思想的改造,这个那个人的改造;都是一点一滴的改造。
>
> 再造文明的下手工夫是这个那个问题的研究。再造文明的进行是这个那个问题的解决。(页六八)

我这个主张在当时最不能得各方面的了解。当时(民国八年)承"五四"、"六三"之后,国内正倾向于谈主义。我预料到这个趋势的危险,故发表"多研究些问题,少谈些主义"的警告。我说:

> 凡是有价值的思想,都是从这个那个具体的问题下手的。

先研究了问题的种种方面的种种事实,看看究竟病在何处,这是思想的第一步工夫。然后根据于一生的经验学问,提出种种解决的方法,提出种种医病的丹方,这是思想的第二步工夫。然后用一生的经验学问,加上想像的能力,推思每一种假定的解决法应该可以有什么样的效果,更推想这种效果是否真能解决眼前这个困难问题。推想的结果,拣定一种假定的[最满意的]解决,认为我的主张,这是思想的第三步工夫。凡是有价值的主张,都是先经过这三步工夫来的。(页三六)

我又说:

一切主义,一切学理,都该研究。但只可认作一些假设的[待证的]见解,不可认作天经地义的信条;只可认作参考印证的材料,不可奉为金科玉律的宗教;只可用作启发心思的工具,切不可用作蒙蔽聪明,停止思想的绝对真理。如此方才可以渐渐养成人类的创造的思想力,方才可以渐渐使人类有解决具体问题的能力,方才可以渐渐解放人类对于抽象名词的迷信。(页五〇)

这些话是民国八年七月写的。于今已隔了十几年,当日和我讨论的朋友,一个已被杀死了,一个也颓唐了,但这些话字字句句都还可以应用到今日思想界的现状。十几年前我所预料的种种危险,——"目的热"而"方法盲",迷信抽象名词,把主义用作蒙蔽聪明停止思想的绝对真理,——一一都显现在眼前了。所以我十分诚恳的把这些老话贡献给我的少年朋友们,希望他们不可再走错了思想的路子。

《新生活》一篇，本是为一个通俗周报写的；十几年来，这篇短文走进了中小学的教科书里，读过的人应该在一千万以上了。但我盼望读过此文的朋友们把这篇短文放在同组的五篇里重新读一遍。赫胥黎教人记得一句"拿证据来！"我现在教人记得一句"为什么？"少年的朋友们，请仔细想想：你进学校是为什么？你进一个政党是为什么？你努力做革命工作是为什么？革命是为了什么而革命？政府是为了什么而存在？

请大家记得：人同畜生的分别，就在这个"为什么"上。

二

第二组的文字只有三篇：

《科学与人生观》序

不朽

易卜生主义

这三篇代表我的人生观，代表我的宗教。

《易卜生主义》一篇写的最早，最初的英文稿是民国三年在康奈尔大学哲学会宣读的，中文稿是民国七年写的。易卜生最可代表十九世纪欧洲的个人主义的精华，故我这篇文章只写得一种健全的个人主义的人生观。这篇文章在民国七八年间所以能有最大的兴奋作用和解放作用，也正是因为它所提倡的个人主义在当日确是最新鲜又最需要的一针注射。

娜拉抛弃了家庭丈夫儿女，飘然而去，只因为她觉悟了她自己也是一个人，只因为她感觉到她"无论如何，务必努力做一个人"。这便是易卜生主义。易卜生说：

> 我所最期望于你的是一种真实纯粹的为我主义,要使你有时候觉得天下只有关于你的事最要紧,其余的都算不得什么。……你要想有益于社会,最好的法子莫如把你自己这块材料铸造成器……有的时候我真觉得全世界都像海上撞沉了船,最要紧的还是救出自己。(页一三〇)

这便是最健全的个人主义。救出自己的唯一法子便是把你自己这块材料铸造成器。

把自己铸造成器,方才可以希望有益于社会。真实的为我,便是最有益的为人。把自己铸造成了自由独立的人格,你自然会不知足,不满意于现状,敢说老实话,敢攻击社会上的腐败情形,做一个"贫贱不能移,富贵不能淫,威武不能屈"的斯铎曼医生。斯铎曼医生为了说老实话,为了揭穿本地社会的黑幕,遂被全社会的人喊作"国民公敌"。但他不肯避"国民公敌"的恶名,他还要说老实话。他大胆的宣言:

> 世上最强有力的人就是那最孤立的人!

这也是健全的个人主义的真精神。

这个个人主义的人生观一面教我们学娜拉,要努力把自己铸造成个人;一面教我们学斯铎曼医生,要特立独行,敢说老实话,敢向恶势力作战。少年的朋友们,不要笑这是十九世纪维多利亚时代的陈腐思想!我们去维多利亚时代还老远哩。欧洲有了十八九世纪的个人主义,造出了无数爱自由过于面包,爱真理过于生命的特立独行之士,方才有今日的文明世界。

现在有人对你们说:"牺牲你们个人的自由,去求国家的自由！"我对你们说："争你们个人的自由，便是为国家争自由！争你们自己的人格，便是为国家争人格！自由平等的国家不是一群奴才建造得起来的！"

《科学与人生观序》一篇略述民国十二年的中国思想界里的一场大论战的背景和内容。（我盼望读者能参读《文存》三集里《几个反理学的思想家》的吴敬恒一篇，页一五一～一八六。）在此序的末段，我提出我所谓"自然主义的人生观"。（页九二～九五）这不过是一个轮廓，我希望少年的朋友们不要仅仅接受这个轮廓，我希望他们能把这十条都拿到科学教室和实验室里去细细证实或否证。

这十条的最后一条是：

> 根据于生物学及社会学的知识，叫人知道个人——"小我"——是要死灭的，而人类——"大我"——是不死的，不朽的；叫人知道"为全种万世而生活"就是宗教，就是最高的宗教；而那些替个人谋死后的天堂净土的宗教乃是自私自利的宗教。

这个意思在这里说的太简单了，读者容易起误解。所以我把《不朽》一篇收在后面，专说明这一点。

我不信灵魂不朽之说，也不信天堂地狱之说，故我说这个小我是会死灭的。死灭是一切生物的普遍现象，不足怕，也不足惜。但个人自有他的不死不灭的部分：他的一切作为，一切功德罪恶，一切语言行事，无论大小，无论善恶，无论是非，都在那大我上留下不能磨灭的结果和影响。他吐一口痰在地上，也许可以毁灭一村一族。他起一个念头，也许可以引起几十年的血战。他也许

"一言可以兴邦,一言可以丧邦"。善亦不朽,恶亦不朽;功盖万世固然不朽,种一担谷子也可以不朽,喝一杯酒,吐一口痰也可以不朽。古人说,"一出言而不敢忘父母,一举足而不敢忘父母。"我们应该说,"说一句话而不敢忘这句话的社会影响,走一步路而不敢忘这步路的社会影响。"这才是对于大我负责任。能如此做,便是道德,便是宗教。

这样说法,并不是推崇社会而抹煞个人。这正是极力抬高个人的重要。个人虽渺小,而他的一言一动都在社会上留下不朽的痕迹,芳不止流百世,臭也不止遗万年,这不是绝对承认个人的重要吗?成功不必在我,也许在我千百年后,但没有我也决不能成功。毒害不必在眼前,"我躬不阅,遑恤我后"!然而我岂能不负这毒害的责任?今日的世界便是我们的祖宗积的德,造的孽。未来的世界全看我们自己积什么德或造什么孽。世界的关键全在我们手里,真如古人说的"任重而道远",我们岂可错过这绝好的机会,放下这绝重大的担子?

有人对你说,"人生如梦"。就算是一场梦罢,可是你只有这一个做梦的机会。岂可不振作一番,做一个痛痛快快轰轰烈烈的梦?

有人对你说,"人生如戏"。就说是做戏罢,可是,吴稚晖先生说的好,"这唱的是义务戏,自己要好看才唱的;谁便无端的自己扮做跑龙套,辛苦的出台,止算做没有呢?"

其实人生不是梦,也不是戏,是一件最严重的事实。你种谷子,便有人充饥;你种树,便有人砍柴,便有人乘凉;你拆烂污,便有人遭瘟;你放野火,便有人烧死。你种瓜便得瓜,种豆便得豆,种荆棘便得荆棘。少年的朋友们,你爱种什么?你能种什么?

三

第三组的文字，也只有三篇：

我们对于西洋近代文明的态度

漫游的感想

请大家来照照镜子

在这三篇里，我很不客气的指摘我们的东方文明，很热烈的颂扬西洋的近代文明。

人们常说东方文明是精神的文明，西方文明是物质的文明，或唯物的文明。这是有夸大狂的妄人捏造出来的谣言，用来遮掩我们的羞脸的。其实一切文明都有物质和精神的两部分：材料都是物质的，而运用材料的心思才智都是精神的。木头是物质；而刳木为舟，构木为屋，都靠人的智力，那便是精神的部分。器物越完备复杂，精神的因子越多。一只蒸汽锅炉，一辆摩托车，一部有声电影机器，其中所含的精神因子比我们老祖宗的瓦罐，大车，毛笔多的多了。我们不能坐在舢板船上自夸精神文明，而嘲笑五万吨大汽船是物质文明。

但物质是倔强的东西，你不征服他，他便要征服你。东方人在过去的时代，也曾制造器物，做出一点利用厚生的文明。但后世的懒惰子孙得过且过，不肯用手用脑去和物质抗争，并且编出"不以人易天"的懒人哲学，于是不久便被物质战胜了。天旱了，只会求雨；河决了，只会拜金龙大王；风浪大了，只会祷告观音菩萨或天后娘娘。荒年了，只好逃荒去；瘟疫来了，只好闭门等死；病上身了，只好求神许愿。树砍完了，只好烧茅草；山都精光了，只好对着叹气。这样又愚又懒的民族，不能征服物质，便完全被

压死在物质环境之下,成了一分像人九分像鬼的不长进民族。所以我说:

> 这样受物质环境的拘束与支配,不能跳出来,不能运用人的心思智力来改造环境改良现状的文明,是懒惰不长进的民族的文明,是真正唯物的文明。(页一五四)

反过来看看西洋的文明,

> 这样充分运用人的聪明智慧来寻求真理以解放人的心灵,来制服天行以供人用,来改造物质的环境,来改革社会政治的制度,来谋人类最大多数的最大幸福,——这样的文明是精神的文明。(页一五五)

这是我的东西文化论的大旨。

少年的朋友们,现在有一些妄人要煽动你们的夸大狂,天天要你们相信中国的旧文化比任何国高,中国的旧道德比任何国好。还有一些不曾出国门的愚人鼓起喉咙对你们喊道,"往东走!往东走!西方的这一套把戏是行不通的了!"

我要对你们说:不要上他们的当!不要拿耳朵当眼睛!睁开眼睛看看自己,再看看世界。我们如果还想把这个国家整顿起来,如果还希望这个民族在世界上占一个地位,——只有一条生路,就是我们自己要认错。我们必须承认我们自己百事不如人,不但物质机械上不如人,不但政治制度不如人,并且道德不如人,知识不如人,文学不如人,音乐不如人,艺术不如人,身体不如人。

肯认错了,方才肯死心塌地的去学人家。不要怕模仿,因为模仿是创造的必要预备工夫。不要怕丧失我们自己的民族文化,因为绝大多数人的惰性已尽够保守那旧文化了,用不着你们少年人去担心。你们的职务在进取,不在保守。

请大家认清我们当前的紧急问题。我们的问题是救国,救这衰病的民族,救这半死的文化。在这件大工作的历程里,无论什么文化,凡可以使我们起死回生,返老还童的,都可以充分采用,都应该充分收受。我们救国建国,正如大匠建屋,只求材料可以应用,不管他来自何方。

四

第四组的文字有六篇:

建设的文学革命论

《尝试集》自序

文学进化观念

国语的进化

文学革命运动

《词选》自序

这里有一部分是叙述文学革命运动的经过的,有一部分是我自己对于文学的见解。

我在这几十年的中国文学革命运动上,如果有一点点贡献,我的贡献只在:

(1)我指出了"用白话作新文学"的一条路子。(页一九四~二〇三;页二三八~二四〇;页二七七~二八三。)

(2)我供给了一种根据于历史事实的中国文学演变论,使人明了国语是古文的进化,使人明了白话文学在中国文学史上占什么地位。(页二四二～二八四;页三〇四～三〇九。)

(3)我发起了白话新诗的尝试。(页二一七～二四一。)

这些文字都可以表出我的文学革命论也只是进化论和实验主义的一种实际应用。

五

第五组的文字有四篇:

《国学季刊》发刊宣言

古史讨论的读后感

《红楼梦》考证

治学的方法与材料

这都是关于整理国故的文字。

《季刊宣言》是一篇整理国故的方法总论,有三个要点:

第一,用历史的眼光来扩大研究的范围。

第二,用系统的整理来部勒研究的资料。

第三,用比较的研究来帮助材料的整理与解释。

这一篇是一种概论,故未免觉的太悬空一点。以下的两篇便是两个具体的例子,都可以说明历史考证的方法。

《古史讨论》一篇,在我的《文存》里要算是最精彩的方法论。这里面讨论了两个基本方法:一个是用历史演变的眼光来追求传说的演变,一个是用严格的考据方法来评判史料。

顾颉刚先生在他的《古史辨》的自序里曾说他从我的《〈水浒传〉考证》和《井田辨》等文字里得着历史方法的暗示。这个方法便是用历史演化的眼光来追求每一个传说演变的历程。我考证《水浒》的故事,包公的传说,狸猫换太子的故事,井田的制度,都用这个方法。顾先生用这方法来研究中国古史,曾有很好的成绩。顾先生说的最好:"我们看史迹的整理还轻,而看传说的经历却重。凡是一件史事,应看他最先是怎样,以后逐步逐步的变迁是怎样。"其实对于纸上的古史迹,追求其演变的步骤,便是整理他了。

在这篇文字里,我又略述考证的方法,我说:

> 我们对于"证据"的态度是:一切史料都是证据。但史家要问:
>
> (1)这种证据是在什么地方寻出的?
>
> (2)什么时候寻出的?
>
> (3)什么人寻出的?
>
> (4)依地方和时候上看起来,这个人有做证人的资格吗?
>
> (5)这个人虽有证人资格,而他说这句话时有作伪(无心的,或有意的)的可能吗?(页三四八~三四九)

《〈红楼梦〉考证》诸篇只是考证方法的一个实例。我说:

> 我觉得我们做《红楼梦》的考证,只能在"著者"和"本子"两个问题上着手;只能运用我们力所能搜集的材料,参考互证,然后抽出一些比较的最近情理的结论。这是考证学的方法。我在这篇文章里,处处想撇开一切先入的成见,处处存一个搜求证据的目的,处处尊重证据,让证据做向导,引我到相当的结论上去。(页四一一~四一二)

这不过是赫胥黎、杜威的思想方法的实际应用。我的几十万字的小说考证,都只是用一些"深切而著明"的实例来教人怎样思想。

试举曹雪芹的年代一个问题作个实例。民国十年,我收得了一些证据,得着这些结论:

> 我们可以断定曹雪芹死于乾隆三十年左右。(约西历1765)……我们可以猜想雪芹大约生于康熙末叶,(约1715~1720)当他死时,约五十岁左右。(页三八三)

民国十一年五月,我得着了《四松堂集》的原本,见敦诚挽曹雪芹的诗题下注"甲申"二字,又诗中有"四十年华"的话,故修正我的结论如下:

> 曹雪芹死在乾隆二十九年甲申,(1764)……他死时只有"四十年华",我们可以断定他的年纪不能在四十五岁以上。假定他死时年四十五岁,他的生时当康熙五十八年。(1719)(页四二〇)

但到了民国十六年,我又得了脂砚斋评本《石头记》,其中有"壬午除夕,书未成,芹为泪尽而逝"的话。壬午为乾隆二十七年,除夕当西历1763年二月十二日,和我七年前的断定("乾隆三十年左右,约西历1765")只差一年多。又假定他活了四十五岁,他的生年大概在康熙五十六年(1717),这也和我七年前的猜测正相符合。(页四三三)

考证两个年代,经过七年的时间,方才得着证实。证实是思想方法的最后又最重要的一步不曾证实的理论,只可算是假设;证实之后,才是定论,才是真理。我在别处(《文存》三集,页二七

三)说过:

> 我为什么要考证《红楼梦》?
>
> 在消极方面,我要教人怀疑王梦阮、徐柳泉一班人的谬说。
>
> 在积极方面,我要教人一个思想学问的方法。我要教人疑而后信,考而后信,有充分证据而后信。
>
> 我为什么要替《水浒传》作五万字的考证?我为什么要替庐山一个塔作四千字的考证?
>
> 我要教人知道学问是平等的,思想是一贯的。……肯疑问"佛陀耶舍究竟到过庐山没有"的人,方才肯疑问"夏禹是神是人"。有了不肯放过一个塔的真伪的思想习惯,方才敢疑上帝的有无。

少年的朋友们,莫把这些小说考证看作我教你们读小说的文字。这些都只是思想学问的方法的一些例子。在这些文字里,我要读者学得一点科学精神,一点科学态度,一点科学方法。科学精神在于寻求事实,寻求真理。科学态度在于撇开成见,搁起感情,只认得事实,只跟着证据走。科学方法只是"大胆的假设,小心的求证"十个字。没有证据,只可悬而不断;证据不够,只可假设,不可武断;必须等到证实之后,方才奉为定论。

少年的朋友们,用这个方法来做学问,可以无大差失;用这种态度来做人处事,可以不至于被人蒙着眼睛牵着鼻子走。

从前禅宗和尚曾说,"菩提达摩东来,只要寻一个不受人惑的人。"我这里千言万语,也只是要教人一个不受人惑的方法。被孔丘、朱熹牵着鼻子走,固然不算高明;被马克思、列宁、斯大林牵着鼻子走,也算不得好汉。我自己决不想牵着谁的鼻子走。我只希望尽我的微薄的能力,教我的少年朋友们学一点防身的本领,努力做一个不受人惑的人。

抱着无限的爱和无限的希望,我很诚挚的把这一本小书贡献给全国的少年朋友!

十九,十一,二十七晨二时,
将离开江南的前一日。　胡　适

读　　书*

"读书"这个题,似乎很平常,也很容易。然而我却觉得这个题目很不好讲。据我所知,"读书"可以有三种说法:

(一)要读何书。关于这个问题,《京报副刊》上已经登了许多时候的"青年必读书";但是这个问题,殊不易解决,因为个人的见解不同,个性不同。各人所选只能代表各人的嗜好,没有多大的标准作用。所以我不讲这一类的问题。

(二)读书的功用。从前有人作"读书乐",说什么"书中自有千钟粟,书中自有黄金屋,书中自有颜如玉",现在我们不说这些话了,要说,读书是求智识,智识就是权力。这些话都是大家会说的,所以我也不必讲。

(三)读书的方法。我今天是要想根据个人所经验,同诸位谈谈读书的方法。我的第一句话是很平常的,就是说,读书有两个要素:

第一要精,

第二要博。

---

* 原载1925年4月18日《京报副刊》,收入《胡适文存三集》时,作者作了修改。——编者

*　　　*　　　*　　　*

现在先说什么叫"精"。

我们小的时候读书,差不多每个小孩都有一条书签,上面写十个字,这十个字最普遍的就是"读书三到:眼到,口到,心到。"现在这种书签虽不用,三到的读书法却依然存在。不过我以为读书三到是不够的,须有四到,是"眼到,口到,心到,手到"。我就拿它来说一说。

眼到是要个个字认得,不可随便放过。这句话起初看去似乎很容易,其实很不容易。读中国书时,每个字的一笔一画都不放过。近人费许多功夫在校勘学上,都因古人忽略一笔一画而已。读外国书要把 A,B,C,D,……等字母弄得清清楚楚。所以说这是很难的。如有人翻译英文,把 port 看作 pork,把 oats 看作 oaks,于是葡萄酒一变而为猪肉,小草变成了大树。说起来这种例子很多,这都是眼睛不精细的结果。书是文字做成的,不肯仔细认字,就不必读书。眼到对于读书的关系很大,一时眼不到,贻害很大,并且眼到能养成好习惯,养成不苟且的人格。

口到是一句一句要念出来。前人说口到是要念到烂熟背得出来。我们现在虽不提倡背书,但有几类的书,仍旧有熟读的必要;如心爱的诗歌,如精彩的文章,熟读多些,于自己的作品上也有良好的影响。读此外的书,虽不须念熟,也要一句一句念出来,中国书如此,外国书更要如此。念书的功用能使我们格外明瞭每一句的构造,句中各部分的关系。往往一遍念不通,要念两遍以上,方才能明白的。读好的小说尚且要如此,何况读关于思想学问的书呢?

心到是每章每句每字意义如何?何以如是?这样用心考究。但是用心不是叫人枯坐冥想,是要靠外面的设备及思想的方法的

帮助。要做到这一点,须要有几个条件:

(一)字典,辞典,参考书等等工具要完备。这几样工具虽不能办到,也当到图书馆去看。我个人的意见是奉劝大家,当衣服,卖田地,至少要置备一点好的工具。比如买一本韦氏大字典,胜于请几个先生。这种先生终身跟着你,终身享受不尽。

(二)要做文法上的分析。用文法的知识,作文法上的分析,要懂得文法构造,方才懂得它的意义。

(三)有时要比较参考,有时要融会贯通,方能了解。不可但看字面。一个字往往有许多意义,读者容易上当。例如 turn 这字:

作外动字解有十五解,

作内动字解有十三解,

作名词解有二十六解,

共五十四解,而成语不算。

又如 Strike:

作外动字解有三十一解,

作内动字解有十六解,

作名词解有十八解,

共六十五解。

又如 go 字最容易了,然而这个字:

作内动字解有二十二解,

作外动字解有三解,

作名词解有九解,

共三十四解。

以上是英文字须要加以考究的例。英文字典是完备的;但是某一字在某一句究竟用第几个意义呢?这就非比较上下文,或贯串全篇，不能懂了。

中文较英文更难，现在举几个例：

祭文中第一句"维某年月日"之"维"字，究作何解？字典上说它是虚字。《诗经》里"维"字有二百多，必需细细比较研究，然后知道这个字有种种意义。

又《诗经》之"于"字，"之子于归""凤凰于飞"等句，"于"字究作何解？非仔细考究是不懂的。又"言"字人人知道，但在《诗经》中就发生问题，必须比较，然后知"言"字为联接字。诸如此例甚多。中国古书很难读，古字典又不适用，非是用比较归纳的研究方法，我们如何懂得呢？

总之，读书要会疑，忽略过去，不会有问题，便没有进益。

宋儒张载说："读书先要会疑。于不疑处有疑，方是进矣"。他又说："在可疑而不疑者，不曾学。学则须疑。"又说："学贵心悟，守旧无功。"

宋儒程颐说："学原于思。"

这样看起来，读书要求心到；不要怕疑难，只怕没有疑难。工具要完备，思想要精密，就不怕疑难了。

现在要说手到。手到就是要劳动劳动你的贵手。读书单靠眼到，口到，心到，还不够的；必须还得自己动动手，才有所得。例如：

(1)标点分段，是要动手的。

(2)翻查字典及参考书，是要动手的。

(3)做读书札记，是要动手的。札记又可分四类：

(a)抄录备忘。

(b)作提要，节要。

(c)自己记录心得。张载说："心中苟有所开，即便札记。不则还塞之矣。"

(d)参考诸书,融会贯通,作有系统的著作。

手到的功用。我常说:发表是吸收智识和思想的绝妙方法。吸收进来的智识思想,无论是看书来的,或是听讲来的,都只是模糊零碎,都算不得我们自己的东西。自己必须做一番手脚,或做提要,或做说明,或做讨论自己重新组织过,申叙过,用自己的语言记述过,——那种智识思想方才可算是你自己的了。

我可以举一个例。你也会说"进化",他也会谈"进化",但你对于"进化"这个观念的见解未必是很正确的,未必是很清楚的;也许只是一种"道听途说",也许只是一种时髦的口号。这种知识算不得知识,更算不得是"你的"知识。假使你听了我句话,不服气,今晚回去就去遍翻各种书籍,仔细研究进化论的科学上的根据;假使你翻了几天书之后,发愤动手,把你研究所得写成一篇读书札记;假使你真动手写了这么一篇"我为什么相信进化论?"的札记,列举了

(一)生物学上的证据,

(二)比较解剖学上的证据,

(三)比较胚胎学上的证据,

(四)地质学和古生物学上的证据,

(五)考古学上的证据,

(六)社会学和人类学上的证据。

到这个时候,你所有关于"进化论"的知识,经过了一番组织安排,经过了自己的去取叙述,这时候这些知识方才可算是你自己的了。所以我说,发表是吸收的利器;又可以说,手到是心到的法门。

至于动手标点,动手翻字典,动手查书,都是极要紧的读书秘

诀,诸位千万不要轻轻放过。内中自己动手翻书一项尤为要紧。我记得前几年我曾劝顾颉刚先生标点姚际恒的《古今伪书考》。当初我知道他的生活困难,希望他标点一部书付印,卖几个钱。那部书是很薄的一本,我以为他一两个星期就可以标点完了。那知顾先生一去半年,还不曾交卷。原来他于每条引的书,都去翻查原书,仔细校对,注明出处,注明原书卷第,注明删节之处。他动手半年之后,来对我说,《古今伪书考》不必付印了,他现在要编辑一部疑古的丛书,叫做"辨伪丛刊"。我很赞成他这个计划,让他去动手。他动手了一两年之后,更进步了,又超过那"辨伪丛刊"的计划了,他要自己创作了。他前年以来,对于中国古史,做了许多辨伪的文字;他眼前的成绩早已超过崔述了,更不要说姚际恒了。顾先生将来在中国史学界的贡献一定不可限量,但我们要知道他成功的最大原因是他的手到的工夫勤而且精。我们可以说,没有动手不勤快而能读书的,没有手不到而能成学者的。

*　　　*　　　*　　　*

第二要讲什么叫"博"。

什么书都要读,就是博。古人说:"开卷有益",我也主张这个意思,所以说读书第一要精,第二要博。我们主张"博"有两个意思:

第一,为预备参考资料计,不可不博。

第二,为做一个有用的人计,不可不博。

第一,为预备参考资料计。

在座的人,大多数是戴眼镜的。诸位为什么要戴眼镜?岂不是因为戴了眼镜,从前看不见的,现在看得见了;从前很小的,现在看得很大了;从前看不分明的,现在看得清楚分明了?王荆公说得最好:

世之不见全经久矣。读经而已,则不足以知经。故某自百家诸子之书,至于《难经》《素问》《本草》诸小说,无所不读;农夫女工,无所不问;然后于经为能知其大体而无疑。盖后世学者与先王之时异矣;不如是,不足以尽圣人故也。……致其知而后读,以有所去取,故异学不能乱也。惟其不能乱,故能有所去取者,所以明吾道而已。(答曾子固)

他说:"致其知而后读。"又说:"读经而已,则不足以知经。"即如《墨子》一书在一百年前,清朝的学者懂得此书还不多。到了近来,有人知道光学,几何学,力学,工程学……等,一看《墨子》,才知道其中有许多部分是必须用这些科学的知识方才能懂的。后来有人知道了论理学,心理学……等,懂得《墨子》更多了。读别种书愈多,《墨子》愈懂得多。

所以我们也说,读一书而已则不足以知一书。多读书,然后可以专读一书。譬如读《诗经》,你若先读了北大出版的《歌谣周刊》,便觉得《诗经》好懂的多了;你若先读过社会学,人类学,你懂得更多了;你若先读过文字学,古音韵学,你懂得更多了;你若读过考古学,比较宗教学等,你懂得的更多了。

你要想读佛家唯识宗的书吗?最好多读点论理学,心理学,比较宗教学,变态心理学。无论读什么书总要多配几副好眼镜。

你们记的达尔文研究生物进化的故事吗?达尔文研究生物演变的现状,前后凡三十多年,积了无数材料,想不出一个单简贯串的说明。有一天他无意中读马尔图斯的人口论,忽然大悟生存竞争的原则,于是得着物竞天择的道理,遂成一部破天荒的名著,给后世思想界打开一个新纪元。

所以要博学者,只是要加添参考的材料,要使我们读书时容易得"暗示";遇着疑难时,东一个暗示,西一个暗示,就不至于呆读死书了。这叫做"致其知而后读"。

第二,为做人计。

专工一技一艺的人,只知一样,除此之外,一无所知。这一类的人,影响于社会很少。好有一比,比一根旗竿,只是一根孤拐,孤单可怜。

又有些人广泛博览,而一无所专长,虽可以到处受一班贱人的欢迎,其实也是一种废物。这一类人,也好有一比,比一张很大的薄纸,禁不起风吹雨打。

在社会上,这两种人都是没有什么大影响,为个人计,也很少乐趣。

理想中的学者,既能博大,又能精深。精深的方面,是他的专门学问。博大的方面,是他的旁搜博览。博大要几乎无所不知,精深要几乎惟他独尊,无人能及。他用他的专门学问做中心,次及于直接相关的各种学问,次及于间接相关的各种学问,次及于不很相关的各种学问,以次及毫不相关的各种泛览。这样的学者,也有一比,比埃及的金字三角塔。那金字塔(据最近《东方杂志》,第二十二卷第六号,页一四七)高四百八十英尺,底边各边长七百六十四英尺。塔的最高度代表最精深的专门学问;从此点以次递减,代表那旁收博览的各种相关或不相关的学问。塔底的面积代表博大的范围,精深的造诣,博大的同情心。这样的人,对社会是极有用的人才,对自己也能充分享受人生的趣味。宋儒程颢说的好:

须是大其心使开阔:譬如为九层之台,须大做脚始得。

博学正所以"大其心使开阔"。我曾把这番意思编成两句粗浅的口号,现在拿出来贡献给诸位朋友,作为读书的目标:

  为学要如金字塔,
  要能广大要能高。

十四,四,廿二夜改稿

为什么读书*

　　青年会叫我在未离南方赴北方之前在这里谈谈，我很高兴，题目是为什么读书。现在读书运动大会开始，青年会拣定了三个演讲题目。我看第二题目怎样读书很有兴味，第三题目读什么书更有兴味，第一题目无法讲，为什么读书，连小孩子都知道，讲起来很难为情，而且也讲不好。所以我今天讲这个题目，不免要侵犯其余两个题目的范围，不过我仍旧要为其余两位演讲的人留一些余地。现在我就把这个题目来试一下看。我从前也有过一次关于读书的演讲，后来我把那篇演讲录略事修改，编入三集《文存》里面，那篇文章题目叫做《读书》，其内容性质较近于第二题目，诸位可以拿来参考。今天我就来试试为什么读书这个题目。

　　从前有一位大哲学家做了一篇《读书乐》，说到读书的好处，他说："书中自有千钟粟，书中自有黄金屋，书中自有颜如玉。"这意思就是说，读了书可以做大官，获厚禄，可以不至于住茅草房子，可以娶得年轻的漂亮太太（台下哄笑）。诸位听了笑起来，足见诸位对于这位哲学家所说的话不十分满意。现在我就讲所以

---

　　* 1930年11月下旬在上海青年会的讲演词。原载1930年12月、1931年2月《现代学生》第一卷第3、5期；收入1994年人民教育出版社《胡适教育论著选》等。——编者

要读书的别的原因。

为什么要读书？有三点可以讲：第一，因为书是过去已经知道的智识学问和经验的一种记录，我们读书便是要接受这人类的遗产；第二，为要读书而读书，读了书便可以多读书；第三，读书可以帮助我们解决困难，应付环境，并可获得思想材料的来源。我一踏进青年会的大门，就看见许多关于读书的标语。为什么读书？大概诸位看了这些标语就都已知道了，现在我就把以上三点更详细的说一说。

第一，因为书是代表人类老祖宗传给我们的智识的遗产，我们接受了这遗产，以此为基础，可以继续发扬光大，更在这基础之上，建立更高深更伟大的智识。人类之所以与别的动物不同，就是因为人有语言文字，可以把智识传给别人，又传至后人，再加以印刷术的发明，许多书报便印了出来。人的脑很大，与猴不同，人能造出语言，后来更进一步而有文字，又能刻木刻字；所以人最大的贡献就是[留下]过去的智识和经验，使后人可以节省许多脑力。非洲野蛮人在山野中遇见鹿，他们就画了一个人和一只鹿以代信，给后面的人叫他们勿追。但是把智识和经验遗给儿孙有什么用处呢？这是有用处的，因为这是前人很好的教训。现在学校里各种教科[书]，如物理、化学、历史，等等，都是根据几千年来进步的智识编纂成书的，一年、两年，或者三年，教完一科。自小学、中学，而至大学毕业，这十六年中所受的教育，都是代表我们老祖宗几千年来得来的智识学问和经验。所谓进化，就是叫人节省劳力，蜜蜂虽能筑巢，能发明，但传下来就只有这一点智识，没有继续去改革改良，以应付环境，没有做格外进一步的工作。人呢，达不到目的，就再去求进步，而以前人的智识学问和经验作参考。如果每样东西，要个个人从头学起，而不去利用过去的智识，那不是太麻烦吗？所以人有了这智识的遗产，就可以自己去成家立业，就可以缩短工作，使有余力做别的事。

第二点稍复杂，就是为读书而读书。读书不是那么容易的一件事情，不读书不能读书，要能读书才能多读书。好比戴了眼镜，小的可以放大，糊涂的可以看得清楚，远的可以变为近。读书也要戴眼镜。眼镜越好，读书的了解力也越大。王安石对曾子固说："读经而已，则不足以知经。"所以他对于本草、内经、小说，无所不读，这样对于经才可以明白一些。王安石说："致其知而后读。"

请你们注意，他不说读书以致知，却说，先致知而后读书。读书固然可以扩充知识；但知识越扩充了，读书的能力也越大。这便是"为读书而读书"的意义。

试举《诗经》作一个例子。从前的学者把《诗经》看作"美""刺"的圣书，越讲越不通。现在的人应该多预备几副好眼镜，人类学的眼镜、考古学的眼镜、文法学的眼镜、文学的眼镜。眼镜越多越好，越精越好。例如"野有死麕，白茅包之。有女怀春，吉士诱之"；我们若知道比较民俗学，便可以知道打了野兽送到女子家去求婚，是平常的事。又如"钟鼓乐之，琴瑟友之"，也不必说什么文王太姒，只可看作少年男子在女子的门口或窗下奏乐唱和，这也是很平常的事。再从文法方面来观察，像《诗经》里"之子于归"、"黄鸟于飞"、"凤凰于飞"的"于"字；此外，《诗经》里又有几百个的"维"字，还有许多"助词"、"语词"，这些都是有作用而无意义的虚字，但以前的人却从未注意及此。这些字若不明白，《诗经》便不能懂。再说在《墨子》一书里，有点光学、力学；又有点经济学。但你要懂得光学，才能懂得墨子所说的光；你要懂得各种智识，才能懂得《墨子》里一些最难懂的文句。总之，读书是为了要读书,多读书更可以读书。最大的毛病就在怕读书,怕读难书。越难读的书我们越要征服它们,把它们作为我们的奴隶或向导,我们才能够打倒难书,这才是我们的"读书乐"。若是我们有了基本的科学知识,那末,我们在读书时便能左右逢源。我再说一遍,读书的目的在于读书,要读书越多才可以读书越多。

第三点,读书可以帮助解决困难,应付环境,供给思想材料。知识是思想材料的来源。思想可分作五步。思想的起源是大的疑问。吃饭拉屎不用想,但逢着三叉路口,十字街头那样的环境,就发生困难了。走东或走西,这样做或是那样做,有了困难,才有思想。第二步要把问题弄清,究竟困难在那一点上。第三步才想到如何解决,这一步,俗话叫做出主意。但主意太多,都采用也不行,必须要挑选。但主意太少,或者竟全无主意,那就更没有办法了。第四步就是要选择一个假定的解决方法。要想到这一个方法能不能解决。若不能,那末,就换一个;若能,就行了。这好比开锁,这一个钥匙开不开,就换一个;假定是可以开的,那末,问题就解决了。第五步就是证实。凡是有条理的思想都要经过这步,或是逃不了这五个阶段。科学家要解决问题,侦探要侦探案件,多经过这五步。

这五步之中,第三步是最重要的关键。问题当前,全靠有主意(Ideas)。主意从哪儿来呢?从学问经验中来。没有智识的人,见了问题,两眼白瞪瞪,抓耳挠腮,一个主意都不来。学问丰富的人,见着困难问题,东一个主意,西一个主意,挤上来,涌上来,请求你录用。读书是过去智识学问经验的记录,而智识学问经验就是要用在这时候,所谓养军千日,用在一朝。否则,学问一些都没有,遇到困难就要糊涂起来。例如达尔文把生物变迁现象研究了几十年,却想不出一个原则去整统他的材料。后来无意中看到马尔萨斯的人口论，说人口是按照几何学级数一倍一倍的增加，粮食是按照数学级数增加，达尔文研究了这原则，忽然触机，就把这原则应用到生物学上去，创了物竞天择的学说。读了经济学的书，可以得着一个解决生物学上的困难问题，这便是读书的功用。古人说："开卷有益"，正是此意。读书不是单为文凭功名，只因为书中可以供给学问知识，可以帮助我们解决困难，可以帮助我们思想。又譬如从前的人以为地球是世界的中心，后来天文学家科白尼却主张太阳是世界的中心，绕着地球而行。据罗素说，科白尼所以这样的解说，是因为希腊人已经讲过这句话；假使希腊没有这句话，恐怕更不容易有人敢说这句话吧。这也是读书的好处。有一家书店印了一部旧小说叫做《醒世姻缘》，要我作序。这部书是西周生所著的，印好后在我家藏了六年，我还不曾考出西周生是谁。这部小说讲到婚烟问题，其内容是这样：有个好老婆，不知何故，后来忽然变坏，作者没有提及解决方法，也没有想到可以离婚，只说是前世作孽，因为在前世男虐待女，女就投生换样子，压迫者变为被压迫者。这种前世作孽，起先相爱，后来忽变的故事，我仿佛什么地方看见过。后来忽然想起《聊斋[志异]》一书中有一篇和这相类似的笔记，也是说到一个女子，起先怎样爱着她的丈夫，后来怎样变为凶太太，便想到这部小说大约是蒲留仙或是蒲留仙的朋友做的。去年我看到一本杂记，也说是蒲留仙做的，不过没有多大证据。今年我在北京，才找到了证据。这一件事可以解释刚才我所说的第二点，就是读书可以帮助读书，同时也可以解释第三点，就是读书可以供给出主意的来源。当初若是没有主意，到了逢着困难时便要手足无措，所以读书可以解决问题，就是军事、政治、财政、思想等问题，也都可以解决，这就是读书的用处。

我有一位朋友，有一次傍着灯看小说，洋灯装有油，但是不亮，因为灯芯短了。于是他想到《伊索寓言》里有一篇故事，说是一只老鸦要喝瓶中的水，因为瓶太小，得不到水，它就衔石投瓶中，水乃上来。这位朋友是懂得化学的，于是加水于灯中，油乃碰到灯芯。这是看《伊索寓言》给他看小说的帮助。读书好像用兵，养兵求其能用，否则即使坐拥十万二十万的大兵也没有用处，难道只好等他们"兵变"吗？

至于"读什么书"，下次陈钟凡先生要讲演，今天我也附带的讲一讲。我从五岁起到了四十岁，读了三十五年的书。我可以很诚恳的说，中国旧籍是经不起读的。中国有五千年文化，"四部"的书已是汗牛充栋。究竟有几部书应该读，我也曾经想过。其中有条理有系统的精心结构之作，二千五百年以来恐怕只有半打。"集"是杂货店，"史"和"子"还是杂货店。至于"经"，也只是杂货店，讲到内容，可以说没有一些东西可以给我们改进道德增进智识的帮助的。中国书不够读，我们要另开生路，辟殖民地，这条生路，就是每一个少年人必须至少要精通一种外国文字。读外国语要读到有乐而无苦，能做到这地步，书中便有无穷乐趣。希望大家不要怕读书，起初的确要查阅字典，但假使能下一年苦功，继续不断做去，那末，在一二年中定可开辟一个乐园，还只怕求知的欲望太大，来不及读呢。我总算是老大哥，今天我就根据我过去三十五年读书的经验，给你们这一个临别的忠告。

读书的习惯重于方法[*]

读书会进行的步骤，也可以说是采取的方式大概不外三种：

第一种是大家共同选定一本书本读，然后互相交换自己的心得及感想。

第二种是由下往上的自动方式，就是先由会员共同选定某一个专题，限定范围，再由指导者按此范围拟定详细节目，指定参考书籍。每人须于一定期限内作成报告。

第三种是先由导师拟定许多题目，再由各会员任意选定。研究完毕后写成报告。

至于读书的方法我已经讲了十多年，不过在目前我觉到读书全凭先养成好读书的习惯。读书无捷径，是没有什么简便省力的方法可言的。读书的习惯可分为三点：一是勤，二是慎，三是谦。

勤苦耐劳是成功的基础，做学问更不能欺己欺人，所以非勤不可。其次谨慎小心也是很重要的，清代的汉学家著名的如高邮王氏父子，段茂堂等的成功，都是遇事不肯轻易放过，旁人看不见的自己便可看见了。如今的放大几千万倍的显微镜，也不过想把从前看不见的东西现在都看见罢了。谦就是态度的谦虚，自己万

---

[*] 本文原载 1935 年 5 月 14 日《大学新闻》第三卷第 11 期。——编者

不可先存一点成见，总要不分地域门户，一概虚心的加以考察后，再决定取舍。这三点都是很要紧的。

其次还有个买书的习惯也是必要的，闲时可多往书摊上逛逛，无论什么书都要去摸一摸，你的兴趣就是凭你伸手乱摸后才知道的。图书馆里虽有许多的书供你参考，然而这是不够的。因为你想往上圈画一下都不能。更不能随便的批写。所以至少像对于自己所学的有关的几本必备书籍，无论如何，就是少买一双皮鞋，这些书是非买不可的。

青年人要读书，不必先谈方法，要紧的是先养成好读书、好买书的习惯。

找书的快乐*

主席、诸位先生：

我不是藏书家，只不过是一个爱读书、能够用书的书生，自己买书的时候，总是先买工具书，然后才买本行书，换一行时，就得另外买一种书。今年我六十九岁了，还不知道自己的本行到底是那一门？是中国哲学呢？还是中国思想史？抑或是中国文学史？或者是中国小说史？《水经注》？中国佛教思想史？中国禅宗史？我所说的"本行"，其实就是我的兴趣，兴趣愈多就愈不能不收书了。十一年前我离开北平时，已经有一百箱的书，大约有一二万册。离开北平以前的几小时，我曾经暗想着：我不是藏书家，但却是用书家。收集了这么多的书，舍弃了太可惜，带吧，因为坐飞机又带不了。结果只带了一些笔记，并且在那一二万册书中，挑选了一部书，作为对一二万册书的纪念，这一部书就是残本的《红楼梦》。四本只有十六回，这四本《红楼梦》可以说是世界上最老的抄本。收集了几十年的书，到末了只带了四本，等于当兵缴了械，我也变成一个没有棍子、没有猴子的变把戏的叫花子。

---

* 这是胡适 1959 年 12 月 27 日在台湾"中国"图书馆学会年会上的讲演。载 1962 年 12 月 16 日台北《"中国"图书馆学会会报》第 14 期。——编者。

这十一年来，又蒙朋友送了我很多书，加上历年来自己新买的书，又把我现在住的地方堆满了，但是这都是些不相干的书，自己本行的书一本也没有。找资料还需要依靠中研院史语所的图书馆和别的图书馆，如台湾大学图书馆、"中央"图书馆等救急。

找书有甘苦，真伪费推敲

我这个用书的旧书生，一生找书的快乐固然有，但是找不到书的苦处也尝到过。民国九年（1920年）七月，我开始写《水浒传考证》的时候，参考的材料只有金圣叹的七十一回本《水浒传》、《征四寇》及《水浒后传》等，至于《水浒传》的一百回本、一百一十回本、一百一十五回本、一百廿回本、一百廿四回本，还都没有看到。等我的《水浒传考证》问世的时候，日本才发现《水浒》的一百一十五回本及一百回本、一百一十回本及一百廿回本。同时我自己也找到了一百一十五回本及一百廿四回本。做考据工作，没有书是很可怜的。考证《红楼梦》的时候，大家知道的材料很多，普通所看到的《红楼梦》都是一百廿回本。这种一百廿回本并非真的《红楼梦》。曹雪芹四十多岁死去时，只写到八十回，后来由程伟元、高鹗合作，一个出钱，一个出力，完成了后四十回。乾隆五十六年的活字版排出了一百廿回的初版本，书前有程、高二人的《序文》，说：

> 世人都想看到《红楼梦》的全本，前八十回中黛玉未死，宝玉未娶，大家极想知道这本书的结局如何？但却无人找到全的《红楼梦》。近因程、高二人在一卖糖摊子上发现有一大卷旧书，细看之下，竟是世人遍寻无着的《红楼梦》后四十回，因此特加校

订,与前八十回一并刊出。

可是天下这样巧的事很少,所以我猜想《序文》中的说法不可靠。

考证《红楼梦》,清查曹雪芹

三十年前我考证《红楼梦》时,曾经提出两个问题,这是研究红学的人值得研究的:一、《红楼梦》的作者是谁?作者是怎样一个人?他的家世如何?家世传记有没有可考的资料?曹雪芹所写的那些繁华世界是有根据的吗?还是关着门自己胡诌乱说?二、《红楼梦》的版本问题,是八十回?还是一百廿回?后四十回是那里来的?那时候有七八种《红楼梦》的考证,俞平伯、顾颉刚都帮我找过材料。最初发现乾隆五十七年(1792 年)有程伟元《序》的乙本,其中并有高鹗的《序文》及引言七条,以后发现早一年出版的甲本,证明后四十回是高鹗所续,而由程伟元出钱活字刊印。又从其他许多材料里知道曹雪芹家为江南的织造世职,专为皇室纺织绸缎,供给宫内帝后、妃嫔及太子、王孙等穿戴,或者供皇帝赏赐臣下。后来在清理故宫时,从康熙皇帝一秘密抽屉内发现若干文件,知道曹雪芹的祖父曹寅,等于皇帝派出的特务,负责察看民心年成,或是退休丞相的动态,由此可知曹家为阔绰大户。《红楼梦》中有一段说到王熙凤和李嬷嬷谈皇帝南巡,下榻贾家,可知是真的事实。以后我又经河南的一位张先生指点,找到杨钟羲的《雪桥诗话》及《八旗经文》,以及有关爱新觉罗宗室敦诚、敦敏的记载,知道曹雪芹名霑、号雪芹,是曹寅的孙子,接着又找到了《八旗人诗抄》、《熙朝雅颂集》,找到敦诚、敦敏兄弟赐送曹雪芹的诗,又找到敦诚的《四松堂集》,是一本清抄未删底本,其中有挽曹雪芹的诗,内有"四十年华付杳冥"句,下款年月日为甲申(即乾隆甲申廿九年,西历1764年)。从这里可以知道曹雪芹去世的年代,他的年龄为四十岁左右。

险失好材料,再评《石头记》

民国十六年我从欧美返国,住在上海,有人写信告诉我,要卖一本《脂砚斋评石头记》给我,那时我以为自己的资料已经很多,未加理会。不久以后和徐志摩在上海办新月书店,那人又将书送来给我看,原来是甲戌年手抄再评本,虽然只有十六回,但却包括了很多重要史料。里面有:"壬午除夕,书未成,芹为泪尽而逝。甲午八月泪笔"的句子,指出曹雪芹逝于乾隆廿七年冬,即西历一七六三年二月十二日。"字字看来皆是血,十年辛苦不寻常"诗句,充分描绘出曹雪芹写《红楼梦》时的情态。脂砚斋则可能是曹雪芹的太太或朋友。自从民国十七年二月我发表了《考证红楼梦的新材料》之后,大家才注意到《脂砚斋评本石头记》。不过,我后来又在民国廿二年从徐星署先生处借来一部庚辰秋定本脂砚斋四阅评过的《石头记》,是乾隆廿五年本,八十回,其中缺六十四、六十七两回。

谈《儒林外史》,推赞吴敬梓

现在再谈谈我对《儒林外史》的考证。《儒林外史》是部骂当时教育制度的书,批评政治制度中的科举制度。我起初发现的只有吴敬梓的《文木山房集》中的赋一卷(4篇),诗二卷(131首),词一卷(47首),拿这当做材料。但是在一百年前,我国的大诗人金和，他在跋《儒林外史》时，说他收有《文木山房集》，有文五卷。可是一般人都说《文木山房集》没有刻本，我不相信，便托人在北京的书店找，找了几年都没有结果，到了民国七年才在带经堂书店找到。我用这本集子参考安徽《全椒县志》，写成一本一万八千字的《吴敬梓年谱》，中国小说传记资料，没有一个能比这更多的，民国十四年我把这本书排印问世。

如果拿曹雪芹和吴敬梓二人作一个比较，我觉得曹雪芹的思想很平凡，而吴敬梓的思想则是超过当时的时代，有着强烈的反抗意识。吴敬梓在《儒林外史》里，严刻地批评教育制度，而且有他的较科学化的观念。

有计划找书，考证神会僧

前面谈到的都是没有计划的找书，有计划的找书更是其乐无穷。所谓有计划的找书，便是用"大胆的假设，小心的求证"方法去找书。现在再拿我找神会和尚的事做例子，这是我有计划的找书。神会和尚是唐代禅宗七祖大师，我从《宋高僧传》的慧能和神会传里发现神会和尚的重要，当时便作了个大胆的假设，猜想有关神会和尚的资料只有日本和敦煌两地可以发现。因为唐朝时，日本派人来中国留学的很多，一定带回去不少史料。经过"小心的求证"，后来果然在日本找到宗密的《圆觉大疏抄》和《禅源诸诠集》，另外又在巴黎的国家图书馆及伦敦的大英博物馆发现数卷神会和尚的资料。知道神会和尚是湖北襄阳人，到洛阳、长安传播大乘佛法，并指陈当时的两京法祖三帝国师非禅宗嫡传，远在广东的六祖慧能才是真正禅宗一脉相传下来的。但是神会的这些指陈不为当时政府所取信,反而贬走神会。刚好那时发生安史之乱,唐玄宗远避四川,肃宗召郭子仪平乱,这时国家财政贫乏,军队饷银只好用度牒代替,如此必须要有一位高僧宣扬佛法令人乐于接受度牒。神会和尚就担任了这项推行度牒的任务。郭子仪收复两京(洛阳、长安),军饷的来源,不得不归功神会。安史之乱平了后,肃宗迎请神会入宫奉养,并且尊神会为禅宗七祖,所以神会是南宗的急先锋,北宗的毁灭者,新禅学的建立者,《坛经》的创作者,在中国佛教史上没有第二个人有这样伟大的功勋。我所研究[编校]的《神会和尚遗集》可望在明年由中央研究院历史语言研究所出版。

最后,根据我个人几十年来找书的经验,发现我们过去的藏书的范围是偏狭的,过去收书的目标集中于收藏古董,小说之类决不在藏书之列。但我们必须了解了解,真正收书的态度,是要无所不收的。

谈字典的功用*

我常对我的翻译班学生说:"你们宁可少进一年学堂,千万省下几个钱来买一部好字典。那是你们的真先生,终身可以跟你们跑。"

我又常对朋友说:"读书不但要眼到、口到、心到,最要紧的是手到。手到的工夫很多,第一要紧的是动手翻字典。"

我怕我的朋友和学生不记得我这句话,所以有一天我编了一只《劝善歌》:

少花几个钱,
多卖两亩田,
千万买部好字典!
它跟你到天边;

只要你常常请教它,
包管你可以少丢几次脸!

---

* 本文作于1925年4月25日夜,又题《胡说》。原载1925年5月2日《现代评论》第一卷第21期,收入《胡适散文》第二集等。——编者

今天我偶然翻开上海《时事新报》附刊的"文学"第一百六十九期,内有王统照先生翻译的郎弗楼(Longfellow)的《克司台凯莱的盲女》一篇长诗。我没有细看全文,顺手翻过来,篇末有两条小注引起了我的注意。一条注说:

> 此句原文为 This old Te Deum,按提单姆为苏格兰的一地方名。

这真是荒谬了。Te Deum 是一只最普通、最著名的《颂圣歌》,Te 是你,Deum 是上帝。原文第一句为 Te Deum laudamus(上帝啊,我们颂赞你),因此得篇名。这是天主教一切节日及礼拜日必用的歌,所以什么小字典里都有此字。我们正不须翻大字典,即翻商务印书馆的《英华合解辞典》(页 12~33),便有此字。又不是什么僻字,王统照先生为什么不肯高抬贵手,翻一翻这种袖珍字典呢?为什么他却捏造一个"苏格兰的一地方名"的谬解呢?

第二条注说:

> 此处原 De Profundis 系拉丁文,表悲哀及烦郁之意。

这又是荒谬了。这两个拉丁字,也是一篇诗歌之名,即是《旧约》里《诗篇》的第一百三十首,拉丁译文首二字为 De Profundis,译言"从深处",今官话译本译为"我从深处向你求告"。此亦非僻典,诗人常用此题;袖珍的《英华合解辞汇》(页 24~70)也有解释。王统照先生何以看轻字典而过信他自己的"腹笥"呢?

我因此二注,便忍不住去翻翻他的译文。译文是完全不可读

的。开始第四行便大错;一直到底,错误不通之处,指不胜指。我试举一个例:

> 当我倾听着歌声,
> 我想我回来的是早些时,
> 你知道那是在 Whitsuntide 那里。
> 你的邀请单可证明永无止息时;

我们读这几句完全不通的话,正不用看原文,便可知其大错大谬。果然,原文是

> And, as I listened to the song,
> I thought my turn would come ere long,
> Thou knowest it is at Whitsuntide.
> Thy cards forsooth can never lie.
> [我听这歌时,
> 我就想,不久就要轮着我了,
> 你知道我的日期是在圣灵降临节的,
> 你的纸牌(算命的用牌)是不会说谎的。]

这四句里有多少错误? Turn 并非僻字,译为"回来",一错也。ere long 是常见的习语,译为"早些时",二错也。Whitsuntide 乃是一个大节,什么小字典都可查,《英华双解辞汇》页一三七五并不难翻;今不译义,而加"那里"二字,可见译者又把此字当作"苏格兰的一地方名"了,三误也。这番话是盲女对那预言婆子说的,故说她的纸牌不会说谎。今译 cards 为"邀请单",不知这位穷婆子邀

请什么客？四误也。lie 更非僻字，译作"止息"，五误也。forsooth 译作"可证明"，六误也。即使老婆子发出邀请单，邀请单怎么会"证明永无止息时"呢？此七大误而一大不通也。

全篇像这样大谬的地方太多了，我再举一句作例罢：

> 他已来到！来到在末次！

原文是：

> He has arrived! arrived at last!

这样的句子尚不能翻译，而妄想译诗，这真是大胆妄为了！

一千八百年前有位姓王的说：

> 世间书传多若等类，浮妄虚伪，没夺正是。心愦涌，笔手扰，安能不论？（《论衡·对作篇》）

近来翻译家犯的罪过确也不少了。但我们的朋友，负一时文誉如王统照先生者，也会做这种自欺欺人的事，我真有点"心愦涌，笔手扰"了。

十四、四、二五夜

一个最低限度的国学书目

序　　言

　　这个书目是我答应清华学校胡君敦元等四个人拟的。他们都是将要往外国留学的少年，很想在短时期中得着国故学的常识。所以我拟这个书目的时候，并不为国学有根柢的人设想，只为普通青年人想得一点系统的国学知识的人设想。这是我要声明的第一点。

　　这虽是一个书目，却也是一个法门。这个法门可以叫做"历史的国学研究法"。这四五年来，我不知收到多少青年朋友询问"治国学有何门径"的信。我起初也学着老前辈们的派头，劝人从"小学"入手，劝人先通音韵训诂。我近来忏悔了——那种话是为专家说的，不是为初学人说的；是学者装门面的话，不是教育家引人入胜的法子。音韵训诂之学自身还不曾整理出个头绪系统来，如何可作初学人的入手工夫？十几年的经验使我不能不承认音韵训诂之学只可以作"学者"的工具，而不是"初学"的门径。老实说来，国学在今日还没有门径可说；那些国学有成绩的人大都是下死工夫笨干出来的。死工夫固是重要，但究竟不是初学的门径。对初学人说法，须先引起他的真兴趣，他然后肯下死工夫。在这个没有门径的时候，我曾想出一个下手方法来：就是用历史的线索做我们的天然系统，用这个天然继续演进的顺序做我们治国学的历程。这个书目便是依着这个观念做的。这个书目的顺序便是下手的法门。这是我要声明的第二点。

这个书目不单是为私人用的，还可以供一切中小学校图书馆及地方公共图书馆之用。所以每部书之下，如有最易得的版本，皆为注出。

一、工具之部

《书目举要》(周贞亮,李之鼎)　南城宜秋馆本。这是书目的书目。

《书目答问》(张之洞)　刻本甚多，近上海朝记书庄有石印"增辑本"最易得。

《四库全书总目提要》,附存目录　广东图书馆刻本，又点石斋石印本最方便。

《汇刻书目》(顾修)　顾氏原本已不适用，当用朱氏增订本，或上海北京书店翻印本，北京有益堂翻本最廉。

《续汇刻书目》(罗振玉)　双鱼堂刻本。

《史姓韵编》(汪辉祖)　刻本稍贵，石印本有两种。此为《廿四史》的人名索引，最不可少。

《中国人名大辞典》(商务印书馆)

《历代名人年谱》(吴荣光)　北京晋华书局新印本。

《世界大事年表》(傅运森)　商务印书馆。

《历代地理韵编》,《清代舆地韵编》(李兆洛) 广东图书馆本,又坊刻《李氏五种》本。

《历代纪元编》(六承如) 《李氏五种》本。

《经籍纂诂》(阮元等) 点石斋石印本可用。读古书者,于寻常字典外,应备此书。

《经传释词》(王引之) 通行本。

《佛学大辞典》(丁福保等译编) 上海医学书局。

二、思想史之部

《中国哲学史大纲上卷》(胡适) 商务印书馆。

〔二十二子〕:

《老子》　《庄子》　《管子》　《列子》

《墨子》　《荀子》　《尸子》　《孙子》

《孔子集语》《晏子春秋》《吕氏春秋》《贾谊新书》

《春秋繁露》《扬子法言》《文子缵义》《黄帝内经》

《竹书纪年》《商君书》《韩非子》《淮南子》

《文中子》《山海经》

浙江公立图书馆(即浙江书局)刻本。上海有铅印本亦尚可用。汇刻子书,以此部为最佳。

《四书》(《论语》《大学》《中庸》《孟子》)最好先看白文,或用朱熹集注本。

《墨子闲诂》(孙诒让) 原刻本,商务印书馆影印本。

《庄子集释》(郭庆藩) 原刻本,石印本。

《荀子集注》(王先谦) 原刻本,石印本。

《淮南鸿烈集解》(刘文典) 商务印书馆出版。

《春秋繁露义证》(苏舆)　原刻本。

《周礼》　通行本。

《论衡》(王充)　通津草堂本(商务印书馆影印);湖北崇文书局本。

《抱朴子》(葛洪)　平津馆丛书本最佳,亦有单行的;湖北崇文书局本。

《四十二章经》　金陵刻经处本。以下略举佛教书。

《佛遗教经》　同上。

《异部宗轮论述记》(窥基)　江西刻经处本。

《大方广佛华严经》(东晋译本)　金陵刻经处本。

《妙法莲华经》(鸠摩罗什译)　同上。

《般若纲要》(葛鼎慧)　《大般若经》太繁,看此书很够了。扬州藏经院本。

《般若波罗密多心经》(玄奘译)

《金刚般若波罗密经》(鸠摩罗什译,菩提流支译,真谛译)　以上两书,流通本最多。

《阿弥陀经》(鸠摩罗什译)　此书译本与版本皆极多,金陵刻经处有《阿弥陀经要解》》(智旭)最便。

《大方广圆觉了义经》(即《圆觉经》)(佛陀多罗译)　金陵刻经处白文本最好。

《十二门论》(鸠摩罗什译)　金陵刻经处本。

《中论》(同上)　扬州藏经院本。

　　以上两种,为三论宗《三论》之二。

《三论玄义》(隋吉藏撰)　金陵刻经处本。

《大乘起信论》(伪书)　此虽是伪书,然影响甚大。版本甚多,金陵刻经处有沙门真界纂注本颇便用。

《大乘起信论考证》（梁启超） 此书绍介日本学者考订佛书真伪的方法，甚有益。商务印书馆将出版。

《小止观》（一名《童蒙止观》，智颉撰） 天台宗之书不易读，此书最便初学。金陵刻经处本。

《相宗八要直解》（智旭直解） 金陵刻经处本。

《因明入正理论疏》（窥基疏） 金陵刻经处本。

《大慈恩寺三藏法师传》（慧立撰） 玄奘为中国佛教史上第一伟大人物，此传为中国传记文学之大名著。常州天宁寺本。

《华严原人论》（宗密撰） 有正书局有合解本，价最廉。

《坛经》（法海录） 流通本甚多。

《古尊宿语录》 此为禅宗极重要之书，坊间现尚无单行刻本。《大藏经》缩刷本腾字四至六。

《宏明集》（梁僧祐集） 此书可考见佛教在晋宋齐梁士大夫间的情形。金陵刻经处本。

《韩昌黎集》（韩愈） 坊间流通本甚多。

《李文公集》（李翱） 《三唐人集》本。

《柳河东集》（柳宗元） 通行本。

《宋元学案》（黄宗羲，全祖望等） 冯云濠刻本，何绍基刻本，光绪五年长沙重刊本。坊间石印本不佳。

《明儒学案》（黄宗羲） 莫晋刻本最佳。坊间通行有江西本，不佳。

以上两书，保存原料不少，为宋明哲学最重要又最方便之书。此下所列，乃是补充这两书之缺陷，或是提出几部不可不备的专家集子。

《直讲李先生集》（李觏） 商务印书馆印本。

《王临川集》（王安石） 通行本。商务印书馆影印本。

《二程全书》（程颢,程颐）　六安涂氏刻本。

《朱子全书》（朱熹）　六安涂氏刻本；商务印书馆影印本。

《陆象山全集》（陆九渊）　上海江左书林铅印本很可用。

《陈龙川全集》（陈亮）　通行本。

《叶水心全集》（叶适）　通行本。

《王文成公全书》（王守仁）　浙江图书馆本。

《困知记》（罗钦顺）　嘉庆四年翻明刻本。正谊堂本。

《王心斋先生全集》（王艮）　近年东台袁氏编订排印本最好,上海国学保存会寄售。

《罗文恭公全集》（罗洪先）　雍正间刻本,《四库全书》本与此本同。

《胡子衡齐》（胡直）　此书为明代哲学中一部最有条理又最有精采之书。《豫章丛书》本。

《高子遗书》（高攀龙）　无锡刻本。

《学蔀通辨》（陈建）　正谊堂本。

《正谊堂全书》（张伯行编）　这部丛书搜集程朱一系的书最多,欲研究"正统派"的哲学的,应备一部。全书六百七十余卷,价约三十元。初刻本已不可得,现行者为同治间补刻本。

《清代学术概论》（梁启超）　商务印书馆。

《日知录》（顾炎武）　用黄汝成《集释》本。通行本。

《明夷待访录》（黄宗羲）　单行本。扫叶山房《梨洲遗著汇刊》本。

《张子正蒙注》（王夫之）　《船山遗书》本。

《思问录内外篇》（王夫之）　同上。

《俟解》一卷,《噩梦》一卷（王夫之）　同上。

《颜李遗书》（颜元,李塨）　《畿辅丛书》本可用。北京四存学会增补全书本。

《费氏遗书》(费密)　成都唐氏刻本。(北京大学出版部寄售)

《孟子字义疏证》(戴震)　《戴氏遗书》本。国学保存会有铅印本,但已卖缺了。

《章氏遗书》(章学诚)　浙江图书馆排印本,上海刘翰怡新刻全书本。

《章实斋年谱》(胡适)　商务印书馆出版。

《崔东壁遗书》(崔述)　道光四年陈履和刻本;《畿辅丛书》本只有《考信录》,亦可够用了。全书现由亚东图书馆重印,不久可出版。

《汉学商兑》(方东树)　此书无甚价值,但可考见当日汉宋学之争。单行本,朱氏《槐庐丛书》本。

《汉学师承记》(江藩)　通行本,附《宋学师承记》。

《新学伪经考》(康有为)　光绪辛卯初印本;新刻本只增一序。

《史记探源》(崔适)　初刻本;北京大学出版部排印本。

《章氏丛书》(章炳麟)　康宝忠等排印本;浙江图书馆刻本。

三、文学史之部

《诗经集传》(朱熹)　通行本。

《诗经通论》(姚际恒)　闻商务印书馆将重印。

《诗本谊》(龚橙)　浙江图书馆《半广丛书》本。

《诗经原始》(方玉润)　闻商务印书馆不久将有重印本。

《诗毛氏传疏》(陈奂)　《清经解续编》卷七百七十八以下。

《檀弓》　《礼记》第二篇。

《春秋左氏传》　通行本。

《战国策》 商务印书馆有铅印补注本。

《楚辞集注,附辨证后语》(朱熹) 通行本;扫叶山房有石印本。

《全上古三代秦汉三国六朝文》(严可均编) 广雅局本。此书搜集最富,远胜于张溥的《汉魏六朝百三家集》。

《全汉三国晋南北朝诗》(丁福保编) 上海医学书局出版。

《古文苑》(章樵注) 江苏书局本。

《续古文苑》(孙星衍编) 江苏书局本。

《文选》(萧统编) 上海会文堂有石印胡刻李善注本最方便。

《文心雕龙》(刘勰) 原刻本;通行本。

《乐府诗集》(郭茂倩编) 湖北书局刻本。

《唐文粹》(姚铉编) 江苏书局本。

《唐文粹补遗》(郭麐编) 同上。

《全唐诗》(康熙朝编) 扬州原刻本,广州本,石印本,五代词亦在此中。

《宋文鉴》(吕祖谦编) 江苏书局本。

《南宋文范》(庄仲方编) 同上。

《南宋文录》(董兆熊编) 同上。

《宋诗钞》(吕留良、吴之振等编) 商务印书馆本。

《宋诗钞补》(管庭芬等编) 商务印书馆本。

《宋六十家词》(毛晋编) 汲古阁本,广州刊本,上海博古斋石印本。

《四印斋王氏所刻宋元人词》(王鹏运编刻) 原刻本,板存北京南阳山房。

《彊邨所刻词》(朱祖谋编刻) 原刻本。

王朱两位刻的词集都很精,这是近人对于文学史料上的大贡献。

《太平乐府》(杨朝英编) 《四部丛刊》本。

《阳春白雪》(杨朝英编)　南陵徐氏《随庵丛书》本。

以上两种为金元人曲子的选本。

《董解元弦索西厢》(董解元)　刘世珩暖红室汇刻传奇本。

《元曲选一百种》(臧晋叔编)　商务印书馆有影印本。

《金文最》(张金吾编)　江苏书局本。

《元文类》(苏天爵编)　同上。

《宋元戏曲史》(王国维)　商务印书馆本。

《京本通俗小说》　这是七种南宋的话本小说,上海蟫隐庐《烟画东堂小品》本。

《宣和遗事》　《士礼居丛书》本;商务印书馆有排印本。

《五代史平话》残本　董康刻本。

《明文在》(薛熙编)　江苏书局本。

《列朝诗集》(钱谦益编)　国学保存会排印本。

《明诗综》(朱彝尊编)　原刻本。

《六十种曲》(毛晋编刻)　汲古阁本。此书善本已不易得。

《盛明杂剧》(沈泰编)　董康刻本。

《暖红室汇刻传奇》(刘世珩编刻)　原刻本。

《笠翁十二种曲》(李渔)　原刻巾箱本。

《九种曲》(蒋士铨)　原刻本。

《桃花扇》(孔尚任)　通行本。

《长生殿》(洪昇)　通行本。

清代戏曲多不胜举;故举李蒋两集,孔洪两种历史戏,作几个例而已。

《曲苑》　上海古书流通处(?)编印本。此书汇集关于戏曲的书十四种,中如焦循《剧说》,如梁辰鱼《江东白苎》,皆不易得。石印本价亦廉,故存之。

《缀白裘》　这是一部传奇选本,虽多是零篇,但明末清初的戏曲名著都有代表的部分存在此中。在戏曲总集中,这也是一部重要书了。通行本。

《曲录》(王国维) 《晨风阁丛书》本。

《湖海文传》(王昶编) 所选都是清朝极盛时代的文章,最可代表清朝"学者的文人"的文学。原刻本。

《湖海诗传》(王昶编) 原刻本。

《鲒埼亭集》(全祖望) 借树山房本。

《惜抱轩文集》(姚鼐) 通行本。

《大云山房文稿》(恽敬) 四川刻本,南昌刻本。

《文史通义》(章学诚) 贵阳刻本,浙江局本,铅印本。

《龚定盦全集》(龚自珍) 万本书堂刻本。国学扶轮社本。

《曾文正公文集》(曾国藩) 《曾文正全集》本。

清代古文专集,不易选择;我经过很久的考虑,选出全,姚,恽,章,龚,曾六家来作例。

《吴梅村诗》(吴伟业) 《梅村家藏稿》(董康刻本,商务印书馆影印本)本,无注;此外有靳荣藩《吴诗集览》本,有吴翌凤《梅村诗集笺注》本。

《瓯北诗钞》(赵翼) 《瓯北全集》本,单行本。

《两当轩诗钞》(黄景仁) 光绪二年重刻本。

《巢经巢诗钞》(郑珍) 贵州刻本;北京有翻刻本,颇有误字。

《秋蟪吟馆诗钞》(金和) 铅印全本;家刻本略有删减。

《人境庐诗钞》(黄遵宪) 日本铅印本。

清代诗也很难选择。我选梅村代表初期,瓯北与仲则代表乾隆一朝;郑子尹与金亚匏代表道咸同三朝;黄公度代表末年的过渡时期。

明清两朝小说:

《水浒传》 亚东图书馆三版本。

《西游记》(吴承恩)　亚东图书馆再版本。

《三国志》　亚东图书馆本。

《儒林外史》(吴敬梓)　亚东图书馆四版本。

《红楼梦》(曹霑)　亚东图书馆三版本。

《水浒后传》(陈忱,自署古宋遗民。)　此书借宋徽钦二帝事来写明末遗民的感慨,是一部极有意义的小说。亚东图书馆《水浒续集》本。

《镜花缘》(李汝珍)　此书虽有"掉书袋"的毛病,但全篇为女子争平等的待遇,确是一部很难得的书。亚东图书馆本。

以上各种,均有胡适的考证或序,搜集了文学史的材料不少。

《今古奇观》　通行本。可代表明代的短篇。

《三侠五义》　此书后经俞樾修改,改名《七侠五义》。此书可代表北方的义侠小说。旧刻本;《七侠五义》流通本较多。亚东图书馆不久将有重印本。

《儿女英雄传》(文康)　萤英馆石印本最佳;流通本甚多。

《九命奇冤》(吴沃尧)　广智书局铅印本。

《恨海》(吴沃尧)　通行本甚多。

《老残游记》(刘鹗)　商务印书馆铅印本。

以上略举十三种,代表四五百年的小说。

《五十年来的中国文学》(胡适)　本书卷二。

〔跋〕

文学史一部,注重总集;无总集的时代,或总集不能包括的文人,始举别集。因为文集太多,不易收买,尤不易遍览,故为初学人及小图书馆计,皆宜先从总集下手。

小学及初中毕业应达最低限度的程度[*]

小学校(六年)毕业时,应有下列的最低限度的程度

1. 国语文学

(a)语言

(1)能用国语讲演。(此处所谓讲演,系指事前有预备的讲演。预备时,不妨写出讲演稿,发表时,不用底稿。)

(2)能用本地方言讲演。

(b)文字

(1)读书:(甲)识字:四千个以上。(此所谓"字",包括单音字与复音字两项。如"儿"是一个字,"儿童""儿子""女儿"另是三个字。又如"说"是一个字,"演说""小说""说明"另是三个字。)能运用字典。(乙)读物:能读语体的文学书,如《西游记》之类;并能读有标点的浅近文言的书报,如《申报》、《三国志演义》之类。

(2)写字:能写正字及通行的行书字体。

(3)作文:能作语体的应用文,包括写信、记事、说明、辩论

---

[*] 原稿收入《胡适遗稿及秘藏书信》第13册,耿云志主编,黄山书社1994年版。——编者

的文章:要没有文法的大谬误,还要养成随笔标点的习惯。(不必作文言文)

2. 算术

(a)应熟悉整数和分数的"四则"的应用,能求面积和体积,能换算各种度量衡,能用比例推算,能求百分,能算利息。

(b)应知普通簿记。

(c)应能用笔算的原理使用珠算,能纯熟使用珠算上的"四则"。

3. 社会的科目:

(a)历史的知识:

(1)本国文化史上的大变迁。

(2)世界近三百年的大势。

(b)地理的知识:

(1)地理学的常识。

(2)本国地理的大要。

(3)世界的大概。

(c)公民的知识:

(1)人生道德的要旨。

(2)公民常识。

(3)团体生活的经验。

4. 自然的研究:

(a)能知道生物(混合动植)学的大意。

(b)能采集植物昆虫的标本。

(c)矿物的分类,地质学的要旨。

(d)浅近物理、化学的常识。

(e)能使用理化实验的基本用具。

(f)能了解普通的科学工艺品。(如电报电话之类)

5. 体育的知识与能力:

(a)生理卫生学的常识。

(b)简易治疗法与预防法。

(c)公共卫生的原则与设计。

(d)游戏。

(e)体操:基本操、柔软操、器械操。

初级中学(三年)毕业时,应有下列的最低限度的程度

1. 国文

(a)读书:

(1)能赏玩现代语体的文学作品。

(2)能了解简易的文言文学书。(如唐宋以来所谓"古文",及史传的文学。)

(3)能运用词典及类书。

(b)作文:

(1)能作长篇的语体文。

(2)能作通顺的文言短文。

(3)了解语体文与文言文的文法。

2. 外国语

(a)文法:能了解文法的大要:

(1)词的分类。

(2)名词、动词的变化。

(3)句的构造与分析。

(b)读书:(1)发音正确。

(2)能用字典读浅易的故事。

(c)说话:能作普通的会话。

(d)作文:能翻译句子。

我们对于西洋近代文明的态度*

今日最没有根据而又最有毒害的妖言是讥贬西洋文明为唯物的(Materialistic),而尊崇东方文明为精神的(Spiritual)。这本是很老的见解,在今日却有新兴的气象。从前东方民族受了西洋民族的压迫,往往用这种见解来解嘲,来安慰自己。近几年来,欧洲大战的影响使一部分的西洋人对于近世科学的文化起一种厌倦的反感,所以我们时时听见西洋学者有崇拜东方的精神文明的议论。这种议论,本来只是一时的病态的心理,却正投合东方民族的夸大狂;东方的旧势力就因此增加了不少的气焰。

我们不愿"开倒车"的少年人,对于这个问题不能没有一种彻底的见解,不能没有一种鲜明的表示。

现在高谈"精神文明""物质文明"的人,往往没有共同的标准做讨论的基础,故只能作文字上或表面上的争论,而不能有根本的了解。我想提出几个基本观念来做讨论的标准。

第一,文明(Civilization)是一个民族应付他的环境的总成绩。

第二,文化(Culture)是一种文明所形成的生活的方式。

---

* 原载1926年7月10日《现代评论》第四卷第83期。又载1927年11月27日、12月4日、12月11日《生活周刊》第4至6期。——编者

第三，凡一种文明的造成，必有两个因子：一是物质的（Material），包括种种自然界的势力与质料；一是精神的（Spiritual），包括一个民族的聪明才智感情和理想。凡文明都是人的心思智力运用自然界的质与力的作品；没有一种文明是精神的，也没有一种文明单是物质的。

我想这三个观念是不须详细说明的，是研究这个问题的人都可以承认的。一只瓦盆和一只铁铸的大蒸汽炉，一只舢板船和一只大汽船，一部单轮小车和一辆电力街车，都是人的智慧利用自然界的质力制造出来的文明，同有物质的基础，同有人类的心思才智。这里面只有个精粗巧拙的程度上的差异，却没有根本上的不同。蒸汽铁炉固然不必笑瓦盆的幼稚，单轮小车上的人也更不配自夸他的精神的文明，而轻视电车上人的物质的文明。

因为一切文明都少不了物质的表现，所以"物质的文明"（Material Civilization）一个名词不应该有什么讥贬的涵义。我们说一部摩托车是一种物质的文明，不过单指他的物质的形体；其实一部摩托车所代表的人类的心思智慧决不亚于一首诗所代表的心思智慧。所以"物质的文明"不是和"精神的文明"反对的一个贬词，我们可以不讨论。

我们现在要讨论的是(1)什么叫做"唯物的文明"（Materialistic Civilization），(2)西洋现代文明是不是唯物的文明。

崇拜所谓东方精神文明的人说，西洋近代文明偏重物质上和肉体上的享受，而略视心灵上与精神上的要求，所以是唯物的文明。

我们先要指出这种议论含有灵肉冲突的成见，我们认为错误的成见。我们深信，精神的文明必须建筑在物质的基础之上。提高人类物质上的享受，增加人类物质上的便利与安逸，这都是朝着解放人类的能力的方向走,使人们不至于把精力心思全抛在仅仅生存之上,使他们可以有余力去满足他们的精神上的要求。东方的哲人曾说:

衣食足而后知荣辱,仓廪实而后知礼节。

这不是什么舶来的"经济史观";这是平恕的常识。人世的大悲剧是无数的人们终身做血汗的生活,而不能得着最低限度的人生幸福,不能避免冻与饿。人世的更大悲剧是人类的先知先觉者眼看无数人们的冻饿,不能设法增进他们的幸福,却把"乐天""安命""知足""安贫"种种催眠药给他们吃,叫他们自己欺骗自己,安慰自己。西方古代有一则寓言说狐狸想吃葡萄,葡萄太高了,他吃不着,只好说"我本不爱吃这酸葡萄!"狐狸吃不着甜葡萄,只好说葡萄是酸的;人们享不着物质上的快乐,只好说物质上的享受是不足羡慕的,而贫贱是可以骄人的。这样自欺自慰成了懒惰的风气,又不足为奇了。于是有狂病的人又进一步,索性回过头去,戕贼身体,断臂,绝食,焚身,以求那幻想的精神的安慰。从自欺自慰以至于自残自杀,人生观变成了人死观,都是从一条路上来的:这条路就是轻蔑人类的基本的欲望。朝这条路上走,逆天而拂性,必至于养成懒惰的社会,多数人不肯努力以求人生基本欲望的满足,也就不肯进一步以求心灵上与精神上的发展了。

西洋近代文明的特色便是充分承认这个物质的享受的重要。西洋近代文明,依我的鄙见看来,是建筑在三个基本观念之上:

第一,人生的目的是求幸福。

第二,所以贫穷是一桩罪恶。

第三,所以衰病是一桩罪恶。

借用一句东方古话,这就是一种"利用厚生"的文明。因为贫穷是一桩罪恶,所以要开发富源,奖励生产,改良制造,扩张商业。因为衰病是一桩罪恶,所以要研究医药,提倡卫生,讲求体育,防止传染的疾病,改善人种的遗传。因为人生的目的是求幸福,所以要经营安适的起居,便利的交通,洁净的城市,优美的艺术,安全的社会,清明的政治。纵观西洋近代的一切工艺,科学,法制,固然其中也不少杀人的利器与侵略掠夺的制度,我们终不能不承认那利用厚生的基本精神。

这个利用厚生的文明,当真忽略了人类心灵上与精神上的要求吗?当真是一种唯物的文明吗?

我们可以大胆地宣言:西洋近代文明绝不轻视人类的精神上的要求。我们还可以大胆地进一步说:西洋近代文明能够满足人类心灵上的要求的程度,远非东洋旧文明所能梦见。在这一方面看来,西洋近代文明绝非唯物的,乃是理想主义的(Idealistic),乃是精神的(Spiritual)。

我们先从理智的方面说起。

西洋近代文明的精神方面的第一特色是科学。科学的根本精神在于求真理。人生世间,受环境的逼迫,受习惯的支配,受迷信与成见的拘束。只有真理可以使你自由,使你强有力,使你聪明圣智;只有真理可以使你打破你的环境里的一切束缚,使你戡天,使你缩地,使你天不怕,地不怕,堂堂地做一个人。

求知是人类天生的一种精神上的最大要求。东方的旧文明对于这个要求,不但不想满足他,并且常想裁制他,断绝他。所以东方古圣人劝人要"无知",要"绝圣弃智",要"断思惟",要"不识不知,顺帝之则"。这是畏难,这是懒惰。这种文明,还能自夸可以满足心灵上的要求吗?

东方的懒惰圣人说:"吾生也有涯,而知也无涯,以有涯逐无涯,殆已。"所以他们要人静坐澄心,不思不虑,而物来顺应。这是自欺欺人的诳语,这是人类的夸大狂。真理是深藏在事物之中的;你不去寻求探讨,他决不会露面。科学的文明教人训练我们的官能智慧,一点一滴地去寻求真理,一丝一毫不放过,一铢一两地积起来。这是求真理的唯一法门。自然(Nature)是一个最狡猾的妖魔,只有敲打逼拶可以逼她吐露真情。不思不虑的懒人只好永永作愚昧的人,永永走不进真理之门。

东方的懒人又说:"真理是无穷尽的,人的求知的欲望如何能满足呢?"诚然,真理是发现不完的。但科学决不因此而退缩。科学家明知真理无穷,知识无穷,但他们仍然有他们的满足:进一寸有一寸的愉快,进一尺有一尺的满足。二千多年前,一个希腊哲人思索一个难题,想不出道理来;有一天,他跳进浴盆去洗澡,水涨起来,他忽然明白了,他高兴极了,赤裸裸地跑出门去,在街上乱嚷道,"我寻着了!我寻着了!"(Eureka! Eureka!)这是科学家的满足。Newton, Pasteur 以至于 Edison 时时有这样的愉快。一点一滴都是进步,一步一步都可以踌躇满志。这种心灵上的快乐是东方的懒圣人所梦想不到的。

这里正是东西文化的一个根本不同之点。一边是自暴自弃的不思不虑,一边是继续不断的寻求真理。

朋友们,究竟是那一种文化能满足你们的心灵上的要求呢?

其次,我们且看看人类的情感与想像力上的要求。

文艺,美术,我们可以不谈,因为东方的人,凡是能睁开眼睛看世界的,至少还都能承认西洋人并不曾轻蔑了这两个重要的方面。

我们来谈谈道德与宗教罢。

近世文明在表面上还不曾和旧宗教脱离关系,所以近世文化还不曾明白建立他的新宗教新道德。但我们研究历史的人不能不指出近世文明自有他的新宗教与新道德。科学的发达提高了人类的知识,使人们求知的方法更精密了,评判的能力也更进步了,所以旧宗教的迷信部分渐渐被淘汰到最低限度,渐渐地连那最低限度的信仰——上帝的存在与灵魂的不灭——也发生疑问了。所以这个新宗教的第一特色是他的理智化。近世文明仗着科学的武器,开辟了许多新世界,发现了无数新真理,征服了自然界的无数势力,叫电气赶车,叫"以太"送信,真个作出种种动地掀天的大事业来。人类的能力的发展使他渐渐增加对于自己的信仰心,渐渐把向来信天安命的心理变成信任人类自己的心理。所以这个新宗教的第二特色是他的人化。知识的发达不但抬高了人的能力,并且扩大了他的眼界,使他胸襟阔大,想像力高远,同情心浓挚。同时,物质享受的增加使人有余力可以顾到别人的需要与痛苦。扩大了的同情心加上扩大了的能力,遂产生了一个空前的社会化的新道德,所以这个新宗教的第三特色就是他的社会化的道德。

古代的人因为想求得感情上的安慰,不惜牺牲理智上的要求,专靠信心(Faith),不问证据,于是信鬼,信神,信上帝,信天堂,信净土,信地狱。近世科学便不能这样专靠信心了。科学并不菲薄感情上的安慰;科学只要求一切信仰须要禁得起理智的评判,须要有充分的证据。凡没有充分证据的,只可存疑,不足信仰。赫胥黎(Huxley)说的最好:

> 如果我对于解剖学上或生理学上的一个小小困难,必须要严格的不信任一切没有充分证据的东西,方才可望有成绩,那么,我对于人生的奇秘的解决,难道就可以不用这样严格的条

件吗?

这正是十分尊重我们的精神上的要求。我们买一亩田,卖三间屋,尚且要一张契据;关于人生的最高希望的根据,岂可没有证据就胡乱信仰吗?

这种"拿证据来"的态度,可以称为近世宗教的"理智化"。

从前人类受自然的支配,不能探讨自然界的秘密,没有能力抵抗自然的残酷,所以对于自然常怀着畏惧之心。拜物,拜畜生,怕鬼,敬神,"小心翼翼,昭事上帝",都是因为人类不信任自己的能力,不能不倚靠一种超自然的势力。现代的人便不同了。人的智力居然征服了自然界的无数质力,上可以飞行无碍,下可以潜行海底,远可以窥算星辰,近可以观察极微。这个两只手一个大脑的动物——人——已成了世界的主人翁,他不能不尊重自己了。一个少年的革命诗人曾这样的歌唱:

> 我独自奋斗,胜败我独自承当,
> 我用不着谁来放我自由,
> 我用不着什么耶稣基督
> 妄想他能替我赎罪替我死。
> I fight alone and, win or sink,
> 　I need no one to make me free,
> 　I want no Jesus Christ to think,
> 　　That he could ever die for me.

这是现代人化的宗教。信任天不如信任人,靠上帝不如靠自己。我们现在不妄想什么天堂天国了,我们要在这个世界上建造"人的乐国"。我们不妄想做不死的神仙了,我们要在这个世界上做个活泼健全的人。我们不妄想什么四禅定六神通了,我们要在这个世界上做个有聪明智慧可以戡天缩地的人。我们也许不轻易信仰上帝的万能了,我们却信仰科学的方法是万能的,人的将来是不可限量的。我们也许不信灵魂的不灭了,我们却信人格是神圣的,人权是神圣的。

这是近世宗教的"人化"。

但最重要的要算近世道德宗教的"社会化"。

古代的宗教大抵注重个人的拯救;古代的道德也大抵注重个人的修养。虽然也有自命普渡众生的宗教,虽然也有自命兼济天下的道德,然而终苦于无法下手,无力实行,只好仍旧回到个人的身心上用工夫,做那向内的修养。越向内做工夫,越看不见外面的现实世界;越在那不可捉摸的心性上玩把戏,越没有能力应付外面的实际问题。即如中国八百年的理学工夫居然看不见二万万妇女缠足的惨无人道!明心见性,何补于人道的苦痛困穷!坐禅主敬,不过造成许多"四体不勤,五谷不分"的废物!

近世文明不从宗教下手,而结果自成一个新宗教;不从道德入门,而结果自成一派新道德。十五十六世纪的欧洲国家简直都是几个海盗的国家,哥仑布(Columbus)、马汲伦(Magellan)、都芮克(Drake)一班探险家都只是一些大海盗。他们的目的只是寻求黄金,白银,香料,象牙,黑奴。然而这班海盗和海盗带来的商人开辟了无数新地,开拓了人的眼界,抬高了人的想像力,同时又增加了欧洲的富力。工业革命接着起来,生产的方法根本改变了,生产的能力更发达了。二三百年间,物质上的享受逐渐增加,人类的同情心也逐渐扩大。这种扩大的同情心便是新宗教新道德的基础。自己要争自由,同时便想到别人的自由,所以不但自由须以不侵犯他人的自由为界限,并且还进一步要要求绝大多数人的自由。自己要享受幸福,同时便想到人的幸福,所以乐利主义(Utilitarianism)的哲学家便提出"最大多数的最大幸福"的标准来做人类社会的目的。这都是"社会化"的趋势。

十八世纪的新宗教信条是自由,平等,博爱。十九世纪中叶以后的新宗教信条是社会主义。这是西洋近代的精神文明,这是东方民族不曾有过的精神文明。

固然东方也曾有主张博爱的宗教,也曾有公田均产的思想。但这些不过是纸上的文章,不曾实地变成社会生活的重要部分,不曾变成范围人生的势力,不曾在东方文化上发生多大的影响,在西方便不然了。"自由,平等,博爱"成了十八世纪的革命口号。美国的革命,法国的革命,一八四八年全欧洲的革命运动,一八六二年的南北美战争,都是在这三大主义的旗帜之下的大革命。美国的宪法,法国的宪法,以至于南美洲诸国的宪法,都是受了这三大主义的绝大影响的。旧阶级的打倒,专制政体的推翻,法律之下人人平等的观念的普遍,"信仰,思想,言论,出版"几大自由的保障的实行,普及教育的实施,妇女的解放,女权的运动,妇女参政的实现,……都是这个新宗教新道德的实际的表现。这不仅仅是三五个哲学家书本子里的空谈,这都是西洋近代社会政治制度的重要部分,这都已成了范围人生,影响实际生活的绝大势力。

十九世纪以来,个人主义的趋势的流弊渐渐暴白于世了,资本主义之下的苦痛也渐渐明瞭了。远识的人知道自由竞争的经济制度不能达到真正"自由,平等,博爱"的目的。向资本家手里要求公道的待遇,等于"与虎谋皮"。救济的方法只有两条大路:一是国家利用其权力,实行裁制资本家,保障被压迫的阶级;一是被压迫的阶级团结起来,直接抵抗资本阶级的压迫与掠夺。于是各种社会主义的理论与运动不断地发生。西洋近代文明本建筑在个人求幸福的基础之上,所以向来承认"财产"为神圣的人权之一。但十九世纪中叶以后,这个观念根本动摇了,有的人竟说"财产是贼赃",有的人竟说"财产是掠夺"。现在私有财产制虽然还存在,然而国家可以征收极重的所得税和遗产税,财产久已不许完全私有了。劳动是向来受贱视的;但资本集中的制度使劳工有大组织的可能,社会主义的宣传与阶级的自觉又使劳工觉悟团结的必要,于是几十年之中,有组织的劳动阶级遂成了社会上最有势力的分子。十年以来,工党领袖可以执掌世界强国的政权,同盟总罢工可以屈伏最有势力的政府,俄国的劳农阶级竟做了全国的专政阶级。这个社会主义的大运动现在还正在进行的时期。但他的成绩已很可观了。各国的"社会立法"(Social Legislation)的发达,工厂的视察,工厂卫生的改良,儿童工作与妇女工作的救济,红利分配制度的推行,缩短工作时间的实行,工人的保险,合作制之推行,最低工资(Mnimum Wage)的运动,失业的救济,级进制的(Progressive)所得税与遗产税的实行,……这都是这个大运动已经做到的成绩。这也不仅仅是纸上的文章,这也都已成了近代文明的重要部分。

这是"社会化"的新宗教与新道德。

东方的旧脑筋也许要说:"这是争权夺利,算不得宗教与道德。"这里又正是东西文化的一个根本不同之点。一边是安分,安命,安贫,乐天,不争,认吃亏;一边是不安分,不安贫,不肯吃亏,努力奋斗,继续改善现成的境地。东方人见人富贵,说他是"前世修来的";自己贫,也说是"前世不曾修",说是"命该如此"。西方人便不然;他说,"贫富的不平等,痛苦的待遇,都是制度的不良的结果,制度是可以改良的。"他们不是争权夺利,他们是争自由,争平等，争公道；他们争的不仅仅是个人的私利，他们奋斗的结果是人类绝大多数人的福利。最大多数人的最大幸福，不是袖手念佛号可以得来的，是必须奋斗力争的。

朋友们，究竟是那一种文化能满足你们的心灵上的要求呢？

* * * *

我们现在可综合评判西洋近代的文明了。这一系的文明建筑在"求人生幸福"的基础之上，确然替人类增进了不少的物质上的享受；然而他也确然很能满足人类的精神上的要求。他在理智的方面，用精密的方法，继续不断地寻求真理，探索自然界无穷的秘密。他在宗教道德的方面，推翻了迷信的宗教，建立合理的信仰；打倒了神权，建立人化的宗教；抛弃了那不可知的天堂净土，努力建设"人的乐国""人世的天堂"；丢开了那自称的个人灵魂的超拔，尽量用人的新想像力和新智力去推行那充分社会化了的新宗教与新道德，努力谋人类最大多数的最大幸福。

东方的文明的最大特色是知足。西洋的近代文明的最大特色是不知足。

知足的东方人自安于简陋的生活，故不求物质享受的提高；自安于愚昧，自安于"不识不知"，故不注意真理的发见与技艺器械的发明；自安于现成的环境与命运，故不想征服自然，只求乐天安命，不想改革制度，只图安分守己，不想革命，只做顺民。

这样受物质环境的拘束与支配，不能跳出来，不能运用人的心思智力来改造环境改良现状的文明，是懒惰不长进的民族的文明，是真正唯物的文明。这种文明只可以遏抑而决不能满足人类精神上的要求。

西方人大不然，他们说"不知足是神圣的"（Divine Discontent）。物质上的不知足产生了今日钢铁世界，汽机世界，电力世界。理智上的不知足产生了今日的科学世界。社会政治制度的不知足产生了今日的民权世界,自由政体,男女平权的社会,劳工神圣的喊声,社会主义的运动。神圣的不知足是一切革新一切进化的动力。

这样充分运用人的聪明智慧来寻求真理以解放人的心灵,来制服天行以供人用,来改造物质的环境,来改革社会政治的制度,来谋人类最大多数的最大幸福,——这样的文明应该能满足人类精神上的要求;这样的文明是精神的文明,是真正理想主义的(Idealistic)文明,决不是唯物的文明。

固然,真理是无穷的,物质上的享受是无穷的,新器械的发明是无穷的,社会制度的改善是无穷的。但格一物有一物的愉快,革新一器有一器的满足,改良一种制度有一种制度的满意。今日不能成功的,明日明年可以成功;前人失败的,后人可以继续助成。尽一分力便有一分的满意;无穷的进境上,步步都可以给努力的人充分的愉快。所以大诗人邓内孙(Tennyson)借古英雄 Ulysses 的口气歌唱道:

> 然而人的阅历就像一座穹门,
> 从那里露出那不曾走过的世界,
> 越走越远,永永望不到他的尽头。
> 半路上不干了,多么沉闷呵!
> 明晃晃的快刀为什么甘心上锈!
> 难道留得一口气就算得生活了?
> ……
> 朋友,来罢!
> 去寻一个更新的世界是不会太晚的。

……
用掉的精力固然不回来了,剩下的还不少呢。
现在虽然不是从前那样掀天动地的身手了,
然而我们毕竟还是我们,——
光阴与命运颓唐了几分壮志!
终止不住那不老的雄心,
去努力,去探寻,去发见,
永不退让,不屈伏。

一九二六,六,六

我们今日还不配读经

傅孟真先生昨天在《大公报》上发表星期论文,讨论学校读经的问题,我们得了他的同意,转载在这一期(《独立》第一四六号)里。他这篇文章的一部分是提倡读经的诸公所能了解(虽然不肯接受)的。但是其中最精确的一段,我们可以预料提倡读经的文武诸公决不会了解的。那一段是:

> 经过明末以来朴学之进步,我们今日应该充分感觉六经之难读。汉儒之师说既不可恃,宋儒的臆想又不可凭,在今日只有妄人才敢说诗书全能了解。有声音文字训诂学训练的人是深知"多闻阙疑"、"不知为不知"之重要性的。那么,今日学校读经,无异于拿些教师自己半懂半不懂的东西给学生。……六经虽在专门家手中也是半懂半不懂的东西,一旦拿来给儿童,教者不是浑沌混过,便要自欺欺人。这样的效用,究竟是有益于儿童的理智呢,或是他们的人格?

孟真先生这段话,无一字不是事实。只可惜这番话是很少人

---

* 原载1935年4月14日《独立评论》第146号。——编者

能懂的。今日提倡读经的人们,梦里也没有想到五经至今还只是一半懂得一半不懂得的东西。这也难怪。毛公、郑玄以下,说《诗》的人谁肯说《诗》三百篇有一半不可懂?王弼、韩康伯以下,说《易》的人谁肯说《周易》有一大半不可懂?郑玄、马融、王肃以下,说《书》的人谁肯说《尚书》有一半不可懂?古人且不谈,三百年中的经学家,陈奂、胡承珙、马瑞辰等人的《毛诗》学,王鸣盛、孙星衍、段玉裁、江声、皮锡瑞、王先谦诸人的《尚书》学,焦循、江藩、张惠言诸人的《易》学,又何尝肯老实承认这些古经他们只懂得一半?所以孟真先生说的"六经虽在专门家手中也是半懂半不懂的东西",这句话只是最近二三十年中的极少数专门家的见解,只是那极少数的"有声音文字训诂学训练的人"的见解。这种见解,不但陈济棠、何键诸公不曾梦见,就是一般文人也未必肯相信。

所以我们在今日正应该教育一般提倡读经的人们,教他们明白这一点。这种见解可以说是最新的经学,最新的治经方法。始创新经学的大师是王国维先生,虽然高邮王氏父子在一百多年前早已走上这条新经学的路了。王国维先生说:

> 《诗》、《书》为人人诵习之书,然于六艺中最难读。以弟之愚暗,于《书》所不能解者殆十之五;于《诗》,亦十之一二。此非独弟所不能解也,汉魏以来诸大师未尝不强为之说,然其说终不可通。以是知先儒亦不能解也。(《观堂集林》卷一,《与友人论诗书中成语书》)

这是新经学开宗明义的宣言,说话的人是近代一个学问最博而方法最缜密的大师,所以说的话最有分寸,最有斤两。科学的起点在于求知,而求知的动机必须出于诚恳的承认自己知识的缺乏。

古经学所以不曾走上科学的路,完全由于汉魏以来诸大师都不肯承认古经的难懂,都要"强为之说"。南宋以后,人人认朱子、蔡沈的《集注》为集古今大成的定论,所以经学更荒芜了。顾炎武以下,少数学者走上了声音文字训诂的道路,稍稍能补救宋明经学的臆解的空疏。然而他们也还不肯公然承认他们只能懂得古经的一部分,他们往往不肯抛弃注释全经的野心。浅识的人,在一个过度迷信清代朴学的空气里,也就纷纷道听途说,以为经过了三百年清儒的整理,五经应该可以没有疑问了。谁料到了这三百年的末了,王国维先生忽然公开揭穿了这张黑幕,老实的承认,《诗经》他不懂的有十之一二,《尚书》他不懂的有十之五。王国维尚且如此说,我们不可以请今日妄谈读经的诸公细细想想吗?

何以古经这样难懂呢?王国维先生说:

其难解之故有三:讹阙,一也。(此以《尚书》为甚)古语与今语不同,二也。古人颇用成语,其成语之意义与其中单语分别之意义又不同,三也。

唐宋之成语,吾得由汉魏六朝人书解之;汉魏之成语,吾得由周秦人书解之。至于《诗》、《书》,则书更无古于是者。其成语之数数见者,得比较之而求其相沿之意义。否则不能赞一辞。若但合其中之单语解之,未有不龃龉者。(同上书)

王国维说的三点,第一是底本,第二是训诂,第三还是训诂。其实古经的难懂,不仅是单字,不仅是成语,还有更重要的文法问题。前人说经,都不注意古文语法,单就字面作诂训,所以处处"强为之说",而不能满人意。王念孙、王引之父子的《经传释词》,用比较归纳的方法,指出许多前人误认的字是"词"(虚字),这是一大进步。但他们没有文法学的术语可用,只能用"词"、"语词"、"助词"、"语已词"一类笼统的名词,所以他们的最大努力还不能使读者明了那些做古文字的脉络条理的"词"在文法上的意义和作用。况且他们用的比较的材料绝大部分还是古书的文字,他们用的铜器文字是绝少的。这些缺陷,现代的学者刚刚开始弥补:文法学的知识,从《马氏文通》以来,因为有了别国文法作参考,当然大进步了;铜器文字的研究,在最近几十年中,已有了长足的进展;甲骨文字的认识又使古经的研究添出了不少的比较的材料。所以今日可说是新经学的开始时期。路子有了,方向好像也对了,方法好像更精细了,只是工作刚开始,成绩还说不上。离那了解古经的时期,还很远哩!

　　正因为今日的工具和方法都比前人稍进步了,我们今日对于古经的了解力的估计,也许比王国维先生的估计还要更小心一点,更谦卑一点。王先生说他对《诗经》不懂的有十之一二,对《尚书》有十之五。我们在今日,严格的估计,恐怕还不能有他那样的乐观。《尚书》在今日,我们恐怕还不敢说懂得了十之五。《诗经》的不懂部分,一定不止十之一二,恐怕要加到十之三四吧。这并不是因为我们比前人更笨,只是因为我们今日的标准更严格了。试举几个例来做说明。(1)《大诰》开篇就说:

　　　　王若曰,猷大诰尔多邦。

《微子之命》开篇也说:

　　　　王若曰,猷殷王元子。

《多方》开篇也说：

  周公曰，王若曰，猷告尔四国多方。

这个"猷"字，古训作"道"，清代学者也无异说。但我们在今日就不能这样轻轻的放过他了。(2)又如"弗"、"不"两个字，古人多不曾注意到他们的异同；但中央研究院的丁声树先生却寻出了很多的证据，写了两万多字的长文，证明这两个否定词在文法上有很大的区别，"弗"字是"不之"两字的连合省文，在汉以前这两字是从不乱用的。(3)又如《诗》、《书》里常用的"诞"字，古训作"大"，固是荒谬；世俗用作"诞生"解，固是更荒谬；然而王引之《经传释词》里解作"发语词"，也还不能叫人明白这个字的文法作用。燕京大学的吴世昌先生释"诞"为"当"，然后我们懂得"诞弥厥月"就是当怀胎足月之时；"诞寘之隘巷"、"诞寘之平林"就是当把他放在隘巷平林之时。这样说去，才可以算是认得这个字了。(4)又如《诗经》里常见的"于以"二字：

  于以采蘋，南涧之滨。
  于以采藻，于彼行潦。
  于以采蘩，于沼于沚。
  于以用之，公侯之事。
  于以求之，于林之下。

"于以"二字，谁不认得？然而清华大学的杨树达先生指出这个"以"字应解作"何"字，就是"今王其如台"的"台"字。这样一来，我们只消在上半句加个疑问符号(?)，如下例：

> 于以求之？于林之下。
>
> 于以采蘩？于沼于沚。

这样说经，才可算是"涣然冰释，怡然顺理"了。

我举的例子，都是新经学提出的小小问题，都是前人说经时所忽略的，所认为不须诂释的。至于近二三十年中新经学提出的大问题和他们的新解决，那都不是这篇短文里说得明白的，我们姑且不谈。

总而言之，古代的经典今日正在开始受科学的整理的时期，孟真先生说的"六经虽在专门家手中也是半懂半不懂的东西"，真是最确当的估计。《诗》、《书》、《易》、《仪礼》，固然有十之五是不能懂的，《春秋三传》也都有从头整理研究的必要；就是《论语》、《孟子》也至少有十之一二是必须经过新经学的整理的。最近一二十年中，学校废止了读经的工课，使得经书的讲授完全脱离了村学究的胡说，渐渐归到专门学者的手里，这是使经学走上科学的路的最重要的条件。二三十年后，新经学的成绩积聚的多了，也许可以稍稍减低那不可懂的部分，也许可以使几部重要的经典都翻译成人人可解的白话，充作一般成人的读物。

在今日妄谈读经，或提倡中小学读经，都是无知之谈，不值得通人的一笑。

二十四，四，八

第二辑
读书与治学

治学的方法与材料*

现在有许多人说：治学问全靠有方法；方法最重要，材料却不很重要。有了精密的方法，什么材料都可以有好成绩。粪同溺可以作科学的分析，《西游记》同《封神演义》可以作科学的研究。

这话固然不错。同样的材料，无方法便没有成绩，有方法便有成绩，好方法便有好成绩。例如我家里的电话坏了，我箱子里尽管有大学文凭，架子上尽管有经史百家，也只好束手无法，只好到隔壁人家去借电话，请电话公司派匠人来修理。匠人来了，他并没有高深学问，从没有梦见大学讲堂是什么样子。但他学了修理电话的方法，一动手便知道毛病在何处，再动手便修理好了。我们有博士头衔的人只好站在旁边赞叹感谢。

但我们却不可不知道这上面的说法只有片面的真理。同样的材料，方法不同，成绩也就不同。但同样的方法，用在不同的材料上，成绩也就有绝大的不同。这个道理本很平常，但现在想做学问的青年人似乎不大了解这个极平常而又十分要紧的道理，所以我觉得这个问题有郑重讨论的必要。

---

* 原载1928年11月10日《新月》第一卷第9号，又载1929年1月《小说月报》第二十卷第一期。——编者

科学的方法，说来其实很简单，只不过"尊重事实，尊重证据"。在应用上，科学的方法只不过"大胆的假设，小心的求证"。

在历史上，西洋这三百年的自然科学都是这种方法的成绩；中国这三百年的朴学也都是这种方法的结果。顾炎武、阎若璩的方法，同葛利略（Galileo）、牛敦（Newton）的方法是一样的：他们都能把他们的学说建筑在证据之上。戴震、钱大昕的方法，同达尔文（Darwin）、柏司德（Pasteur）的方法也是一样的：他们都能大胆地假设，小心地求证。（参看《胡适文存》初排本卷二，《清代学者的治学方法》，页二〇五～二四六。）

中国这三百年的朴学成立于顾炎武同阎若璩；顾炎武的导师是陈第，阎若璩的先锋是梅鷟。陈第作《毛诗古音考》，（1601～1606）注重证据；每个古音有"本证"，有"旁证"；本证是《毛诗》中的证据，旁证是引别种古书来证《毛诗》。如他考"服"字古音"逼"，共举了本证十四条，旁证十条。顾炎武的《诗本音》同《唐韵正》都用同样的方法。《诗本音》于"服"字下举了三十二条证据，《唐韵正》于"服"字下举了一百六十二条证据。

梅鷟是明正德癸酉（1513）举人，著有《古文尚书考异》，处处用证据来证明伪《古文尚书》的娘家。这个方法到了阎若璩的手里，运用更精熟了，搜罗也更丰富了，遂成为《尚书古文疏证》，遂定了伪古文的铁案。有人问阎氏的考证学方法的指要，他回答道：

不越乎"以虚证实，以实证虚"而已。

他举孔子适周之年作例。旧说孔子适周共有四种不同的说法：

（1）昭公七年（《水经注》）
（2）昭公二十年（《史记·孔子世家》）

(3)昭公二十四年(《〈史记〉索隐》)

(4)定公九年(《庄子》)

阎氏根据《曾子问》里说孔子从老聃助葬恰遇日食一条,用算法推得昭公二十四年夏五月乙未朔日食,故断定孔子适周在此年。(《尚书古文疏证》卷八,第一百二十条)

这都是很精密的科学方法。所以"亭林、百诗之风"造成了三百年的朴学。这三百年的成绩有声韵学,训诂学,校勘学,考证学,金石学,史学,其中最精彩的部分都可以称为"科学的";其间几个最有成绩的人,如钱大昕、戴震、崔述、王念孙、王引之、严可均,都可以称为科学的学者。我们回顾这三百年的中国学术,自然不能不对这班大师表示极大的敬意。

然而从梅鷟的《古文尚书考异》到顾颉刚的《古史辨》,从陈第的《毛诗古音考》到章炳麟的《文始》,方法虽是科学的,材料却始终是文字的。科学的方法居然能使故纸堆里大放光明,然而故纸的材料终久限死了科学的方法,故这三百年的学术也只不过文字的学术,三百年的光明也只不过故纸堆的火焰而已!

我们试回头看看西洋学术的历史。

当梅鷟的《古文尚书考异》成书之日,正哥白尼(Copernicus)的天文革命大著出世(1543)之时。当陈第的《毛诗古音考》成书的第三年(1608),荷兰国里有三个磨镜工匠同时发明了望远镜。再过一年(1609),意大利的葛利略(Galileo)也造出了一座望远镜,他逐渐改良,一年之中,他的镜子便成了欧洲最精的望远镜。他用这镜子发现了木星的卫星,太阳的黑子,金星的光态,月球上的山谷。

葛利略的时代,简单的显微镜早已出世了。但望远镜发明之后,复合的显微镜也跟着出来。葛利略死(1642)后二三十年,荷兰有一位磨镜的,名叫李文厚(Leeuwenhoek),天天用他自己做的显微镜看细微的东西。什么东西他都拿来看看,于是他在蒸溜水里发见了微生物,鼻涕里和痰唾里也发见了微生物,阴沟臭水里也发见了微生物。微菌学从此开始了。这个时候(1675)正是顾炎武的《音学五书》成书的时候,阎若璩的《古文尚书疏证》还在著作之中。

从望远镜发见新天象(1609)到显微镜发见微菌,(1675)这五六十年之间,欧洲的科学文明的创造者都出来了。试看下表:

	中　国	欧　洲
一六〇六	陈第《古音考》。	
一六〇八		荷兰人发明望远镜。
一六〇九		葛利略的望远镜。
		解白勒(Kepler)发表他的火星研究,宣布行星运行的两条定律。
一六一〇	黄宗羲生。	
一六一三	顾炎武生。	
一六一四		奈皮尔(Napier)的对数表。
一六一九	王夫之生。	解白勒的行星第三律。
一六一八~二一		解白勒的《哥白尼天文学要指》。
一六二三	毛奇龄生。	
一六二五	费密生。	
一六二六		倍根死。
一六二八	用西法修新历。	哈维(Harvey)的《血液运行论》。
一六三〇		葛利略的《天文谈话》。
		解白勒死。
一六三三		葛利略因天文学受异端审判。
一六三五	颜元生。	
一六三六	阎若璩生。	

续　表

一六三七	宋应星的《天工开物》。	笛卡儿(Descartes)的《方法论》,发明解析几何。
一六三八		葛利略的《科学的两新支》。
一六四〇	徐霞客(宏祖)死。	
一六四二		葛利略死,牛敦生。
一六四四		葛利略的弟子佗里杰利(Torricelli)用水银试验空气压力,发明气压计的原理。
一六五五	阎若璩开始作《尚书古文疏证》,积三十余年始成书。	
一六五七	顾炎武注《韵补》。	
一六六〇		英国皇家学会成立。化学家波耳(Boyle)发表他的气体新试验。(波耳氏律)
一六六一		波耳的《怀疑的化学师》。
一六六四	废八股。	
一六六五		牛敦发明微分学。
一六六六	顾炎武的《韵补正》成。	牛敦发明白光的成分。
一六六七	顾炎武的《音学五书》成。	
一六六九	复八股。	
一六七〇	顾炎武初刻《日知录》八卷。	
一六七五		李文厚用显微镜发见微生物。
一六七六	顾炎武《日知录》自序。	
一六八〇	顾炎武《音学五书》后序。	
一六八七		牛敦的杰作《自然哲学原理》。

我们看了这一段比较年表,便可以知道中国近世学术和西洋近世学术的划分都在这几十年中定局了。在中国方面,除了宋应星的《天工开物》一部奇书之外,都只是一些纸上的学问;从八股到古音的

考证固然是一大进步,然而终久还是纸上的工夫。西洋学术在这几十年中便已走上了自然科学的大路了。顾炎武、阎若璩规定了中国三百年的学术的局面;葛利略、解白勒、波耳、牛敦规定了西洋三百年的学术的局面。

他们的方法是相同的,不过他们的材料完全不同。顾氏、阎氏的材料全是文字的,葛利略一班人的材料全是实物的。文字的材料有限,钻来钻去,总不出这故纸堆的范围;故三百年的中国学术的最大成绩不过是两大部《皇清经解》而已。实物的材料无穷,故用望远镜观天象,而至今还有无穷的天体不曾窥见;用显微镜看微菌,而至今还有无数的微菌不曾寻出。但大行星已添了两座,恒星之数已添到十万万以外了!前几天报上说,有人正在积极实验同火星通信了。我们已知道许多病菌,并且已知道预防的方法了。宇宙之大,三百年中已增加了几十万万倍;平均的人寿也延长了二十年了。

然而我们的学术界还在烂纸堆里翻我们的筋斗。

不但材料规定了学术的范围,材料并且可以大大地影响方法的本身。文字的材料是死的,故考证学只能跟着材料走,虽然不能不搜求材料,却不能捏造材料。从文字的校勘以至历史的考据,都只能尊重证据,却不能创造证据。

自然科学的材料便不限于搜求现成的材料,还可以创造新的证据。实验的方法便是创造证据的方法。平常的水不会分解成轻[氢]气和养[氧]气;但我们用人功把水分解成轻[氢]气和养[氧]气,以证实水是轻[氢]气和养[氧]气合成的。这便是创造不常有的情境,这便是创造新证据。

纸上的材料只能产生考据的方法;考据的方法只是被动的运动材料。自然科学的材料却可以产生实验的方法;实验便不受现成材料的拘束,可以随意创造平常不可得见的情境,逼拶出新结果来。考证家若没有证据,便无从做考证;史家若没有史料,便没有历史。自然科学家便不然。肉眼看不见的,他可以用望远镜,可以用显微镜。生长在野外的,他可以叫他生长在花房里;生长在夏天的,他可以叫他生在冬天。原来在人身上的,他可以移种在兔身上,狗身上。毕生难遇的,他可以叫他天天出现在眼前;太大了的,他可以缩小;整个的,他可以细细分析;复杂的,他可以化为简单;太少了的,他可以用人功培植增加。

故材料的不同可以使方法本身发生很重要的变化。实验的方法也只是大胆的假设,小心的求证;然而因为材料的性质,实验的科学家便不用坐待证据的出现,也不仅仅寻求证据,他可以根据假设的理论,造出种种条件,把证据逼出来。故实验的方法只是可以自由产生材料的考证方法。

葛利略二十多岁时,在本地的高塔上抛下几种重量不同的物件,看他们同时落地,证明了物体下坠的速率并不依重量为比例,打倒了几千年的谬说。这便是用实验的方法去求证据。他又做了一块板,长十二个爱儿,(每个爱儿长约四英尺)板上挖一条阔一寸的槽。他把板的一头垫高,用一个铜球在槽里滚下去,他先记球滚到底的时间,次记球滚到全板四分之一的时间。他证明第一个四分之一的速度最慢,需要全板时间的一半。越滚下去,速度越大。距离的相比等于时间的平方的相比。葛利略这个试验总做了几百次,他试过种种不同的距离,种种不同的斜度,然后断定物体下坠的定律。这便是创造材料,创造证据。平常我们所见物体下坠,一瞬便过了,既没有测量的机会,更没有比较种种距离和种种斜度的机会。葛氏的试验便是用人力造出种种可以测量,可以比较的机会。这便是新力学的基础。

哈维研究血的循环,也是用实验的方法。哈维曾说:

> 我学解剖学同教授解剖学,都不是从书本子来的,是从实际解剖来的;不是从哲学家的学说上来的,是从自然界的条理上来的。(他的《血液运行》自序)

哈维用下等活动物来做实验,观察心房的跳动和血的流行。古人只解剖死动物的动脉,不知死动物的动脉管是空的。哈维试验活动物,故能发现古人所不见的真理。他死后四年(1661),马必吉(Malpighi)用显微镜看见血液运行的真状,哈维的学说遂更无可疑了。

此外,如佗里杰利的试验空气的压力,如牛敦的试验白光的七色,都是实验的方法。牛敦在暗室中放进一点日光,使他通过三棱镜,把光放射在墙上。那一圆点的白光忽然变成了五倍大的带子,白光变成了七色:红、橘红、黄、绿、蓝、靛青、紫。他再用一块三棱镜把第一块三棱镜的光收回去,便仍成圆点的白光。他试验了许多回,又想出一个法子,把七色的光射在一块板上,板上有小孔,只许一种颜色的光通过。板后面再用三棱镜把每一色的光线通过,然后测量每一色光的曲折角度。他这样试验的结果始知白光是曲折力不同的七种光复合成的。他的实验遂发明了光的性质,建立了分光学的基础。

以上随手举的几条例子,都是顾炎武、阎若璩同时人的事,已可以表见材料同方法的关系了。考证的方法好有一比,比现今的法官判案,他坐在堂上静听两造的律师把证据都呈上来了,他提起笔来,宣判道:某一造的证据不充足,败诉了;某一造的证据充足,胜诉了。他的职务只在评判现成的证据,他不能跳出现成的证据之外。实验的方法也有一比,比那侦探小说里的福尔摩斯访案:他必须改装微行,出外探险,造出种种机会来,使罪人不能不呈献真凭实据。他可以不动笔,但他不能不动手动脚,去创造那逼出证据的境地与机会。

结果呢?我们的考证学的方法尽管精密,只因为始终不接近实物的材料,只因为始终不曾走上实验的大路上去,所以我们的三百年最高的成绩终不过几部古书的整理,于人生有何益处?于国家的治乱安危有何裨补?虽然做学问的人不应该用太狭义的实利主义来评判学术的价值,然而学问若完全抛弃了功用的标准,便会走上很荒谬的路上去,变成枉费精力的废物。这三百年的考证学固然有一部分可算是有价值的史料整理,但其中绝大的部分却完全是枉费心思。如讲《周易》而推翻王弼,回到汉人的"方士易";讲《诗经》而推翻郑樵、朱熹,回到汉人的荒谬诗说;讲《春秋》而回到两汉陋儒的微言大义,——这都是开倒车的学术。

为什么三百年的第一流聪明才智专心致力的结果仍不过是枉费心思的开倒车呢?只因为纸上的材料不但有限,并且在那一个"古"字底下罩着许多浅陋幼稚愚妄的胡说。钻故纸的朋友自己没有学问眼力,却只想寻那"去古未远"的东西,日日"与古为邻",却不知不觉地成了与鬼为邻,而不自知其浅陋愚妄幼稚了!

那班崇拜两汉陋儒方士的汉学家固不足道。那班最有科学精神的大师——顾炎武、戴震、钱大昕、段玉裁、孔广森、王念孙、王引之等——他们的科学成绩也就有限的很。他们最精的是校勘、训诂两种学问,至于他们最用心的声韵之学简直是没有多大成绩可说。如他们费了无数心力去证明古时有"支""脂""之"三部的区别,但他们到如今不能告诉我们这三部究竟有怎样的分别。如顾炎武找了一百六十二条证据来证明"服"字古音"逼",到底还不值得一个广东乡下人的一笑,因为顾炎武始终不知道"逼"字怎样读法。又如三百年的古音学不能决定古代究竟有无入声;段玉裁说古有入声而去声为后起,孔广森说入声是江左后起之音。二百年来,这个问题似乎没有定论。却不知这个问题不解决,则一切古韵的分部都是将错就错。况且依二百年来"对转""通转"之说,几乎古韵无一部不可通他部。如果部部本都可通,那还有什么韵部可说!

三百年的纸上工夫,成绩不过如此,岂不可叹!纸上的材料本只适宜于校勘、训诂一类的纸上工作;稍稍逾越这个范围,便要闹笑话了。

西洋的学者先从自然界的实物下手,造成了科学文明,工业世界,然后用他们的余力,回来整理文字的材料。科学方法是用惯的了。实验的习惯也养成了。所以他们的余力便可以有惊人的成绩。在音韵学的方面,一个格林姆(Grimm)便抵得许多钱大昕、孔广森的成绩。他们研究音韵的转变,文字的材料之外,还要实地考察各国各地的方言,和人身发音的器官。由实地的考察,归纳成种种通则,故能成为有系统的科学。近年一位瑞典学者珂罗倔伦(Bernhard Karlgren)费了几年的工夫研究《切韵》,把二百六部的古音弄的清清楚楚。林语堂先生说:

> 珂先生是《切韵》专家,对中国音韵学的贡献发明,比中外过去的任何音韵学家还重要。(《语丝》第四卷第廿七期)

珂先生的成绩何以能这样大呢?他有西洋的音韵学原理作工具,又很充分地运用方言的材料,用广东方言作底子,用日本的汉音吴音作参证,所以他几年的成绩便可以推倒顾炎武以来三百年的中国学者的纸上工夫。

我们不可以从这里得一点教训吗?

纸上的学问也不是单靠纸上的材料去研究的。单有精密的方法是不够用的。材料可以限死方法，材料也可以帮助方法。三百年的古韵学抵不得一个外国学者运用活方言的实验。几千年的古史传说禁不起三两个学者的批评指摘。然而河南发现了一地的龟甲兽骨，便可以把古代殷商民族的历史建立在实物的基础之上。一个瑞典学者安特森（J. G. Anderson）发见了几处新石器，便可以把中国史前文化拉长几千年，一个法国教士桑德华（Père Licent）发见了一些旧石器，便又可以把中国史前文化拉长几千年。北京地质调查所的学者在北京附近的周口店发现了一个人齿，经了一个解剖学专家步达生（Davidson Black）的考定，认为远古的原人，这又可以把中国的史前文化拉长几万年。向来学者所认为纸上的学问，如今都要跳在故纸堆外去研究了。

所以我们要希望一班有志做学问的青年人及早回头想想。单学得一个方法是不够的；最要紧的关头是你用什么材料。现在一班少年人跟着我们向故纸堆去乱钻，这是最可悲叹的现状。我们希望他们及早回头，多学一点自然科学的知识与技术：那条路是活路，这条故纸的路是死路。三百年的第一流的聪明才智销磨在这故纸堆里，还没有什么好成绩。我们应该换条路走走了。等你们在科学试验室里有了好成绩，然后拿出你们的余力，回来整理我们的国故，那时候，一拳打倒顾亭林，两脚踢翻钱竹汀，有何难哉！

十七年九月

整理国故与"打鬼"
——给浩徐先生信

浩徐先生：

今天看见一○六期的《现代》，读了你的《主客》，忍不住要写几句话寄给你批评。

你说整理国故的一种恶影响是造成一种"非驴非马"的白话文。此话却不尽然。今日的半文半白的白话文，有三种来源。第一是做惯古文的人，改做白话，往往不能脱胎换骨，所以弄成半古半今的文体。梁任公先生的白话文属于这一类；我的白话文有时候也不能免这种现状。缠小了的脚，骨头断了，不容易改成天足，只好塞点棉花，总算是"提倡"大脚的一番苦心，这是大家应该原谅的。

第二是有意夹点古文调子，添点风趣，加点滑稽意味。吴稚晖先生的文章（有时因为前一种原因）有时是有意开玩笑的。鲁迅先生的文章，有时是故意学日本人做汉文的文体，大概是打趣"《顺天时报》派"的；如他的《小说史》自序。钱玄同先生是这两方面都有一点的：他极赏识吴稚晖的文章，又极赏识鲁迅弟兄，所以他做的文章也往往走上这一条路。

第三是学时髦的不长进的少年。他们本没有什么自觉的主张，又没有文学的感觉，随笔乱写，既可省做文章的工力，又可以借吴老先生作幌子。这种懒鬼，本来不会走上文学的路去，由他们去自生自灭罢。

这三种来源都和"整理国故"无关。你看是吗？

平心说来，我们这一辈人都是从古文里滚出来的，一二十年的死工夫或二三十年的死工夫究竟还留下一点子鬼影，不容易完全脱胎换骨。即如我自己，必须全副精神贯注在修词造句上，方才可以做纯粹的白话文；偶一松懈（例如做"述学"的文字，如《章实斋年谱》之类），便成了"非驴非马"的文章了。

大概我们这一辈"半途出身"的作者都不是做纯粹国语文的人。新文学的创造者应该出在我们的儿女的一辈里。他们是"正途出身"的；国语是他们的第一语言；他们大概可以避免我们这一辈人的缺点了。

但是我总想对国内有志作好文章的少年们说两句忠告的话。第一，做文章是要用力气的。第二，在现时的作品里，应该拣选那些用气力做的文章做样子，不可挑那些一时游戏的作品。

* * * *

其次，你说国故整理的运动总算有功劳，因为国故学者判断旧文化无用的结论可以使少年人一心一意地去寻求新知识与新道德。你这个结论，我也不敢承认。

国故整理的事业还在刚开始的时候，决不能说已到了"最后一刀"。我们这时候说东方文明是"懒惰不长进的文明"，这种断语未必能服人之心。六十岁上下的老少年如吴稚晖、高梦旦也许能赞成我的话。但是一班黑头老辈如曾慕韩、康洪章等诸位先生一定不肯表同意。

那"最后一刀"究竟还得让国故学者来下手。等他们用点真工夫,充分采用科学方法,把那几千年的烂账算清楚了,报告出来,叫人们知道儒是什么,墨是什么,道家与道教是什么,释迦达摩又是什么,理学是什么,骈文律诗是什么,那时候才是"最后的一刀"收效的日子。

近来想想,还得双管齐下。输入新知识与新思想固是要紧,然而"打鬼"更是要紧。宗杲和尚说的好:

> 我这里无法与人,只是据款结案。恰如将个琉璃瓶子来,护惜如什么,我一见便为你打破。你又将得摩尼珠来,我又夺了。见你恁地来时,我又和你两手截了。所以临济和尚道,"逢佛杀佛,逢祖杀祖,逢罗汉杀罗汉"。你且道,既称善知识,为什么却要杀人?你且看他是什么道理?

浩徐先生,你且道,清醒白醒的胡适之却为什么要钻到烂纸堆里去"白费劲儿"?为什么他到了巴黎不去参观柏斯德研究所,却在那敦煌烂纸堆里混了十六天的工夫?

我披肝沥胆地奉告人们:只为了我十分相信"烂纸堆"里有无数无数的老鬼,能吃人,能迷人,害人的厉害胜过柏斯德(Pasteur)发现的种种病菌。只为了我自己自信,虽然不能杀菌,却颇能"捉妖""打鬼"。

这回到巴黎、伦敦跑了一趟,搜得不少"据款结案"的证据,可以把达摩、慧能,以至"西天二十八祖"的原形都给打出来。据款结案,即是"打鬼"。打出原形,即是"捉妖"。

这是整理国故的目的与功用。这是整理国故的好结果。

你说,"我们早知道在那方面做工夫是弄不出好结果来的。"那是你这聪明人的一时懵懂。这里面有绝好的结果。用精密的方法,考出古文化的真相;用明白晓畅的文字报告出来,叫有眼的都可以看见,有脑筋的都可以明白。这是化黑暗为光明,化神奇为臭腐,化玄妙为平常,化神圣为凡庸:这才是"重新估定一切价值"。他的功用可以解放人心,可以保护人们不受鬼怪迷惑。

西滢先生批评我的作品,单取我的《文存》,不取我的《哲学史》。西滢究竟是一个文人;以文章论,《文存》自然远胜《哲学史》。但我自信,中国治哲学史,我是开山的人,这一件事要算是中国一件大幸事。这一部书的功用能使中国哲学史变色。以后无论国内国外研究这一门学问的人都躲不了这一部书的影响,凡不能用这种方法和态度的,我可以断言,休想站得住。

梁漱溟先生在他的书里曾说,依胡先生的说法,中国哲学也不过如此而已。(原文记不起了,大意如此。)老实说来,这正是我的大成绩。我所以要整理国故,只是要人明白这些东西原来"也不过如此"!本来"不过如此",我所以还他一个"不过如此"。这叫做"化神奇为臭腐,化玄妙为平常"。

禅宗的大师说:"某甲只将花插香炉上,是和尚自疑别有什么事。"把戏千万般,说破了"也不过如此"。(下略)

适之 十六,二,七

拟"整理国故"计划*

一、我们承认不曾整理的古书是不容易读的。我们没有这一番整理的工夫,就不能责备少年人不读古书。因此我们发起邀集一班朋友,要想把最有价值的古书整理出来,每一种成为可读的单本。

二、我们所谓"整理",含有五个最低限度的条件:

(一)校勘;

(二)必不可少的注释;

(三)标点;

(四)分段;

(五)考证或批判的引论;

[(六)]索引。

三、校勘:为便于阅读起见,本文中但采最妥适的读法,而另作校勘记,注明逐条所据校本,并附载他种不同的读法。例如《论语》"君子耻其言而过其行","而"字在本文中宜改作"之",而于校

---

* 1919年11月1日,胡适在《新思潮的意义》一文中提出"整理国故"的口号,以后陆续发表《研究国故底方法》、《再谈谈整理国故》、《整理国故与打鬼》等专文。这份"整理国故"的计划拟于1923年10月28日,不知何故未曾公诸于世。录自《胡适遗稿及秘藏书信》第13册,黄山书社1994年版。——编者

勘记中注明"各本作而,此从皇侃本"。

四、注释:

(一)注释以"必不可少"为标准。例如《论语》"学而时习之,不亦说乎?"本很明白。旧注训"学"为"效",又牵涉到"明美而复其初"的教育哲学上去,便是把后人的见解读到古书里去,却不是注释古书了。

(二)注释要有根据。根据种类甚多,约言之,有①古辞书,②古训诂,③本书中同样的例的归纳比较,④他种古书中同样的例的归纳比较,⑤声音通假的原则。

五、标点分段:标点用新式标点符号。分段于每段首句提行低两格。

六、引论:

(一)引论的性质,依书而异。如《诗经》、《书经》的引论,宜总论本书今古文的历史和历代说经之家的趋向派别。如《老子》的引论,宜略述老子的哲学。如《论语》的引论,宜于考证本书历史之外,另附孔子略传。如近世文集的引论,宜兼有传记与批评的性质。

(二)编者对于本书内容的概括的见解,不宜混入注释中(如朱注《四书》),但可于引论中作提纲挈领的介绍。

七、书目:第一批整理的书目约如下:

1.《诗经》(俞平伯);

2.《书经》(马幼渔);

3.《春秋左氏传》;

* 4.《论语》(郑奠)、《孟子》、《荀子》;

* 5.诸子文粹(刘文典);

* 6.古史家文粹

* 7.《论衡》(刘文典);
* 8.《史通》(朱遏先);
* 9. 韩　愈(郑介石);
* 10. 欧阳修(单不广);
* 11. 王安石;
* 12. 苏　轼;
* 13. 朱　熹;
* 14. 王守仁;
* 15. 崔　述(顾颉刚);
* 16. 清代经学大师文选(沈兼士);
* 17. 姚　鼐;
* 18. 曾国藩;
  19.《周礼》;
  20.《楚辞》;
* 21. 唐以前诗(尹默);
* 22. 唐　诗(沈尹默);
* 24. 词　选(胡适);
* 25. 戏曲选(顾);
  26. 陶　潜 ⎤
  27. 杜　甫 ⎟ (沈尹默)
  28. 李　白 ⎟
  29. 白居易 ⎦
  30. 陆　游(沈兼士);
  31. 杨万里;
  32. 辛弃疾;
  33.《礼记》(节本);

34. 柳宗元;

35. 章学诚;

36. 戴　震(胡);

37. 秦汉儒家文选。

以上有＊记号者,是新学制高级中学用书,故列为第一批。右书目不过是举一些例子罢了,整理时,不必拘泥此目。

八、出版办法:现由商务印书馆提出此项整理的书酬报办法,大略如下:

(一)商务愿收买此项经过整理过的书。酬报约分三种,以整理功夫之难易为酬报标准:

第一种,每部二百元;

第二种,每部三百元;

第三种,每部四百元。

(二)大部或特别困难之书,酬报另议。

(三)此项酬报,包括上文所述整理的五事(标点、注释等)。

(四)出版之后,此项书籍之版权归商务所有。

十二,十,廿八　在西湖上　适

再谈谈"整理国故"*

鄙人前年曾在贵校的暑期学校讲演过一次"整理国故",故今天的题名曰《再谈谈"整理国故"》。那时我重在破坏方面提倡疑古,今天要谈的却偏于建设方面了。我对人说:我国各种科学莫有一种比得上西洋各国,现在要办到比伦于欧美,实在不容易。但国故是我们自己的东西,总应该办来[得]比世界各国好。这种责任,是放在贵校与北大的国学系,与有志整理国故者的肩上,盼望诸君努力!

"国故"二字为章太炎先生创出来的,比国粹、国华……等名词要好得多,因为他没有含得有褒贬的意义。现在一般老先生们看见新文化的流行,读古书的人日少,总是叹息说:"西风东渐,国粹将沦亡矣!"但是把古书试翻开一看,错误舛伪,佶屈聱牙,所在皆是。欲责一般青年皆能读之,实属不可能。即使"国粹沦亡",亦非青年之过,乃老先生们不整理之过。故欲免"国粹沦亡"之祸,非整理国故、使一般青年能读不可!据我个人意见,整理之方

---

* 这是胡适1924年1月27日在南京东南大学国学研究班上所作的讲演,由叶维笔记。载1924年2月25日《晨报副镌》,收入1927年群学社出版的《国故学讨论集》第一集(许啸天编)。——编者

式有四种：

1. 最低限度之整理——读本式的整理；
2. 索引式的整理；
3. 结账式的整理；
4. 专史式的整理。

一、读本式的整理。这种方式，即是整理所有最著名的古书，使成为普通读本，使一般人能读能解。现在一般青年不爱读古书，确是事实，但试思何以青年不爱读古书呢？因为科学发达的原故吗？西洋文化输入的原故吗？学校里课程繁重的原故吗？我敢说都不是重要的原因，实因莫［没］有人整理，不容易读懂的原故。我已于上文说过了，试举个例来证明。Shakespeare 的《莎氏乐府》与 Milton 的《失乐园》及现在的《圣经》(Bible)的原本，不是很难懂的吗？何以现在英、美人个个能读呢？并不是英、美人爱读古书，我国青年不爱读古书，实在因《莎氏乐府》、《失乐园》、《圣经》有很通俗、最易解的译本罢了！但这种整理，要具有下列五种方法：

（1）校雠。古书中有许多本来是很易懂，往往因传写或印刻的错误，以致佶屈的。如《论语》中"君子耻其言而过其行"一句中的"而"字，很不易解，但依别本"而"字为"之"字，则明畅易懂了。故依据古本或古书引用的原文来校对，是整理国故中的最重要的方法。

（2）训诂。训诂即下注解。因从古至今，语言文字经过许多变迁，故有些句子初学不易看懂，故注解亦是必需的；但注解不宜滥用，须有下列二条件，才下注解。（甲）必不可少——因为有许多书很明白，加了注解，反使读者不了然；（乙）要有根据——注解不能随个人主观的见解妄下，须根据古字典或古注，或由上下文比较,始能得确凿的意义。

(3)标点。有许多书加上标点,他的意义、气态就完全明白了,不必加注解了。故标点亦是很重要的。

(4)分段。我国文章,多系一气写成,以致思想、意义初学者不易看出;若一经分段,则于作者的思想、意义极易看出,节省读者的精力不少。

(5)介绍。我们要彻底了解一部书,对于作者之历史、环境、地位,……不能不知道,故宜于每部古书之前,作以上所说种种之简单介绍与批评,于初学者补助不少。

有以上五种方法来整理古书,则读本式的整理即成功了,恐怕青年人也爱读古书了。

二、索引式的整理。索引怎样解呢?如以绳索钱,使能提纲挈领也。西洋书籍,差不多每本都有索引(Index),检查非常便利。而我国的书没有一本有的,如问一个稍不著名的人为何时人,则非检查许多书不能览得,有时竟查不出,这是何等痛苦啊!后来汪辉祖著《姓氏韵编》,看起来很平常,然而后学者却受惠不少了!但很不完备。现在非有人出来作这工作不可。这种工作并不难,中等人才都可以干的。我很希望大家起来合作!

三、结账式的整理。怎么叫结账式的整理呢?譬如说,以前有许多学者说《尚书》中有许多篇为东晋梅赜所上的伪书;有些人又说不是;又古今文之争,至今未决。又如有人说《诗经》的小序是子夏作的,有人又反对。我们应当把自古迄今各家的聚讼结合起来,作一评断,好像商家在年底结账一样,所以叫结账式。有这种整理,初学者就不至陷入迷途了。

四、专史式整理。有以上三种方式之整理了,然后就各种性质类似的古书纂集起来作一种专史,如诗赋史、词曲史……等类是也。这种整理，能使初学者不耗几多脑力，即能知国学中各门之源流及其梗概了。

以上把各种方式及方法说完了，再来谈谈实际的整理。我既主张用以上几种方式整理国故，所以我就选了《诗经》来做第一种方式的整理——即读本式的整理。及至我把《诗经》看一遍后，才知数千年来许多大经师没有把《诗经》弄明白。我并不是说我弄明白了，但我敢大胆说，至少要比古人多明白一点。譬如《诗经·大雅·公刘》章云："于"胥"斯原"。这"胥"字，以前注《诗经》者都当作"相"字解，但实在讲不通。试问"于相斯原"又怎样讲呢？但我们用比较法观之，则一望而知"胥"为一地名。因其余两章有"于京斯依"、"于豳斯馆"同文法的句子，注云："京"与"豳"皆地名，则"胥"为地名无疑了。又《召南·采蘋》章云："于以采蘋。南涧之滨。于以采藻。于彼行潦"一章，不知注解说些什么。但我们若将原文加上标点，成为"于以采蘋？南涧之滨；于以采藻？于彼行潦。"则为很明白的一问一答的句子。意即一问：那里去采蘋呢？一答：到南涧之滨去采。又问：那里去采藻呢？一答：于彼行潦去采。由上二例，可见古人实在没有把《诗经》弄明白。这种工作，在清代已经很发达了，如王念孙父子的《经传释词》、俞樾之《古书疑义举例》等书，都是用这种方法做成的。不过他们的方法还未十分精密，不能使人满意。如释某字为某词，——如释"焉"为语助词——究竟某词又如何解呢？他们就答不出来了。

以上所讲几种整理国故的方式，都是很容易办到的，只要中才的人，有了国学常识，都可以做。希望诸君起来合作，把难读难解的古书一部一部的整理出来，使人人能读，虽属平庸，但实嘉惠后学不少。

中国书的收集法*

王[云五]先生告诉我说,众位在这里研究图书馆学,每星期请专家来讲演。我这个人,可以说是不名一家。白话文是大家做的,不能说专家;整理国故,实在说不上家。所以我今天来讲,并不是以专家的资格。并且我今天所讲的,是书的问题。书这样东西,没有人可以说是专家的;图书馆范围非常广博,尤其更不配说专家。我家里书很多,可是乱七八糟,没有方法去整理。当我要书的时候,我写信去说:我要的书是在进门左手第三行第三格。我的书只是凭记忆所及,胡乱的放着。但是近来几次的搬家,这个进门左手第几行第几格的方法,已经不适用了。现在我的书,有的在北平,有的在上海,有的在箱子里,有的在书架上。将来生活安定了,把所有的书集[中]在一处布置起来,还须请众位替我帮忙整理。因为我是完全不懂方法的。

近来我在国内国外走走,同一些中国图书馆家谈谈,每每得到一个结论,就是学图书馆的人很多,但是懂得书的人很少。学

---

* 1928年7月31日,胡适应商务印书馆总经理兼编译所所长王云五之请,在该馆下属的东方图书馆举办的图书馆学暑期讲习班上,作《中国书的收集法》的讲演。王养冲、许师慎速记稿,载1934年4月《中华图书馆协会会报》第九卷第5期。——编者

图书馆的人,学了分类、管理就够了,于是大家研究分类,你有一个新的分类法,他有一个新的分类法。其实这个东西是不很重要的,尤其是小规模的图书馆。在小图书馆里,不得已的时候,只须用两种方法来分类:一是人名,一是书名,就够了。图书馆的中心问题,是要懂得书。图书馆学中的检字方法、分类方法、管理方法,比较起来是很容易的,一个星期学,几个星期练习,就可以毕业。但是必定要懂得书,才可以说是图书馆专家。叫花子要猴子,有了猴子,才可以耍;舞棍,有了棍,才可以舞。分类法的本身是很抽象的,书很少,自然没有地方逞本事;有了书,也要知道他的内容。这本 Pasteur[巴斯德]的传,应该放在什么地方?是化学家呢,还是生物学家,医学或卫生学[家],就彷徨无措。无论你的方法是如何周全精密,不懂得内容,是无从分类起的。图书馆学者,学了一个星期,实习了几个星期,这不过是门径。如果要把他做终身的事业,就要懂得书,懂得书,才可以买书、收书、鉴定书、类分书。众位将来去到各地服务的时候,我要提出一个警告,就是但懂得方法而不懂得书,是没有用的。你们的地位,只能做馆员,而不能做馆长的。

今天我所讲的,是怎样去收集书。收书是图书馆很重要的事。可是要收的,实在不少,有旧书,有新书,有外国书,有中国书。外国书自然是[要]懂得外国文字的[人],才有收的方法。如果不懂得外国文字,便是讲也没有用处的。要懂书,有三个重要的办法:(一)爱书。把书当做心爱的东西,和守财奴爱钱一样。(二)读书。时时刻刻的读,继续不断的读,唯有读书才能懂书。最低的限度也要常常去看。(三)多开生路。生路多了,自然会活泛。因此,外国语不能不懂,一日语,二英语,三法语,四德语,五俄语,能多懂了一种,便多了一种的好处。生路开的多了,才能讲收书,无论新的、旧的,中国的、外国的,都得知道他的内容,这样便是分类也有了办法。

我今天的题目是《中国书的收集法》。吴稚晖先生这几年来常说:中国的线装书,都应该丢到毛厕里去。这句话在精神上是很可赞成的。因为在现在的中国,的确该提倡些物质文明,无用的书可以丢掉,但是他安顿线装书的法子,实在不好。毛厕不是摆书的好地方,而且太不卫生。所以我提议把线装书一齐收集起来,放到图书馆去,所谓束之高阁。整理好了,备而不用,随时由专门学者去研究参考。那么中国书当如何收集呢?从前收集中国书,最容易犯两个大毛病:一是古董家的收集法,一是理学家的收集法。

古董家的收集法,是专讲版本的。比方藏书,大家知道北平的藏书大家傅沅叔先生,他收书,就不收明朝嘉靖以后的书。清朝的书,虽也收一点,但只限康熙、雍正、乾隆三朝的精刻本。亦有些人更进一步,非宋不收,而且只限于北宋;他们以为北宋版是初刻本,当然更好。不论是那一种书,只要是宋版,便要收藏。因此这一类书,价钱就很贵。譬如《资治通鉴》,是一部极平常的史书,什么地方都可以买。好古的收藏家,如果遇见宋刻的《资治通鉴》,都千方百计的要弄到他,就是他三千、五千、一万、两万而得到一部不完整的本子,也是愿意的。现在刚刻出来的一本《宋刑统》,这一部书,包括宋朝一代的政治法令,本来没有人注意到,大理院刻了这部书,在历史上很占重要的地位。可是古董式的收藏家,他不肯花数十块钱买一部《宋刑统》,却肯花三千、五千、一万、两万买不完整的宋刻《资治通鉴》。拿这种态度收书,有许多毛病:(一)太奢侈。用极贵的价钱,收极平常的书,太不合算。诸位将来都是到各地去办小规模的图书馆的,这种图书馆,当然没有钱做这样的事情。便是有钱,我以为也不必的。(二)范围太窄。譬如说,明朝嘉靖以后的书,一概不收;清朝本子刻得好的,才收一点。他们收的书,都是破铜烂铁,用处实在很少,只有古董的价值,完全没有历史的眼光,惟有给学者作校勘旧本之用。比方一部宋版的《资治通鉴》,他因为刻得最早,错误的可能性少一点,如果用他校勘旁的版本,当然有许多利益。诸位写一篇千字的文章,自己初抄的时候,抄错一个字;可是给人家第二次抄录的时候,就错了两个字。这样以讹传讹,也许会错到五六字、十余字的。如果把原本对照,就可以改正好多。所以买旧本的用处,至多只是供校勘学者的校勘而已。如果要使人知道古书是怎么样子的,那么说句干脆话,还不如交给博物馆去保存的好。而且严格的说一句,宋本古本,不一定是好的。我们一百年来晓得校勘本子,不在乎古而在乎精。比方 A、B、C 三个本子,在宋朝时候据 A 本校勘成为 D 本,便称宋版;而 E 本呢,是收 A、B、C 三本参考校勘而成的,可说是明版。这样看来,明版也许比宋版精粹些,说明如下:

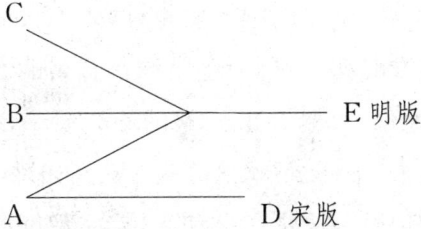

理学家的收集法,是完全用理学家的眼光来收书的。这一种收集法,比古董家还不好。古董家的眼光,如果这书是古的,他就收去。比方《四部丛刊》中间的《太平乐府》是刻得很坏的,这里面的东西,都是元朝堂子里的姑娘所唱的小曲子,经杨朝云编在一处,才保存到现在。如果撞在道学家手里,不知到什么地方去了。古董家因为看见他难得,所以把他收进去,使我们晓得元朝的小曲子是一种什么样子的东西。董康先生翻刻的《五代史平话》,原是极破烂的一本书,但是因为古的关系,居然有人把他刻出来,保全了这本书。这是第一种比第二种好的地方。还有一种好处,就是古董家虽然不懂这破烂的书,可是放着也好。要是用道学家的眼光收书,有很大的毛病。《四库全书》是一个很大的收集(Collection),但是清乾隆皇帝所颁的上谕,和提要中,口口声声说是要搜集有关世道人心的书。我们查书中的几篇上谕,就可以知道:他小曲子不要,小学不要;他所收的,都是他认为与世道人心无妨碍的。拿这个标准收书,就去掉了不少有用的书。他的弊端很大:(一)门类太窄。《四库全书》是大半根据《永乐大典》集出来的。《永乐大典》的收集法乱七八糟,什么书都收在里面,戏也有,词曲也有,小学也有。他的收集法,是按韵排列的。譬如这部戏曲是"微"韵,就收入"微"韵里。可是到了清朝,那些学者的大臣,学者的皇帝,带上了道学家的幌子,把《永乐大典》中保存的许多有用的书,都去掉了。自此用道学家的眼光收书,门类未免太狭。(二)因人废言。用道学家的眼光收书,常常因人的关系,去掉许多有用的书。比方明朝的严嵩,是当初很有名的文学家,诗文词赋,都占极高的地位,可是在道学家的眼光看来,他是一个大奸臣,因此《四库全书》中,便不收他的东西。又如姚广孝,是永乐皇帝——明成祖的功臣。他是一个和尚,诗文都好,但是因为帮永乐篡位,所以他的作品也不被收。又像明末清初的吴梅村等,都是了不得的人才,三百年来,他的文字要占极高的地位。不过因为他在明朝做了官,又在清朝做官,便叫贰臣。他的作品,也就不能存在。(三)因辞废言。用道学家的眼光收书,对于人往往有成见。其实这是很可笑的。往往因文字上忌讳的缘故,把他的作品去掉,这是很不对的。譬如用国民党的眼光去排斥书,是有成见的；用共产党的眼光排斥书，也是有成见的。同为某种事实而排斥某种书，都[是]讲不过去的。《四库全书》中有许多书不予收入，而且另外刊入《禁书目录》。有些明朝末叶的书，有诋毁清朝的，都在销毁之列。因此用道学家的眼光收书，是很不对的。（四）门户之见太深。门户之见，道学家最免不掉。程朱之学与陆王之学，是互相排斥的，两者便格格不入。所以程、朱的一流对于王学，每认为异端，拒而不收；王阳明的东西尚不肯收，那么等而下之，自然不必说了。王派对于朱学，也积口诋毁。至于佛家、道家，也在排斥之列。《四库全书》关于道家的[书]，完全没有放进去。在中国，这学派门户之见实在很多。总而言之，门类太窄，因人废言，因辞废言，或者为了学派门户的成见，以批评人的眼光抹煞他的书，就冤抑了许多有价值的书。如果在一百余年以前，他们的眼光能放得大些，不要说把销毁的书保留起来，如能将禁书收进去，也可为我们保留了不少的材料。在那个时候，没有遭大乱，太平天国的乱事没有起，圆明园也没有烧毁，假如能放大眼光，是何等的好。可是因为中了这种种的毒，所以永远办不到。

今天我讲的，是第三种方法。这个方法，还没有相当的名字，我叫他杂货店的收书法。明白地说，就是无书不收的收书法。不论甚么东西，只要是书，就一律都要。这个办法，并不是杜撰的。上次顾颉刚先生代表广州中山大学，拿了几万块钱出来收书，就是这样办法。人家笑话他，他还刊了一本小册子说明他的方法。这书，王先生也许看见过。他到杭州、上海、苏州等处，到了一处，就通知旧书铺，叫他把所有的书统统开个单子，就尽量的收下来，什么《三字经》、《千字文》、医书，和从前的朱卷都要。秀才的八股卷子也要，账簿也要，老太太写得不通的信稿子也要，小热昏、滩簧、算命书、看相书，甚至人家的押契，女儿的礼单，和丧事人家账房先生所开的单子(如杠夫多少,旗伞多少,如何排场等)的东西都要。摊头上印得很恶劣的唱本、画册,一应都收了来。人家以为宝贝的书,他却不收。他怕人家不了解,印了一个册子去说明,可是人家总当他是外行,是大傻子,被人笑煞。不过我今天同诸位谈谈,收集旧书,这个方法最好。他的好处在那里呢?(一)把收书的范围扩大,所谓无所不收。不管他是古,是今;是好版本,是坏版本;有价值,没有价值,统统收来,材料非常丰富。(二)可免得自己来去取。不懂得书,要去选择,是多么麻烦的事。照这样子的收书,不管他阿猫阿狗,有价值,没有价值,一概都要。如果用主观来去取书、选择书,还是免不掉用新的道学家的眼光来替代老的道学家的眼光,是最不妥当的事。(三)保存无数的史料。比方人家大出丧,这个出丧单子,好像没有用处,但是你如果保存起来,也有不少的用途,[可]在历史上留下一个很好的记载。像虞洽卿先生的夫人死了,就有大规模的出丧,仪仗很盛。那时人家只看见了这样的出丧,却没有人去照相,去详细记载。如果找到了虞先生的帐房先生,要了那张单子,就知道他们这次出丧多少排场,多少费用,给社会学者留下很好的材料。将来的人,也可以知道在中华民国十七年〇月〇日,上海〇〇人家,还有这样的大出丧。这种史料,是再好不过的。(四)所花费少而所收多。譬如八股文,现在看来是最没有用的东西,简直和破纸一样,可以称斤的卖去;可是八股文这种东西在中国五百年的历史上[向]来占极重要的地位。几百万最高的阶级——所谓第一类人才的知识阶级,把他全部的精神都放在里面。我们想想,这与五百年来学者极有关系的东西,是不是历史上最重要的材料;而且这个东西,再过十年八年,也许要没有了。现在费很少的钱,把他收了,将来价格一贵,就可不收。而且还可以一集、二集的印出来卖钱,甚么成化啊，宏治啊，嘉靖啊，式式都有。到没有的时候，也许会利市三倍呢！（五）偶然发现极好的材料。这种称斤的东西，里面常有不少的好材料。如果在几十斤、几百斤破烂东西中，得到了一本好材料，所花费的钱，已经很值得了。

有人问我：你不赞成古董家的收书法，又不赞成道学家的收书法，那么这个杂货店的收书法，原则是什么呢？当然，杂货店不能称是原则，他的原则，是用历史家的眼光来收书。从前绍兴人章学诚（实斋）说："六经皆史也。"人家当初都不相信他，以为是谬论。用现在的眼光来看这句话，其实还幼稚得很。我们可以说："一切的书籍，都是历史的材料。"中国书向来分为经、史、子、集四类，经不过是总集而已，章学诚已认他是史。史当然是历史。所谓集，是个人思想的集体[合?]，究其实，也渊源于史，所以是一种史料。子和集，性质相同。譬如《庄子》、《墨子》，就是庄子、墨子的文集，亦是史料。所以大概研究哲学史，就到子书里去找。这样看来，一切的书，的确[都]是历史的材料。

虞洽卿家里的[丧]礼单是历史，算命单也是历史。某某人到某某地方算命，这就表示在民国○年○月○日还有人算命，是很好的一种社会历史和思想史料。《三字经》和《百家姓》，好像没有用了，其实都是史料。假如我做一部《中国教育史》，《三字经》和《百家姓》，就占一个很重要的地位，必须研究他从什么时候起的，他的势力是怎么样。又像描红的小格子，从前卖一个小钱一张，他在什么时候起的，什么时候止的，都是教育史上的好材料，因为从前读书，差不多都写这种字的。从前有某某图书馆征求民国以前的《三字经》刻本，都没有征求到，可知这种东西到了没有的时候，是极可贵的。我小时候读书，把南京李广明记的很熟，因为所读的《三字经》、《千字文》、《百家姓》和《学而》——《论语》首章等，都是从李广明来的。李广明在教育史上,也有一个相当的地位。此外如《幼学琼林》啊,《神童诗》啊,《千家诗》啊,都是教育史料。至于八股文,乃是最重要的文学史料、教育史料、思想史料、哲学史料。所谓滩簧、唱本、小热昏,也是文学史料,可以代表一个时代的平民文字[学]。诸位要知道文学中最重要的一部分,乃是大多数人最喜欢唱、喜欢念、喜欢做的东西。还有看相的书,同道士先生画的符,念的咒,都是极好的社会史料和宗教史料、思想史料。婚姻礼单,又是经济史料和社会史料。讲到账簿,可以说是经济史料。比方你要研究一个时代的生计,如果有这种东西做参考,才能有所依据,得到正确的答案。英国有人(Rojers)专门研究麦价,便是到各地去专找账簿。麦子在某年是多少钱一担?价格的变迁如何?农家的出产多少?他是专门搜集农家、教堂和公共机关的账簿来比较研究的。这种种的东西,都是极有价值的社会经济史料。我记得我十岁十一岁时记账,豆腐只是三个小钱一块。现在拿账簿一看,总得三个铜板一块。在这短短的时期中,竟增加到十倍。数十年后,如果没有这种材料,那里还会知道当时经济的情况。倘使你有关于和尚庙、尼姑庵等上吊的新材料,你也可以收集起来,因为这是社会风俗史的一部[分]。人[们]能用这种眼光来看书,无论他是有无道理,都一概收集,才是真正收书家的态度。我们研究历史,高明的固然要研究;就是认为下流的,也要研究,才能确切知道一时代的真相。高明到什么地步,下流到什么地步?都要切切实实的研究一下。

谈到文学,杜工部、李太白的诗,固然是历史上的重要文学,应该懂的;然而当时老百姓的文字[学],也占同一的地位,所以也必须懂得。李、杜的东西,只能代表一般贵族的历史,并不能说含有充分的平民历史;老百姓自己的东西才是真正的平民历史。

《金瓶梅》这一部书,大家以为[是]淫书,在禁止之列。其实也是极好的历史材料,日本的佛教大学还把他当作课本呢,这个就可见他有历史的眼光。《金瓶梅》是代表明中叶到晚年一个小小的贵族的一种情形。譬如书中的主人,有一个大老婆,五个小老婆,还有许多姘头,一家的内幕是如此如此。如果没有这种书,怎么能知道当时社会上的一般的情况。此外如《醒世姻缘》小说,不但可以做当时家庭生活的材料,还可知道从前小孩子怎样上学堂,如何开笔做八股文,都是应该知道的事。要有种种的材料给我们参考,我们才能了然于胸中。因此,我们的确应当知道王阳明讲的什么学说,而同时《金瓶梅》中的东西亦应当知道的,因为王阳明和《金瓶梅》,同是代表十五世纪到十六世纪一般的情形,在历史上有同样的价值。无论是破铜烂铁,竹头木屑,好的坏的,一起都收。要知道,历史是整个的,无论那一方面缺了,便不成整个。少了《金瓶梅》,[仅]知道王阳明,不能说是知道十六世纪的历史;知道《金瓶梅》,去掉王阳明,也不能说是知道十六世纪的历史。因此,圣谕广训是史料,《品花宝鉴》也是史料,因为他讲清朝一种男娼的风气,两者缺了一点,就不能算完全。我们还要知道,历史是继续不断的变迁的,要懂得他变迁的痕迹,更不能不晓得整个的历史是怎样。拿最近的事情说,国民党容共时代所出的公文、布告、标语,他的重要,与分共时代所出的标语、公文、布告,占同一的地位。而且你们如果不懂容共时代的东西,也断不能懂得现在的东西。

材料不在乎好坏,只要肯收集,总是有用处的。比方甘肃敦煌石窟里的破烂东西,都是零落不全的,现在大家都当他宝贝,用照相版、珂罗版印了几页,要卖八元、九元、二十元的钱。我们到北平去,也得看见一点敦煌石窟中的东西。敦煌石窟中的东西,是甘肃敦煌县东南的一个石窟（叫做莫高窟）里所藏的书。敦煌那个地方有一个千佛洞，在佛教最盛的时候，有二三百座庙。石窟里都是壁画，大概是唐人的手笔；亦有六朝晋朝时候的壁画。因为北方天气干燥，所以都没有坏。有一个庙是专为藏书用的。当初没有刻本，只有写本。有的是蝇头细楷，有的是草字，差不多式式都有。其中佛经最多，亦有雕本，恐怕是世界上最早的了。这里面有和尚教徒弟的经卷，有和尚念的经咒，女人们刺血写的符箓，和尚的伙食账簿，小和尚的写字本子，和唱本小调；就是敦煌府的公文，也留在里面。有许多书有年代可考，大概在西历纪元五百年起，到一一一〇年光景——东晋到宋真宗时。这许多年代中，有很多的材料，都不断的保存在这个和尚庙里。到了北宋初年，那里起了战乱，和尚们怕烧掉，就筑了墙，把一应文件都封在中间。大概打仗很久，和尚们死的死，逃的逃。从宋真宗时封起，一直到清末庚子年，墙坏了，就修理修理，也不知道中间有什么东西。直到庚子年，——西历一九〇〇年，一个道士偶然发现石窟中的藏书，才破了这个秘密。可是这个道士也不当他是宝贝，把他当符箓来卖钱，说是可以治病的。什么人头痛，就买一张烧了灰吃下去，说是可以医头痛；什么人脚痛，也买一张烧了灰吃下去，说是可以医脚痛。这样卖了七八年；到一九〇七年，才有洋鬼子来了。那是英国的史坦因（Stein），他从中亚细亚来，是往北探险去的。他并没有中国的学问，据说他有一个助手王世庭，学问也并不高明，不过他曾听说在敦煌发现了许多东西，就去看看，随便给他多少钱买了大半去。因为不好拿，就捆了几大捆，装着走了。过了半年（那是1908年），法国学者伯希和（Pelliot）来了，他是有名的学问家，他的中国学问恐怕中国学者也不能及他。不过伯希和很穷，只能在敦煌选了二千多卷，拿到北京。他是很诚实的,还去问问人家,请教人家,于是大家就知道了敦煌有这个东西。清朝的学部也得了这个消息,就打电报给陕甘总都[督],叫他把石窟里的东西统统封好了,送到京师图书馆里去。那些官员,到这个时候才知道他是宝贝;因为外人都买了装回本国去,朝廷又要他封送晋京,于是拣完整的、字迹端秀的几卷,大家偷了去送人,所以偷掉的也不少,现在存在北平的,还有八千余卷。从东晋到宋朝初年,六百年间,许多史料,都保存在里头,真是无价之宝。现在六千余卷在英国伦敦,二千余卷在法国巴黎,八千余卷在北平,一共一万八千卷左右。我都去看过。在英国、法国的数千卷,那真可爱。他们都用极薄极薄的纸把他裱起来,装订成册;便是残破了的一角,或是扯下的一个字,也统统裱好了,藏在一处。他的内容,说来很可笑,我刚才说过,小和尚的写字本子,老和尚念的经卷,和女师刺血写的东西,样样都有。有些和尚们在念经的时候,忽然春心发动,便胡乱写一首《十八摸》,哼几句情诗,也都丢在里面。各种材料,差不多都有一点。此外如七字的唱本,像《天雨花》、《笔生花》一类的东西,唐朝已经有了,我们只知后代才有,那里知道敦煌石窟里面已有这个东西,可以说是唱本的老祖宗。这在文学史上,是多么重要的好材料。这不但使我们知道六百年前的宗教史事,就是我们要研究佛家哲学、经济思想等等许多史料,都可到里面去找。在那时,很不经意的、乱七八糟的、杂货店式的把东西丢在一处,不料到九百年后,成了你争我夺的宝贝。这是此种收书[法]的很好的证据。

因此诸位如果有心去收,破铜烂铁,都有用处。我们知道我们凭个人的主观去选择各书,是最容易错误的。这个要,那个不要,[凭]藉自己的爱憎来定去取,是最不对的。我们恨滩簧、小调,然而滩簧、小调在整个的文学史上也占极重要的地位。孔子

是道学家,可是他删诗而不删掉极淫乱的作品,正可充分地表现他有远大的目光。《诗经》中有两章如下:

子惠思我,褰裳涉溱;子不我思,岂会他人？狂童之狂也且！
子惠思我,褰裳涉洧;子不我思,岂无他士？狂童之狂也且！

淫乱到了极点。像这首诗,他怀想所欢,竟愿渡河以从,并且是人尽可夫。可是孔子并不删去,否则我们要得二、三千年以上的材料时,试问到那里去找？孔子收书,因为有这种态度,这种眼光,所以为中国、为全世界保存了最古、最美、最有价值的文学史料、社会史料、宗教史料、政治史料。假如一有成见,还会有这样的成功么？现在流行市面的小报很多,什么《叽哩咕噜》、《噜哩噜哧》、《福尔摩斯》、《晶报》、《大晶报》等,五花八门,为一般人所鄙弃的,可是他们也有他们的用处。我们如果有心收集起来,都是将来极好的文学史料、社会史料。要是在十年、二十年后,再要去找一个《叽哩咕噜》或是《噜哩噜哧》,也许没法得到。我能把他保存起来,十年、二十年后,人家要一个《叽哩咕噜》,要一个《噜哩噜哧》,我就可以供给他们,藉此能知道民国十七年上海社会上一般的情形是怎么样。当《申报》五十年纪念的时候,他们出了一部纪念册,可是《申报》馆竟没有一份全份的《申报》,于是登报征求。结果全中国只有一个人有这么一份,《申报》馆愿意出很多的钱去收买,结果是[以]二万块钱去买了来。照我这样[看],觉得二十万块钱都值得。以中国之大,或者说是以世界之大,而只有一份不缺的《申报》,你想是多么可贵呢！所以现在看为极平常而可以随手弃掉的东西,你如果有一个思想,觉得他是二十年后、二千年后的重要史料,设法保存起来,这些东西,就弥觉可珍了。

我们收集图书，必须有这种历史的眼光。个人的眼光有限，所有的意见，也许是错误的。人家看为有价值的，我以为无价值；人家看为无价值的，我以为有价值，这种事情很多。我们收书，不能不顾到。所以，（一）要认定我们个人的眼光和意见是有限的，有错误的；（二）要知道今天看为平常容易得的东西，明天就没有，后天也许成了古董。假如我们能存这个观念，拿历史的眼光来收书，就是要每天看后的报纸，也都觉得可贵的。

讲到这里，诸位对我所说的，也许有一点怀疑，以为照这样说来，不是博而寡要了么？可是我觉得图书馆是应当要博的，而且从这个博字上，也会自然而然的走到精密的路上去。收文学书的，他从文学上的重要材料起，一直到滩簧、小热昏为止，件件都收。或者竟专力于文学中的一部，从专中求博，也未尝不可。有一位陶兰泉先生，绰号叫陶开化，他收书什么都收，但只限于殿版开化纸的书籍，因此得了陶开化的名称，正是博中寓专。因此第一步是博，第二步是由博而专，这也是自然而然的趋向。大概[由博]到专，亦有三个缘故：（一）是天才的发展；（二）是个人嗜好；（三）是环境上的便利。有这三个缘故，自然会走上专门的路。诸位都知道欧洲的北边有一个小岛，叫冰岛（Iceland），那里有许多文学材料。若不到冰岛去找，全世界只有我的母校康奈尔大学有这完全的冰岛文学史料。康奈尔图书馆所著名的，也就是这一点。因为当初冰岛上有人专门收集这全部的材料，后来捐给康奈尔，并又斥资再由康奈尔到冰岛去搜集，因此我的母校就以冰岛文学著名于全世界。这种无所不收的材料，实在有非常的价值，非常的用处。

今天我讲书的收集法，是极端主张要博，再从博而专门，古董家和道学家的方法是绝对要不得的。这不过是个大概，神而明之，存乎其人。详细的办法，还须诸位自己去研求。

格致与科学*

科学初到中国的时候,没有相当的译名,当时的学者就译做"格致"。格致是"格物致知"的缩写。《大学》里有一句"致知在格物",但没有说明"格物"是什么或是怎样做。到了宋朝,一班哲学家都下过"格物"的解说,后来竟有六七十家的不同的界说。其中最有势力的一个解说是程子(程颐)、朱子(朱熹)合作的。他们说,"格就是到",格物就是到物上去穷究物的理。朱子说得最清楚:

> 天下之物莫不有理,而吾心之明莫不有知。……即凡天下之物,莫不因其已知之理而益穷之,以求至乎其极。

即(就)物穷理,是格物;求至乎其极,是致知。

这确是科学的目标,所以当时译科学为"格致"是不错的。

有人问程子,格物的"物"有多大的范围,程子答道:自一身之中,至万物之理,都是物。他又说:一草一木都应该研究。就是近

---

* 本文作于1933年12月19门,收入《胡适遗稿及秘藏书信》第9册,黄山书社1994年版。——编者

代科学的研究范围也不过如此。

程子、朱子说的格物方法,也很可注意。他们教人:今日格一物,明日又格一物;今日穷一理,明日又穷一理。只要积累多了,自然有豁然贯通的日子。

程子、朱子确是有了科学的目标、范围、方法。何以他们不能建立中国的科学时代呢?

他们失败的大原因,是因为中国的学者向来就没有动手动脚去玩弄自然界实物的遗风。程子的大哥程颢就曾说过"玩物丧志"的话。他们说要"即物穷理",其实他们都是长袍大袖的士大夫,从不肯去亲近实物。他们至多能做一点表面的观察和思考,不肯用全部精力去研究自然界的实物。

久而久之,他们也觉得"物"的范围太广泛了,没有法子应付。所以程子首先把"物"的范围缩小到三项:(一)读书穷理,(二)尚论古人,(三)应事接物。后来程朱一派都依着这三项的小范围,把那"凡天下之物"的大范围完全丢了。范围越缩越小,后来竟从"读书穷理"更缩到"居敬穷理","静坐穷理",离科学的境界更远了。

明朝有个理学家王阳明(王守仁),他曾讥笑程子、朱子的格物方法。他况:"即物穷理是走不通的路。我们曾实地试验过来。有一天,一位姓钱的朋友想实行格物,我叫他去格庭前的竹子。钱先生坐在竹子边,格了三天三夜,格不出道理来。我就自己去试试,一连格了七天,也格不出道理来。我们只好叹口气,说,圣贤是做不成的了,因为我们没有那么大的精力去格物!"

王阳明这段话最可以表示中国的士大夫从来没有研究自然的风气,从来没有实验科学的方法,所以虽然有"格物致知"的理想,终不能实行"即物穷理",终不能建立科学。

十七世纪以后的"朴学"(又叫做"汉学"),用精密的方法去研究训诂音韵,去校勘古书。他们做学问的方法是科学的,他们的实事求是的精神也是科学的。但他们的范围还跳不出"读书穷理"的小范围,还没有做到那"即物穷理"的科学大范围。

所以我们中国人的科学遗产只有两件:一是程子、朱子提出的"即物穷理"的科学目标,一是三百年来朴学家实行的"实事求是"的科学精神与方法。

我们现在和将来的努力,要把这两项遗产打成一片:要用那朴学家"实事求是"的精神与方法来实行理学家"即物穷理"的理想。

一九三三,十二,十九

推论与思想*

何谓思想（Thinking）？中国人用"思想"两字，有种种意义。"思想"乃是古文"思"字的复音语，我们可先看古人用"思"字作何解说。"思"字（㦴）从心从囟，囟即是俗话说的"囟门"，古人以为"思者心神通于脑"，故从囟。"思"字所包极广，如梁简文说"发虑在心谓之思"；因此凡心所想的都可叫做思。如下举各例：

(1)憧憧往来，朋从尔"思"。"思"无邪。

(2)我思古人，未之思也，夫何远之有？

(3)博学之，审问之，慎"思"之，明辨之，笃行之。

(4)曰"思"误书，更是一适。（邢子才语） 仲容好学深"思"，以曰"思"误书为一适。（俞樾序孙诒让《札迻》）。

(5)每得一佳本，晨夕目诵；遇有钩棘难通者，疑悟累积，辄郁轖不怡；或穷"思"博讨，不见端倪，偶涉他编，乃获确证，旷然昭寤，宿疑冰释，则又欣然独笑。（孙诒让《札迻》自序）。

看以上各例，可得几种解说：

---

* 本文为胡适《论理学讲义》第二篇，原稿收入《胡适遗稿及秘藏书信》第 9 册，黄山书社 1994 年版。——编者

Ⅰ、凡心中所起的念头都可叫做"思"。正思邪思;"心血来潮"的思,"兔起鹘落"的思;"胡思乱想"的思;醉人的思,清醒人的思,都是"思"。如上(1)条各句。

Ⅱ、思字可作"想到","想着","想起"解,如上(2)条各例。"我思古人"是"想到"古人;"未之思也"是不曾"想着"他。今人也说"我想着我的母亲"或"我想起一件事来了";又如戏台上唱的"思想起来,好不伤心也",都只是这第二个意义。这一种"思"不过是"想念"或是"回想",不是"思"的正义。这种"思"或从面前的事物想到不在面前的事物,或从现在想到过去,都带有一点限制,不像第一个意义的漫无限制了。

Ⅲ、上文(3)条把"思"字同学、问、辩等字对举。《论语》上所说"学而不思则罔,思而不学则殆",也是把"思"字同"学"字对举。此例甚多,不必多举。于此可见"思"是与"学"对立的一种作用:学是领纳仿效外来给我的事物,如读书学画之类;"思"是反省于心,自己寻出所学事物的道理来。程子注《论语》"学而不思"两句道,"不求诸心,故昏而无得;不习其事,故危而不安。""思"字只是"求诸心"一个作用,带有自动的去取选择,不是一味盲从了。但是"求诸心"三个字是很泛的,虽有自动的去取,但所以去取的理由根据仍旧是很含糊的。譬如说"古人以为地是平的,不是圆的,几千年来人都是如此想法",又如说"我想孔子说的话是不错的",——这种"想"何尝不"求诸心",但仍旧是含混的思想,不是依据于明了的证据的思想。

Ⅳ、上文(4)(5)两条例说的"思"乃是"思"字最重要的意义。(4)条所引邢、俞两人"日思误书"的"思"与(5)条所引孙氏的话同一作用,但孙氏所说更为详细,故可用来说明"思"的最高意义。孙氏说他自己读古书遇有"钩棘难通者",便起一种疑难,使他心中闷闷不乐；于是他便去"穷思博讨"，要想寻出解决这种疑难的法子；后来在别处忽然寻得解决的确证，于是"旷然昭寤，宿疑冰释"；到了此时，从前的闷闷不乐又变为"欣然独笑了"。这种思想与上之三种思想的根本□□□□□□□①，作为领纳信□□□□□□用此事物□□□□。信用后者，这种作用可称为有条理的思想，这便是□□□的最高意义。

思想与推论 上篇说过，"推论"是用已知的事物作根据，由此推知别种事物或真理的作用。把这个界说比较上文"思想"的第四种意义，便知我们所说"有条理的思想"，其实只是"推论的思想"，即是推论。我们恭维人说"某人富于思想"；又说，"某人的思想薄弱"，我们所指并不是"胡思乱想"的思想，也不是证据含混的思想，——这两种是人人都有的，——我们所指乃是这种有条理，有确证的推论思想。这种思想乃是论理学的研究资料。论理学所研究的方法只是这种思想的方法。

有条理的思想之特性 有条理的思想须具有两个特别条件：(1)须先有一种疑惑困难的情境；(2)须有"穷思博讨"的作用，要寻出新事物或新知识用来解决这种疑难。如上文(5)条所引孙氏的话，读书遇着"钩棘难通"的地方，使他疑惑不乐，这便是第一个条件，于是他去"穷思博讨"，寻求确证，这便是第二个条件。我且举一个具体的例。《墨子·小取篇》有一条界说道，"辟也者，举也物而以明之也。"这句中"举也物"三字不可解，便成一桩疑难。毕沅注《墨子》，不肯去仔细研究，竟把"也"字删去，说他是衍文。这种手段是不合校勘学方法的，因为校勘学家的第一条戒律是"不可无故衍字"。王念孙校勘《墨子》便不敢武断，止去"穷思博讨"，于是寻出《墨子》书里的"他"字都写作"也"字；因此知道此句当作

---

① 底本模糊，下同。——编者

"举他物",举他物而以明此物,叫做譬。这便是寻出一个满意的解决法了。

这两个条件都极重要。人都知"穷思博讨"的条件是重要的,但人往往把第一个条件看得太轻了,却不知道这个条件正不可少。我们平常的动作,多只是不用意识不用思想的动作,如呼吸走动之类。直到一种疑难发生时,方才有推论的作用,方才真正运用思想的能力。平常没有疑难时固然也会有思想,但是那时的思想大都是想东想西的胡思乱想。这种思想,不但无益,而且有害。到了疑难问题发生时,有了这个疑难便定了思想的范围,此时的思想便都向着"解决这个疑难"一个目的上去,便不是无目的的胡思乱想了。即如上文所举《小取篇》"举也物"三字的例,读书的人心里存了这个"也"字的疑问,他去"穷思博讨"时便存着解决这疑问的目的,所以他遇着《墨子》中的"也"字便拿来比较参看,由此方才寻出"也字即是他字"的解决方法。即此可见"疑难"一个条件的重要。杜威(Dewey)说:"疑难的问题定思想的目的,思想的目的定思想的手续。"

〔注〕 本篇大旨根据于吾师杜威教授(John Dewey)之 How We Think 之第一篇,但篇中材料举例全改用吾国事例。又杜威用 Thinking 与 Inference 两字广狭不同,今改从通行之用法。

〔参考书〕

Pillsbury, Fundamentals of Psychology ch. II. Miller, *Psychology of Thinking*, ch. III.

佛学杂记*

(一)"性"与"相"

印度的大乘佛教只有性宗、相宗两大派。如此看来,这个区别实在很重要。但我问了许多佛学者,究竟什么叫做性,什么叫做相,他们都答不出来。这使我大失望。

我现在且把日本织田能得的《佛教大辞典》里关于"性""相"的界说汇钞在这里:

《唯识述记》一本:"性者,体也。"

《探玄记》十八:"性是因义。"

《大乘义章》:"性释有四义:一者种子因本之义,二体义名性,三不改名性,四性别为性。"

《智度论》三十一:"性名自有,不待因缘。"

又 "性言其体,相言可识。"

《大乘义章》三本:"诸法体状,谓之为相。"

---

* 本文写作日期无考,暂系于此。录自《胡适遗稿及秘藏书信》第 9 册,黄山书社 1994 年版。——编者

《唯识述记》一本:"相谓相状。"

《法华嘉祥疏》三:"表彰名相。"

《俱舍论》五:"相,谓诸有为生住异灭性。"

　　　　论曰:"此于诸法,能起名生,能安名住,能衰为异,能坏为灭。"①

《大日经》七:"梵云逻吃洒、此翻为相。"(Lak sa ua)

《梵语杂名》:"相、罗乞尖拏。"

《智度论》三十二:"法性者,如前说,各法空。同为一空是为法性。"

又　　　"法性者,法名涅槃,不可坏,不可戏论,名本分种。如黄石中有金性,白石中有银性,如有一切世间法中皆有涅槃性。"

《唯识述记》二本:"性者,体也。诸法真理,故名法性。"

同九末:　　"性者,体义。一切法体,故名法性。"

《法华嘉祥疏》五:"法性即是实相。"

《大乘义章》一:"言法性者,自体名法。法之体性,故名法性。"

《止观》一:"法性自天而然,集不能染,苦不能恼,道不能通,灭不能净。如云笼月,不能妨害。却烦恼已,乃见法性。"

《智度论》三十二:"如,法性,实际,是三事为一为异?答曰,是三皆是论法实相异名。"

《注维摩经》二:"肇曰,如,法性,实际,此三空同一实耳。但用观有浅深,故别立三名。始见法实,如远见树,知定是树,名为如②。见法转深,如近见树,知定是何木,名为法性。穷尽法实,如

---

① 参考《楞伽经》一、《唯识论》八。
② "多他"Tathā,秦言"如",译"如","灭"。

尽知树根基枝叶之数,名为实际。此三未始非树,因见为异耳。"

(二)佛教史料

诸部

二部

(1)上座部　迦叶为上座,所领有五百人。

(2)大众部　界外大众乃有万数。婆师波罗汉为主。此云"泪出",即五比丘中之一人,年大于迦叶。

异执:大众部执生死涅槃,皆是假名。(大乘)

　　　上座部执生死涅槃,皆是真实。(三藏)

二百年中,大众部复分三部:

(1)一说部。以"生死涅槃皆是假名"一说言以此一说立义。

(2)出世说部。"世间法从颠倒生业,业生果,故是不实。出世法不从颠倒生,故是真实。"

(3)灰山住部①。所住山有石堪作灰。其执毗昙是实教,经律为权说。故引经偈云,"随宜覆身,随宜饮食,随宜住处,疾断烦恼。"

"有三衣,佛亦许。无三衣,佛亦许。"

"时食,佛亦许。非时食,佛亦许。"

"结界住,佛亦许。不结界亦许。"

"佛意但令疾断烦恼。"

二百年中,从大众部又出一部,名

(4)多闻部。其中具足诵浅深义。深义中有大乘义。《成实

---

① 《宗轮》作鸡胤部。

论》即从此部出。色香味触,实也。地水火风,假也。

(5)多闻分别部①。

二百年满,外道有贼住比丘主大天出家,所度弟子依大天众出家受戒。时上座部,云"和上无戒及破戒,大众有戒则不得戒。戒从和上得。"因此诤论,大天徒众遂不见容,因移居支提山,于此山间执义又异,故有

(1)支提山部。
(2)北山部。

上座弟子部

佛灭度后,迦叶以三藏付三师:以修多罗付阿难,以毗昙付富楼那,以律付优婆离。从迦叶至寐者柯,二百年已来无异部。寐者柯付迦㮈延尼子。上座弟子但弘经,……从富楼那稍正弘毗昙,至迦㮈延大兴毗昙,谓毗昙最胜。是为萨婆多部。上座弟子部移居雪山避之。是为上座分部之始:

(1)雪山住部。(上座弟子部)
(2)萨婆多部。②

三百年,从萨婆多部出一部,名

(3)可住子弟子部。③(即是旧犊子部)

舍利弗释佛九分毗昙,名法相毗昙。罗睺罗弘舍利弗毗昙,

---

① 《宗轮》作说假部。
② 《宗轮》作说一切有部。亦名说因部。
③ 《宗轮》作犊子部。

可住子弘罗瞧罗所说,此部复弘可住子所说也。

次三百年中,可住子部嫌《舍利弗毗昙》不足,更各各造论,取经中义足之,所执异故,故成四部:

(4)法尚部。① (即旧昙无德部)

(5)贤乘部。②

(6)正量弟子部。③

(7)密林部。④ 密林地名。

三百年,从萨波多部复出一部,名

(8)正地部。正地,人名,善解《四韦陀》。

三百年,从正地部又出一部,名

(9)法护部。有目连弟子得罗汉,自撰为五藏,三藏如常,四咒藏,五菩萨藏。

三百年中,从萨婆多部又出一部,名

(10)善岁部。善岁撰集佛语,次第相对,破外道为一类,对治众生烦恼复为一类。

三百年中,从萨婆多部又出一部,名

(11)说度部。说五阴从此世度至后世,得治道乃灭。亦名说经部,谓经藏为正,馀二藏皆成经耳。

---

① 《宗轮》尚作上。
② 《宗轮》乘作胄。
③ 《宗轮》作正量部。
④ 《宗轮》作密林山部。

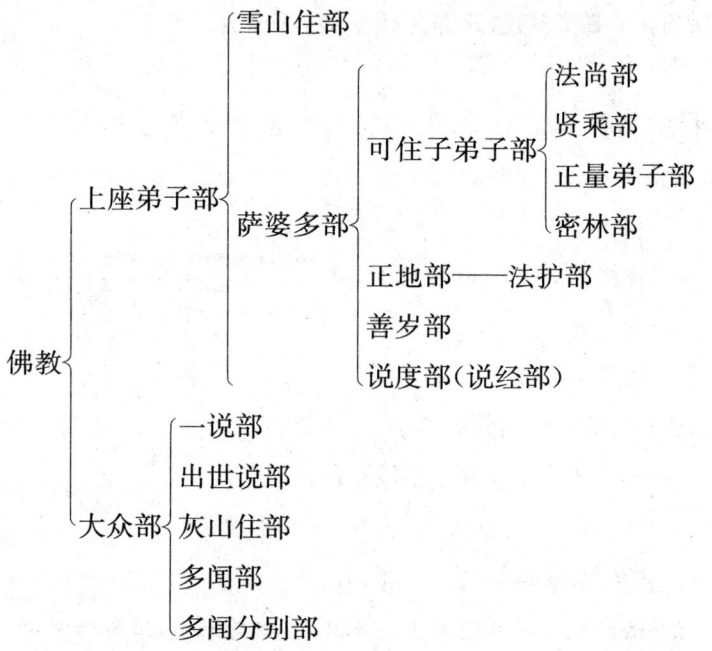

外遇——支提山部——北山部

1. 佛法当与佛书分开来说。

2. 历史的研究法可应用于佛书上,于佛法则不可能。

3. 真正知道佛法的,并不看重佛书,而那些代佛书辩护的,实不知佛法为何物。

4. 佛说法,实无所说,就是把佛书尽量破坏,其佛法亦无涉。

5. 研究佛学史的与真个研究佛法的,地位不同,故方法亦异。

6. 研究佛法的,应把自己放在佛法里面,去证会他,至于处旁观态度的研究法,只能看到佛学的表面,却永不能看到里。

第三辑
读书办刊杂记

海外读书杂记

我去年到欧洲,除会议及讲演之外,居然能在巴黎的国立图书馆(Bibliothèque Nationale)和伦敦的英国博物院(British Museum)读了不少的敦煌写本。我在巴黎读了五十卷子,在伦敦读了近一百卷子。我的主要目的在于发现关于禅宗史的唐代原料。在这一点上,我的成绩可算是很满意。但这些原料一时还不能整理出来,须待将来回国之后细细考证一番,才可发表。现在我且把一些零碎的材料,整理出几件来,送给留英学生会的杂志主任,也许可以引起海外留学的朋友们的注意,也许可以勾引他们也到这破纸堆里去掏摸一点好材料出来。

在我的杂件之前,我不能不略说这些古写本的历史与内容。

一 敦煌写本的略史

敦煌的千佛洞中,有一个洞里藏有古代写本书卷,大概是一个"僧寺图书馆"。这一个洞自从北宋仁宗时(约 1035)就封闭了,埋没了;年代久远,竟无人过问。直到八百多年后,约当光绪庚子年,(1900)此洞偶然被一个道士发现,人间始知道这洞里藏着二万多卷写本经卷。那时交通不便,这件事竟不曾引起中国人士的注意。一九〇七年,英国斯坦因爵士(Sir Aurel Stein)到中亚细亚去探险,路过敦煌,知道此洞的发现;斯氏不懂汉文,带去的翻译也不是学者,不知道如何选择,便拢统购买了六千多卷,捆载回去。到了第二年(1908),法国伯希和氏(M. Paul Pelliot)也到此地,他是中国学的大家,从那剩余的书卷堆里挑了约有二千多卷子,带回法国。后来中国的学者知道了此事,于是北京的学部方才命甘肃的当局把剩余的经卷尽数送到北京保存。其时偷的偷,送人情的送人情,结果还存六七千卷,现在京师图书馆里。

这一洞藏书,全数约有二万多卷,现在除去私家收藏不可稽考之外,计有三大宗:

(A) 伦敦　　约六〇〇〇卷
(B) 巴黎　　约二五〇〇卷
(C) 北京　　约七〇〇〇卷

这二万卷里,除了几本最古印本(现在伦敦)之外,都是写本。有许多是有跋尾,有年代可考的。从这些有年代的卷子看来,这洞里的写本最古的有西历五世纪(406)写的,最晚的约在十世纪的末年(995~997)。这六个世纪的书卷,向来无从访求;现在忽然涌出二万卷的古书卷来,世间忽然添了二万卷的史料,这是近代中国学术史上的一件绝重要的事。

二　敦煌卷子的内容

北京的几千卷子,至今还没有完全的目录。伦敦的六千卷,已有五千多"目"编成,还有一千多"目"未成。北京大学《国学季刊》第一卷里有罗福苌先生的《伦敦藏敦煌写本略目》,可以参看。

巴黎的二千多卷子已有目录；法文本在巴黎"国立图书馆"（Bibliothèque Nationale）；中文有罗福苌译本，载在《国学季刊》第一卷。

我们可以说，敦煌的写本的内容可分为七大类：

（甲）绝大多数为佛经写本，约占全数的百分之九十几。其中绝大部分多是常见的经典，如《般若》，《涅槃》，《法华》，《金刚》，《金光明》……之类，没有什么大用处，至多可以供校勘而已；但也可以考见中古时代何种经典最流行，这也是一种史料。其中有少数不曾收入"佛藏"的经典，并有一些"疑伪经"，是很值得研究的。日本的学者矢吹博士曾影印了不少，预备收入新编的"大正藏经"。

（乙）道教经典。中古的道教经典大多是伪造的，然而我们都不知道现行的《道藏》里那些经是宋以前的作品。敦煌所藏的写本道经可以使我们考见一些最早的道教经典是什么。其中的写本《老子》《庄子》等，大可作校勘的材料。

（丙）宗教史料。以上两类都可算是宗教史料；但这里面最可宝贵的是一些佛经、道经之外的宗教史料。如禅宗的史料，如敦煌各寺的尼数，如僧寺的帐目，如摩尼教（Manichaeism）的经卷的发现，……皆是很有价值的史料。

（丁）俗文学（平民文学）。我们向来不知道中古时代的民间文学。在敦煌的书洞里，有许多唐、五代、北宋的俗文学作品。从那些僧寺的"五更转"、"十二时"，我们可以知道"填词"的来源。从那些"季布"、"秋胡"的故事，我们可以知道小说的来源。从那些《维摩诘》唱文，我们可以知道弹词的来源。

（戊）古书写本。如《论语》，《左传》，《老子》，《庄子》，《孝经》等，皆偶有校勘之用。

（己）佚书。如《字宝碎金》，贾耽《劝善经》，《太公家教》，韦庄《秦妇吟》，王梵志《诗集》，等等，皆是。

（庚）其他史料。敦煌藏书中有许多零碎史料，可以补史书所不备。如沙州曹氏的历史，已经好几位学者（如罗振玉先生等）指出了。此外尚有无数公文，《社司转帖》，户口人数，帐目，信札，……皆有史料之用。

三　神会的《显宗记》及语录

在禅宗的历史上，神会和尚（荷泽大师）是一个极重要的人物。六祖（慧能）死后，神会出来明目张胆地和旧派挑战，一面攻击旧派，一面建立他的新宗教，——"南宗"。那时旧派的势焰薰天，仇恨神会，把他谪贬三次。御史卢奕说他，"聚徒，疑萌不利"，初贬到弋阳，移到武当，又移到荆州。然而他奋斗的结果居然得到最后的胜利。他死后近四十年，政府居然承认他为"正宗"，下敕立神会为禅门第七祖（贞元十二年，西历796）。从此以后，南宗便成了"正统"。

这样一个重要的人物，后来研究禅宗史的人都往往忽略了他；却是两个无名的和尚（行思与怀让），依靠后辈的势力，成为禅宗的正统！这是历史上一件最不公平的事。

神会的语录与著作都散失了；世间流传的只有《景德传灯录》（卷三十）里载的一篇《显宗记》，转载在《全唐文》（卷九一六）里。我当时看《显宗记》里有这几句话：

>　　自世尊灭度后，西天二十八祖共传无住之心，同说如来知见。至于达摩，届此为初，递代相承，于今不绝。

我很疑心"二十八祖"之说不应该起的这样早,所以我疑心这篇《显宗记》不是神会的著作。

我到巴黎,不上几天,便发现了一卷无名的语录,依据内容,定为神会的语录的残卷。后来我从别种敦煌卷子里得着旁证(例如《历代法宝记》),可以确定此为神会的语录(卷子号目 Pelliot 3488)。

过了几天,又发现了一长卷语录,其中一处称"荷泽和尚",三次自称"会",六次自称"神会",其为神会的语录无疑。此卷甚长,的确是唐人写本,最可宝贵(号目 P. 3047)。

从此世间恢复了两卷《神会语录》的古本,这是我此行最得意的事!

我到了伦敦,无意之中发现了一卷破烂的写本,尾上有"顿悟无生般若讼一卷"九个字。我读下去觉得很像是一篇读过的文字;读到"如王系珠,终不妄与",我忽然大悟这是《显宗记》的"如王髻珠,终不妄与"!检出《显宗记》全文细校,始知这残卷果然是向来所谓《显宗记》的古本,前面缺去约三分之一,从"□□不有,即是真空"起,以下都完全。

此残本有可注意的两点:

第一,此卷有原题,叫做"顿悟无生般若讼一卷"。南宗本是"顿宗",主张"顿悟";此文中有云:

> 般若无照,能照涅槃;
> 涅槃无生,能生般若。(《显宗记》"照"作"见")

又云:

无生既(《显宗记》作"即")无虚妄,法是空寂之心。

知空寂而了法身,[了法身](原卷脱此三字,依《显宗记》补)而真解脱。

可证原题不错。"讼"当是"颂"或"说"之讹。《显宗记》当是后人立的名字,应该改用原题。

第二,上文我引了那几句可疑的话,指出"二十八祖"之说不应出现如此之早。此卷里却没有"自世尊灭度后,西天二十八祖共传无住之心,同说如来知见"二十四个字。此可见这二十四字乃是后人添进去的。这一点可以证明"二十八祖"说的晚出,又可以使我们承认这篇文字为神会之作了。

此卷与《显宗记》传本,文字上稍有异同,我已一一校出了,将来可以发表(号目 Stein 468)。

从此以后,我们不但添了两卷神会的语录,又还给《显宗记》洗刷去后人添入的字句,恢复了原本,恢复了他的信用,也可以说是替神会添了一件原料了。

四　所谓《永嘉证道歌》

《大藏经》里收有永嘉玄觉和尚的《证道歌》一篇,向来无人怀疑。

但此篇却使我们研究史料的人十分怀疑。为什么呢?旧史都说玄觉是六祖同时的人,曾参谒六祖,言下大悟,六祖留他一宿,明日下山去。故他有"一宿觉"的绰号。六祖死于先天二年(713)。《联灯会要》说玄觉也死于先天二年。《释氏通鉴》说他死于先天元年(712)。《宗统编年》说他死于开元二年(714)。无论如何,旧史都说玄觉与六祖同一年死,或先后一年死。

然而《证道歌》里已有这些话了:

> 建法幢,竖宗旨,
> 明明佛敕曹溪是。
> 第一迦叶首传灯,
> 二十八代西天记。
> 入此土,菩提达摩为初祖。
> 六代传衣天下闻,
> 后人得道何穷数?

如果《证道歌》是真的,那么,慧能(六祖)在日,不但那"六代传衣"之说已成了"天下闻"的传说,并且那时早已有"二十八代"的传说了。何以唐人作和尚碑志,直到九世纪初年,还乱说"二十三代"、"二十五代"呢?

这回我在巴黎发现一卷子,有"太平兴国五年"(980)的字样,上面抄着各种文件,其中有一件题为:

> 禅门秘要决
> 招觉大师一宿觉。

我抄出细读,始知为世间所谓《永嘉证道歌》的全文!后来校读一遍,其中与今本几乎没有什么出入。

我现在还不曾考出"招觉大师"是谁。但我们因此可知此文并不是玄觉所作,原题也不叫做"证道歌",本来叫做"禅门秘要决"。

我们竟可以进一步说,所谓"永嘉禅师玄觉"者,直是一位乌有先生!本来没有这个人。那位绰号"一宿觉"的和尚,叫做"招觉",生在"二十八祖"之说已成定论的时代,大概在晚唐五代之时。他与六祖绝无关系,他生在六祖死后近二百年。

玄觉有《永嘉集》十篇,为一卷;旧说是唐庆州刺史魏静所集,其中并无《证道歌》。向来的人因此疑《永嘉集》是伪作的,现在看来,《证道歌》与玄觉无关;《永嘉集》不收《证道歌》,也许倒可以证明《永嘉集》是一部比较可靠的书。若《永嘉集》也是伪作,那么,玄觉更是乌有先生了。(手头无《永嘉集》,无从考证。)

读禅宗书的人,应该知道禅门旧史家最喜捏造门徒,越添越多。六祖门下添一个玄觉,便是一例。(此卷号目 P. 2104)

五 《维摩诘经唱文》的作者与时代

自从敦煌写本发现之后,我们渐渐知道唐朝民间有许多白话的文学作品。蒋氏的《沙州文录》,罗氏的《敦煌零拾》,都载着一些敦煌写本的唐代民间文学。其中最可注意的是《维摩诘经》的唱文残卷(罗氏称为"佛曲")。

《维摩经》为大乘佛典中的一部最有文学趣味的小说。鸠摩罗什的译笔又十分畅达。所以这部书渐渐成为中古时代最流行,最有势力的书。美术家用这故事作壁画;诗人文人用这故事作典故。大诗人王维,字摩诘,虽然有腰斩维摩诘的罪过,却也可见这部书的魔力。

这些残本的唱文便是用通俗的韵文,夹着散文的叙述,把维摩诘的故事逐段演唱出来。往往一百来字的经文可演成四千字的唱文。这种体裁,有说有唱,的确是后代弦索弹词的老祖宗。

这部唱文,现在只存残片;北京存两长卷,伦敦存一些残卷,巴黎存若干卷。依原文一百字演成三四千字的比例,全部唱文至少须有二三百万字!这要算是世界上最伟大的"记事诗"(Epic)了!

我们看这些残卷,知道他在中国白话文学史上的重要,只苦于不能考定这种伟大作品的作者与时代。

今回我到巴黎,发现了一卷完整的《维摩诘》唱文,演的是"佛告弥勒菩萨"一长段,及"佛告光严童子"一长段。两段都完整无缺。卷尾跋云:

> 广政十年(西历九四七)八月九日,在西川静真禅院写此第二十卷文书,恰遇抵黑书了。

又一行云:

> 不知如何到乡地去。

跋尾另黏上一纸,有大字跋云:

> 年至四十八岁,于州中应明寺开讲,极是温热。

卷首也黏有一纸,是一张问候帖子:

> 普贤院主比丘靖通,
> 　右　靖通　谨祗候
> 　起居,陈
> 贺

院主大德。謹狀。

　　正月　日　普賢院主比丘靖通狀。

这帖子的反面有号数云：第"十九，二十"。与跋尾"第二十卷"相合。

我们从这些跋尾里可以知道一些极重要的事实：

第一，这部唱文是一部有组织，有卷第的大著作；此卷为"第十九，二十"卷：弥勒一卷为第十九，光严一卷为第二十。依此类推，我们可以想见这部伟大的 Epic 的组织。

第二，这两卷作于"广政十年八月九日，在西川静真禅院"。这正是《花间集》出世的时代；蜀中太平日久，文物富丽，是我们知道的；但谁也想不到西川当日一个僧寺的客僧有这样伟大的作品。我们可以推想这些唱文的其他部分也是作于十世纪的中叶。

第三，我们不知道靖通是否这些唱文的作者。也许此帖是人家问候他的；也许是他自己写了问候院主，丢了不用的。为方便起见，我们可以暂时假定作者是靖通。

我们可以知道他大概是敦煌一带的人；先到西川，流寓在静真禅院，"不知如何到乡地去！"他在这无聊作客的时候，作了一些唱文，也许是他解愁破闷的法子。后来他回到家乡了，大概是沙州，或瓜州。他四十八岁的时候在"州中"的应明寺开讲这两卷唱文。他说："极其温热"，我们可说是"极其热闹"。他高兴的很，回到房里，黏上一纸，大笔加上一跋，特别记出这几卷客中破闷的文字现在居然极受听众的欢迎。这一点"人的风趣"不但写出作者的为人，还可以使我们想像当日这种民间文学的背景。

随便写来，手实在酸了，可以交卷了。

一九二七,一,十。在"American Banker"船上,船在大西洋上已十天了。"不知何时到乡地去!"

附记 关于(三)(四)两节,我近来见解稍变,参看我的《神会和尚遗集》(亚东出版)。

胡适的读书杂记*

叶梦得记禅宗派别

《避暑录话》(作于绍兴五年 1135)上,页四九(叶德辉刻本),记禅宗宗派云:

> 传禅者以云门、临济、沩仰、洞山、法眼为五家宗派。自沩仰而下,其取人甚严,得之者亦甚少。故沩仰、法眼先绝。洞山至大阳警延,所存一人而已。延亦仅得法远一人,其徒号远录公者。将终,以其教付之;而远言吾自有师,盖叶县省也。延闻,拊膺大恸。远止之曰,"公无忧。凡公之道,吾尽得之;顾吾初所从入者不在是,不敢自昧尔。将求一可与传公道者,授之,使追以嗣公,可乎?"许之。果得清华严;清传道楷。楷行解超绝。近岁四方谈禅,惟云门、临济二氏。及楷出,为云门、临济而不至者,皆翻然舍而从之。故今为洞山者,几十之三。

---

* 这三则关于禅宗的读书笔记,写成于 1924 年 3 月中、4 月初。录自《胡适遗稿及秘藏书信》第 8 册,黄山书社 1994 年版。——编者

十三,三,十一。

行　脚

禅宗最重行脚,遍历诸方,访问老宿,决诸问难。《禅林僧宝传》卷三云:

> [汾阳太子善昭禅师]"历诸方,见老宿者七十一人,皆妙得其家风。"

卷七云:

> [天台国师德韶]"所至少留,见知识□四人,括磨搜剥,穷极隐秘。"

十三,三,十七。

禅宗的讲学制度

读百丈(d. 814)《清规》,颇疑丛林的组织曾影响后来的组织。先记其分职事:

1. 长老　凡具道眼者,有可尊之德,号曰长老,即为教化主,处于方丈。
2. 首座　辅翊住持,分座说法,坐禅领众,护守条章。必择其己事已办,众所服从,德业兼修者充之。(在讲堂改为都讲。)

  3. 西堂 亚于首座,为班首。

  4. 堂主 各堂有之,理其本堂之事,兼理病人。

  5. 书记 执掌文翰。

  6. 知藏 兼通义学;藏主乃其所属。

  7. 藏主 执经橱钥匙。凡经书不借出,以山门为限。

  8. 维那(知事) 纲维众僧,曲尽调摄。

  9. 悦众 乃维那之副,凡有数人。

  10. 参头 参学之首,护助参禅,不理馀事。

次记其讲学制度:

  1. 上堂 住持垂示,随机开导。座下欲叩问,出众问之。"或住持不垂钧,即不出问。"

  2. 晚参,小参 所谓"参"者,凡集众开示,皆益于参。每晚必参,谓之晚参。或早课后,众上方丈,仪同上堂,谓之小参。

  3. 入室请益 每月初三、初八、十三、十八、廿三、廿八日,方丈挂入室牌。入室者,乃师家勘辨学人,策其未至,正其邪执。学人入室请益,将平生参学,尽情发露,毫无隐藏。

  4. 普说 普说语有多种。住持说者,或遇告香,或特为某事,或警策于学者等;文义长足,名普说也。或命人人各说,随其语而勘辨之。

  5. 尊宿升座开导,落堂开导。外来尊宿,如允开导,仪同上堂。

十三,四,三。

《吴虞文录》序*

凡是到过北京的人,总忘不了北京街道上的清道夫。那望不尽头的大街上,迷漫扑人的尘土里,他们抬着一桶水,慢慢的歇下来,一勺一勺的洒到地上去,洒的又远又均匀。水洒着的地方,尘土果然不起了。但那酷烈可怕的太阳光,偏偏不肯帮忙,他只管火也似的晒在那望不尽头的大街上。那水洒过的地方,一会儿便晒干了;一会儿风吹过来或汽车走过去,那迷漫扑人的尘土又飞扬起来了!洒的尽管洒,晒的尽管晒。但那些蓝袄蓝裤露着胸脯的清道夫,并不因为太阳和他们作对就不洒水了。他们依旧一勺一勺的洒将去,洒的又远又均匀,直到日落了,天黑了,他们才抬着空桶,慢慢的走回去,心里都想道,"今天的事做完了!"

吴又陵先生是中国思想界的一个清道夫。他站在那望不尽头的长路上,眼睛里,嘴里,鼻子里,头颈里,都是那迷漫扑人的孔渣孔滓的尘土,他自己受不住了,又不忍见那无数行人在那孔渣孔滓的尘雾里撞来撞去,撞的破头折脚。因此,他发愤做一个清道夫,常常挑着一担辛辛苦苦挑来的水,一勺一勺的洒向那孔尘

---

* 原载1921年6月20日至21日《晨报副刊》,又载1921年6月24日上海《民国日报·觉悟》副刊。——编者

迷漫的大街上。他洒他的水,不但拿不着工钱,还时时被那无数吃惯孔尘的老头子们跳着脚痛骂,怪他不识货,怪他不认得这种孔渣孔滓的美味,怪他挑着水拿着勺子在大路上妨碍行人!他们常常用石头掷他,他们哭求那些吃孔尘羹饭的大人老爷们,禁止他挑水,禁止他清道。但他毫不在意,他仍旧做他清道的事。有时候,他洒的疲乏了,失望了,忽然远远的觑见那望不尽头的大路的那一头好像也有几个人在那里洒水清道,他的心里又高兴起来了,他的精神又鼓舞起来了。于是他仍旧挑了水来,一勺一勺的洒向那旋洒旋干的长街上去。

这是吴先生的精神。吴先生和我的朋友陈独秀是近年来攻击孔教最有力的两位健将。他们两人,一个在上海,一个在成都,相隔那么远,但精神上很有相同之点。独秀攻击孔丘的许多文章(多载在《新青年》第二卷),专注重"孔子之道不合现代生活"的一个主要观念。当那个时候,吴先生在四川也做了许多非孔的文章,他的主要观念也只是"孔子之道不合现代生活"的一个观念。吴先生是学过法政的人,故他的方法与独秀稍不同。吴先生自己说他的方法道:

> 不佞丙午游东京,曾有数诗,注中多非儒之说。归蜀后,常以《六经》、《五礼通考》、《唐律疏义》、《满清律例》,及诸史中议礼议狱之文,与老、庄、孟德斯鸠、甄克思、穆勒约翰、斯宾塞尔、远籐隆吉、久保天随诸家之著作,及欧美各国宪法,民法,刑法,比较对勘。十年以来,粗有所见。

吴先生用这个方法的结果,他的非孔文章大体都注意那些根据孔道的种种礼教,法律,制度,风俗。他先证明这些礼法制度都是根据于儒家的基本教条的,然后证明这种种礼法制度都是一些吃人的礼教和一些坑陷人的法律制度。他又从思想史的方面,指出自老子以来也有许多古人不满意于这些欺人吃人的礼制,使我们知道儒教所极力拥护的礼制在千百年前早已受思想家的批评与攻击了,何况在现今这种大变而特变的社会生活之中呢?

吴先生的方法,我觉得是很不错的。我们对于一种学说或一种宗教,应该研究他在实际上发生了什么影响:"他产生了什么样子的礼法制度?他所产生的礼法制度发生了什么效果?增长了或是损害了人生多少幸福?造成了什么样子的国民性?助长了进步吗?阻碍了进步吗?"这些问题都是批评一种学说或一种宗教的标准。用这种实际的效果去批评学说与宗教,是最严厉又最平允的方法。吴先生虽不曾明说他用的是这种实际主义的标准,但我想他一定很赞成我这个解释。

那些"卫道"的老先生们也知道这种实际标准的厉害,所以他们想出一个躲避的法子来。他们说:"这种种实际的流弊都不是孔老先生的本旨,都是叔孙通、董仲舒、刘歆、程颢、朱熹……等人误解孔道的结果。你们骂来骂去,只骂着叔孙通、董仲舒、刘歆、程颢、朱熹一班人,却骂不着孔老先生。"于是有人说《礼运》大同说是真孔教(康有为先生);又有人说四教,四绝,三慎,是真孔教(顾实先生)。关于这种遁辞,独秀说的最痛快:

> 足下分汉宋儒者以及今之孔道、孔教诸会之孔教,与真正孔子之教为二,且谓孔教为后人所坏。愚今所欲问者,汉唐以来诸儒,何以不依傍道、法、杨、墨,而人亦不以道、法、杨、墨称之?何以独与孔子为缘而复败坏之也?足下可深思其故矣。(《新青年》二卷4号)

这个道理最明显:何以那种种吃人的礼教制度都不挂别的招牌,偏爱挂孔老先生的招牌呢?正因为二千年吃人的礼教法制都挂着孔丘的招牌,故这块孔丘的招牌——无论是老店,是冒牌——不能不拿下来,捶碎,烧去!

我给各位中国少年介绍这位"四川省只手打孔家店"的老英雄——吴又陵先生!

十,六,十六

发起《读书杂志》的缘起

　　差不多一百年前，清朝的大学者王念孙和他的儿子王引之两个人合办了一种不朽的杂志，叫做《读书杂志》。这个杂志前后共出了七十六卷，这一百年来，也不知翻刻翻印了多少次了！我们想像那两位白发的学者——一位八十多岁，一位六十多岁——用不老的精神和科学的方法，校注那许多的古书来嘉惠我们，那一副［幅］"白发校书图"还不够使我们少年人惭愧感奋吗？我是崇拜高邮王氏父子的一个人，现在发起这个新的《读书杂志》，希望各位爱读书的朋友们把读书研究的结果，借它发表出来。一来呢，各人的心得可以因此得着大家的批评。二来呢，我们也许能引起国人一点读书的兴趣，——大家少说点空话，多读点好书！

　　　　　　　　　　　　　　　　　　十，二，二十二。

读《楚辞》

十年六月，洪熙、思永们的读书会要我讲演，我讲的是我关于《楚辞》的意见，后来记在《日记》里，现在整理出来，作为一篇读书记。我很盼望国中研究《楚辞》的人平心考察我的意见，修正它或反证它，总期使这部久被埋没，久被"酸化"的古文学名著能渐渐的从乌烟瘴气里钻出来，在文学界里重新占一个不依傍名教的位置。

一、屈原是谁？

屈原是谁？这个问题是没有人发问过的。我现在不但要问屈原是什么人，并且要问屈原这个人究竟有没有。为什么我要疑心呢？因为：

第一，《史记》本来不很可靠，而《屈原贾生列传》尤其不可靠。

(子)《传》末有云："及孝文崩，孝武皇帝立，举贾生之孙二人至郡守，而贾嘉最好学，世其家，与余通书，至孝昭时，列为九卿。"司马迁何能知孝昭的谥法？一可疑。孝文之后为景帝，如何可说"及孝文崩，孝武皇帝立"？二可疑。

（丑）《屈原传》叙事不明。先说,"王怒而疏屈平。"次说,"屈平既疏,不复在位,使于齐,顾反谏怀王曰,何不杀张仪。王悔,追张仪不及。"又说,"怀王欲行,屈平曰,秦虎狼之国,不可信,不如无行。"又说,"顷襄王立,以子兰为令尹。楚人既咎子兰以劝怀王入秦而不反也,屈平既嫉之,虽放流,眷顾楚国,系心怀王,不忘欲反。"又说,"令尹子兰闻之大怒,卒使上官大夫短屈原于顷襄王。王怒而迁之。屈原至于江滨,被发行吟泽畔。……"既"疏"了,既"不复在位"了,又"使于齐",又"谏"重大的事,一大可疑。前面并不曾说"放流",出使于齐的人,又能谏大事的人,自然不曾被"放流"。而下面忽说"虽放流",忽说"迁之",二大可疑。"秦虎狼之国,不可信"二句,依《楚世家》,是昭睢谏的话。"何不杀张仪"一段,张仪传无此语,亦无"怀王悔,追张仪不及"等事,三大可疑。怀王拿来换张仪的地,此传说是"秦割汉中地",张仪传说是"秦欲得黔中地",《楚世家》说是"秦分汉中之半"。究竟是汉中是黔中呢？四大可疑。前称屈平,而后半忽称屈原,五大可疑。

第二,传说的屈原,若真有其人,必不会生在秦汉以前。

（子）"屈原"明明是一个理想的忠臣,但这种忠臣在汉以前是不会发生的,因为战国时代不会有这种奇怪的君臣观念。我这个见解,虽然很空泛,但我想很可以成立。

（丑）传说的屈原是根据于一种"儒教化"的《楚辞》解释的。但我们知道这种"儒教化"的古书解是汉人的拿手戏,只有那笨陋的汉朝学究能干这件笨事!

依我看来,屈原是一种复合物,是一种"箭垛式"的人物,与黄帝、周公同类,与希腊的荷马同类。怎样叫做"箭垛式"的人物呢？古代有许多东西是一班无名的小百姓发明的,但后人感恩图报,或是为便利起见,往往把许多发明都记到一两个有名的人物的功德簿上去。最古的，都说是黄帝发明的。中古的，都说是周公发明的。怪不得周公要一饭三吐哺，一沐三握发了！那一小部分的南方文学，也就归到屈原、宋玉（宋玉也是一个假名）几个人身上去。（佛教的无数"佛说"的经也是这样的，不过印度人是有意造假的，与这些例略有不同。）譬如诸葛亮借箭时用的草人，可以收到无数箭，故我叫它们做"箭垛"。

我想，屈原也许是二十五篇《楚辞》之中的一部分的作者，后来渐渐被人认作这二十五篇全部的作者。但这时候，屈原还不过是一个文学的箭垛。后来汉朝的老学究把那时代的"君臣大义"读到《楚辞》里去，就把屈原用作忠臣的代表，从此屈原就又成了一个伦理的箭垛了。

大概楚怀王入秦不返，是南方民族的一件伤心的事，故当时有"楚虽三户，亡秦必楚"的歌谣。后来亡秦的义兵终起于南方，而项氏起兵时，竟用楚怀王的招牌来号召人心。当时必有楚怀王的故事或神话流传民间，屈原大概也是这种故事的一部分。在那个故事里，楚怀王是正角，屈原大概还是配角，——郑袖唱花旦，靳尚唱小丑，——但秦亡之后，楚怀王的神话渐渐失其作用了，渐渐消灭了；于是那个原来做配角的屈原反变成正角了。后来这一部分的故事流传久了，竟仿佛真有其事，故刘向《说苑》也载此事，而补《史记》的人也七拼八凑的把这个故事塞进《史记》去。补《史记》的人很多，最晚的有王莽时代的人，故《司马相如列传》后能引扬雄的话；《屈贾列传》当是宣帝时人补的，那时离秦亡之时已一百五十年了，这个理想的忠臣故事久已成立了。

二、《楚辞》是什么？

我们现在可以断定《楚辞》的前二十五篇决不是一个人做的。

那二十五篇是：

　　《离骚》　1　　《九歌》　9
　　《天问》　1　　《九章》　9
　　《远游》　1　　《卜居》　1
　　《渔父》　1　　《招魂》　1
　　《大招》　1

这二十五篇之中，《天问》文理不通，见解卑陋，全无文学价值，我们可断定此篇为后人杂凑起来的。《卜居》《渔父》为有主名的著作，见解与技术都可代表一个《楚辞》进步已高的时期。《招魂》用"些"，《大招》用"只"，皆是变体。《大招》似是模仿《招魂》的。《招魂》若是宋玉作的，《大招》决非屈原作的。《九歌》与屈原的传说绝无关系，细看内容，这九篇大概是最古之作，是当时湘江民族的宗教舞歌。剩下的，只有《离骚》《九章》与《远游》了，依我看来，《远游》是模仿《离骚》做的；《九章》也是模仿《离骚》做的。《九章》中，《怀沙》载在《史记》，《哀郢》之名见于《屈贾传论》，大概汉昭宣帝时尚无《九章》之总名。《九章》中，也许有稍古的，也许有晚出的伪作。我们若不愿完全丢弃屈原的传说，或者可以认《离骚》为屈原作的。《九章》中，至多只能有一部分是屈原作的。《远游》全是晚出的仿作。

　　我们可以把上述的意见，按照时代的先后，列表如下：
　　一、最古的南方民族文学　　　《九歌》
　　二、稍晚——屈原？　　　　　《离骚》
　　　　　　　　　　　　　　　　《九章》的一部分（？）
　　三、屈原同时或稍后　　　　　《招魂》
　　四、稍后——楚亡后　　　　　《卜居》《渔父》

五、汉人作的　　　　　　《大招》《远游》
　　　　　　　　　　　　　　《九章》的一部分
　　　　　　　　　　　　　　《天问》

三、《楚辞》的注家

　　《楚辞》注家分汉宋两大派。汉儒最迂腐，眼光最低，知识最陋。他们把一部《诗经》都罩上乌烟瘴气了。一首《关关雎鸠》明明是写相思的诗，他们偏要说是刺周康王后的，又说是美后妃之德的！所以他们把一部《楚辞》也"酸化"了。这一派自王逸直到洪兴祖，都承认那"屈原的传说"，处处把美人香草都解作忠君忧国的话，正如汉人把《诗三百篇》都解作腐儒的美刺一样！宋派自朱熹以后，颇能渐渐推翻那种头巾气的注解。朱子的《楚辞集注》虽不能抛开屈原的传说，但他于《九歌》确能别出新见解。《九歌》中，《湘夫人》《少司命》《东君》《国殇》《礼魂》，各篇的注与序里皆无一字提到屈原的传说；其余四篇，虽偶然提及，但朱注确能打破旧说的大部分，已很不易得了。我们应该从朱子入手，参看各家的说法，然后比朱子更进一步，打破一切迷信的传说，创造一种新的《楚辞》解。

四、《楚辞》的文学价值

　　我们须要认明白：屈原的传说不推翻，则《楚辞》只是一部忠臣教科书，但不是文学。如《湘夫人》歌："袅袅兮秋风，洞庭波兮木叶下"，本是白描的好文学，却被旧注家加上"言君政急则众民愁而贤者伤矣"（王逸），"喻小人用事则君子弃逐"（五臣）等等荒

谬的理学话,便不见他的文学趣味了。又如:

> 捐余袂兮江中,遗余褋兮醴浦,搴汀洲兮杜若,将以遗兮远者。

这四句何等美丽!注家却说:

> 屈原托与湘夫人,共邻而处,舜复迎之而去,穷困无所依,故欲捐弃衣物,裸身而行,将适九夷也。远者谓高贤隐士也。言己虽欲之九夷绝域之外,犹求高贤之士,平洲香草以遗之,与共修道德也。(王逸)

或说:

> 袂褋皆事神所用,今夫人既去,君复背己,无所用也,故弃遗之。……杜若以喻诚信;远者,神及君也。(五臣)

或说:

> 既诒湘夫人以袂褋,又遗远者以杜若。好贤不已也。(洪兴祖)

这样说来说去,还有文学的趣味吗?故我们必须推翻屈原的传说,打破一切村学究的旧注,从《楚辞》本身上去寻出它的文学兴味来,然后《楚辞》的文学价值可以有恢复的希望。

十一,八,二十八,改稿。

评 新 诗 集

一、康白情的《草儿》

——上海亚东图书馆发行，一九二二年三月出版，价八角。——

在这几年出版的许多新诗集之中，《草儿》不能不算是一部最重要的创作了。白情在他的诗里曾有两处宣告他的创作的精神。他说：

> 凡经我做过的都是对的。（页二五四）

他又说：

> 我要做就是对的；
> 凡经我做过的都是对的。
> 随做我底对的；
> 随丢我底对的。（页二四三）

我们读他的诗,也应该用这种眼光。"随做我底对的"是自由;"随丢我底对的"是进步。白情这四年的新诗界,创造最多,影响最大;然而在他只是要做诗,并不是有意创体。我们在当日是有意谋诗体的解放,有志解放自己和别人;白情只是要"自由吐出心里的东西";他无意于创造而创造了,无心于解放然而他解放的成绩最大。

白情受旧诗的影响不多,故中毒也不深。他的旧诗如"贰臣犹根蒂,四海未桑麻"(一九一六年);如"多君相得乘龙婿,愧我诗成嚼蜡妪"(一九一七年),都是很不高明的。他的才性是不能受这种旧诗体的束缚的,故他在一九一九年一月作的《除夕》诗(页三〇一——四),便有"去,去,出门去!围炉直干么?乘兴访朴园,踏雪沿北河"的古怪组合。"干么"底下紧接两句极牵强的骈句,便是歧路的情境了。笨的人在这个歧路上仍旧努力去做他的骈句,但是白情跳上了自由的路,以后便是《草儿》(一九一九年二月一日)的时代了。

自《草儿》(页一)到《雪夜过泰安》(页四八),是一九一九年的诗。这一组里固然也有好诗,如《窗外》《送客黄浦》《日观峰》《疑问》;但我们总觉得这还是一个尝试的时代,工具还不能运用自如,不免带点矜持的意味。如《暮登泰山西望》:

> 谁遮这落日?
> 莫是昆仑山底云么?
> 破哟!破哟!
> 莫斯科的晓破了,
> 莫要遮了我要看的莫斯科哟!

又如：

> 你(黄河)从昆仑山的沟里来么？
> 昆仑山里底红叶
> 想已饱带着一身秋了。

这都不很自然。至于《桑园道》中的

> 山哪，岚哪，
> 云哪，霞哪，
> 半山上的烟哪，
> 装成了美丽簇新的锦绣一片。

现在竟成了新诗的滥调了！

自《朝气》(页四九)至《别少年中国》(页二八六)，共二百四十页诗，都是一九二〇年的作品。这一年的成绩确是很可惊的。当时我在《学灯》上见着白情的《江南》，就觉得白情的诗大进步了。《江南》的长处在于颜色的表现，在于自由的实写外界的景色。我们引他的第三段：

> 柳桩上拴着两条大水牛，
> 茅屋都铺得不现草色了。
> 一个很轻巧的老姑娘，
> 端着一个撮箕，
> 蒙着一张花帕子。
> 背后十来只小鹅，

> 都张着些红嘴,
> 跟着她,叫着。
> 颜色还染得鲜艳,
> 只是雪不大了。

这种诗近来也成为风气了。但这种诗假定两个条件:第一须有敏捷而真确的观察力,第二须有聪明的选择力。没有观察力,便要闹笑话;没有选择力,只是堆砌而不美。白情最长于这一类的诗;《草儿》里此类很多,我们不多举例了。

平心而论,这一类的写景诗,我们虽承认他的价值,也不能不指出他的流弊。这一类的诗最容易陷入"记帐式的列举"。"云哪,山哪,岚哪",固然可厌;"东边一个什么,西边一个什么,前面一个什么",也很可厌。南宋人的写景绝句,所以不讨人厌,全靠他们的选择力高,能挑出那最精采的印象。画家的风景画,所以比风景照片更有意味,也是因为画家曾有过一番精采的剪裁。近日许多写景诗,所以好的甚少,也是因为不懂得文学的经济,不能去取选择。

白情的《草儿》在中国文学史的最大贡献,在于他的记游诗。中国旧诗最不适宜做记游诗,故记游诗好的极少。白情这部诗集里,记游诗占去差不多十分之七八的篇幅。这是用新诗体来记游的第一次大试验,这个试验可算是大成功了。我们选他的《日光纪游》第六首:

> 马返以上没有电车了,
> 我们只得走去。
> 好雨! 好雨!

草鞋套在靴子上；
油纸背在背上；
颗颗的雨直淋在草帽上。
哈……哈……哈……哈……
好雨！好雨！

*

哈……哈……哈……哈……
哈……哈……哈……哈……
一路赤脚的女子笑着过来了。
油纸背在背上；
"下驮"提在左手上；
洋伞撑在右手上；
颗颗的雨直淋在绣花的红裙上。
他们看了我们越是忍不住笑了。
我们看了他们也更得了笑的材料了。
哈……哈……哈……哈……
哈……哈……哈……哈……
好雨！好雨！

*

过幸桥，
过深泽桥，
我们直溯大谷川底源头沿上去。
我们不溜在河里也就是本事了！
哈……哈……哈……哈……
好雨！好雨！

这种诗真是好诗。"看来毫不用心,而自具一种有以异乎人的美":这是白情评我的诗的话,他说这是美国风。我不敢当这句评语,只好拿来还敬他这首诗,并且要他知道这不是美国风,只是诗人的理想境界。

占《草儿》八十四页的《庐山纪游》三十七首,自然是中国诗史上一件很伟大的作物了。这三十七首诗须是一气读下去,读完了再分开来看,方才可以看出他们的层次条理。这里面有行程的记述,有景色的描写,有长篇的谈话;但全篇只是一大篇《庐山纪游》。自十六至二十三,记五老峰的探险,写的最有精采,使我们不曾到过庐山的人心里怦怦的想去做那种有趣味的事。白情在第二首里说:

> 山阿里流泉打得钦里孔隆地响,
> 引得我要洗澡底心好动,
> 我就去洗澡。
> 石塘上三四家荷兰式的茅店,风吹得凉悠悠地,
> 引得我要歇憩底心好动,
> 我就去歇憩。

这就是"我要做就是对的"。这是白情等一班少年人游庐山时的精神。我们祝福他们在诗国里永远保持这种精神。

白情的诗,在技术上,确能做到"漂亮"的境界。他自己说:

> 总之,新诗里音节底整理,总以读来爽口听来爽耳为标准。

(页三五四)

这一层,初看来似是很浅近,很容易,所以竟有许多诗人"鄙漂亮而不为"!但是我们很诚恳的盼望这些诗人们肯降格来试试这个"读来爽口,听来爽耳"的最低限度的标准。

十一,八,三十。

二、俞平伯的《冬夜》

——上海亚东图书馆发行,一九二二年三月出版,价六角。——

平伯这部诗集,分成四辑。他自己说,"第一辑里的大都是些幼稚的作品;第二辑里的,作风似太烦琐而枯燥了,且不免有些晦涩之处;第三辑底前半尚存二辑的作风,后半似乎稍变化一点;四辑……有几首诗,如《打铁》《挽歌》《一勺水啊》、《最后的洪炉》,有平民的风格。"

平伯主张"努力创造民众化的诗"。假如我们拿这个标准来读他的诗,那就不能不说他大失败了。因为他的诗是最不能"民众化"的。我们试看他自己认为有平民风格的几首诗,差不多没有一首容易懂得的。如《打铁》篇中的

> 刀口碰在锄耙上,
> 刀口短了锄耙长。

这已不好懂了。《挽歌》第四首是,

> 山坳里有坟堆,
> 坟堆里有骨头。
> 骏骨可招千里驹;
> 枯骨头,华表巍巍没字碑,
> 招什么？招个呸!

这决不是"民众化"的诗。《一勺水啊》是一首好诗,但也不是"民众化"的诗：

> 好花开在污泥里,
> 我酌了一勺水来洗他。
> 半路上我渴极了。
> 竟把这一勺水喝了。
> …………
> 请原谅罢,宽恕着罢!
> 可怜我只有一勺水啊!

这首诗虽不晦涩,但究竟不是民众能了解的。

所以我们读平伯的诗,不能用他自己的标准去批评他。"民众化"三个字谈何容易! 十八世纪之末,英国诗人华茨活斯(Wordsworth)主张作民众化的诗;然而他的诗始终只是"学者诗人"的诗,而不是民众的诗。同时北方民间出了一个大诗人彭思(Burns),他并不提倡民众文学,然而他的诗句风行民间,念在口里,沁在心里,至今还是不朽的民众文学。民众化的文学不是"理智化"的诗人勉强做得出的。即如平伯的《可笑》一篇(页二一七),取俗歌"高山有好水,平地有好花;家家有好女,无钱莫想他"

四句,译为五十行的新诗;然而他自己也不能不承认"词句虽多至数(十)倍,而温厚蕴藉之处恐不及原作十分之一"。这不是一个明白的例证吗?

然而平伯自有他的好诗。第四辑里,如《所见》一首:

> 骡子偶然的长嘶,
> 鞭儿抽着,没声气了。
> 至于嘶叫这件事情,
> 鞭丝拂他不去的。(页二四〇)

又如《引诱》一首:

> 颠簸的车中,孩子先入睡了。
> 他小手抓着,细发拂着,
> 于是我底头频频回了!(页二三〇)

这种小诗,很有意味。可惜平伯偏不爱做小诗,偏要做那很长而又晦涩的诗!

有许多人嫌平伯的诗太晦涩了。朱佩弦先生作《冬夜》的序,颇替平伯辩护,他说,

> 平伯底诗果然艰深难解么?……作者底艰深,或竟由于读者底疏忽哩?

然而新出版的《雪朝》诗集里,平伯自己也说"《春底一回头时》稿成后,给佩弦看,他对于末节以为颇不易了解"(《雪朝》页六十

一)。这可见平伯诗的艰深难解,自是事实,并不全由于读者的疏忽了。平伯自己的解释是"表现力薄弱"。这虽是作者的谦辞,然而我们却也不能不承认这话有一部分的真实。平伯最长于描写,但他偏喜欢说理;他本可以作诗,但他偏要想兼作哲学家;本是极平常的道理,他偏要进一层去说,于是越说越糊涂了。平伯说:

说不尽的,看的好;
看太仔细了,想可好?
花正开着,
不如没开去想他开的意思。(页七三)

这正是我说的"进一层去说"。这并不是缺点;但我们知道诗的一个大原则是要能深入而浅出;感想(impression)不嫌深,而表现(expression)不嫌浅。平伯的毛病在于深入而深出,所以有时变成烦冗,有时变成艰深了。

我们可举《游皋亭山杂诗》的第四第五两首来做例。第四首题为《初次》:

孩儿们,娘儿们,
田庄上的汉儿们,
红的,黑的布衫儿,
蓝的,紫的棉绸袄儿,
瞪着眼,张着嘴,
嚷着的有,默默的也有。
…………
好冷啊,远啊,

> 不唱戏，不赛会，
> 没甚新鲜玩意儿；
> 猜不出城里客人们底来意。
> 他们笑着围拢来，
> 我们也笑着走拢来；
> 不相识的人们终于见面了。（页七七）
> …………

说到这里，很够了，很明白了，然而平伯还不满足，他偏要加上八九句哲学调子的话；他想拿抽象的话来说明，来《咏叹》前面的景物，却不知道这早已犯了诗国的第一大禁了（看页七七）。第五首为《一笑底起源》，这题目便是哲学调子了！这首诗，若剥去了哲学调子的部分，便是一首绝妙的诗：

> 我们拿捎来的饭吃着，
> 我们拿痴痴的笑觑着。
> 吃饭有什么招笑呢？
> 但自己由不得也笑了。
> …………
> 他们中间的一个——她，
> 忍不住了，说了话了。
> "饭少罢！给你们添上一点子？"
> 回转头来声音低低的，
> "那里像我们田庄上呢！……"
> …………（页七八～七九）

这种具体的写法,尽够了,然而平伯还不满足。他在前四句的下面,加上了九句:

> 一笑底起源,
> 在我们是说不出,
> 在他们是没有说。
> 既笑着,总有可笑的在,
> 总有使我们他们不得不笑的在。
> 笑便是笑罢了,
> 可笑便是可笑罢了,
> 怎样不可思议的一笑哪!

这不是画蛇添足吗?他又在"那里像我们田庄上呢"的后面,加上了十三句咏叹的哲理诗:

> 是简单吗?
> 是不可思议吗?
> 是不可思议的简单吗?
> ············
> 他们底虽不全是我们底,
> 也不是非我们底,……

他这样一解释,一咏叹,我们反更糊涂了。一首很好的白描的诗,夹在二十二句哲理的咏叹里,就不容易出头了!
　　所以我说:

> 平伯最长于描写,但他偏喜欢说理;他本可以作好诗,只因为他想兼作哲学家,所以越说越不明白,反叫他的好诗被他的哲理埋没了。

这不是讥评平伯,这是我细心读平伯的诗得来的教训。我愿国中的诗人自己要知足安分:做一个好诗人已是尽够享的幸福了;不要得陇望蜀,妄想兼差做哲学家。

十一,九,十九

《蕙的风》序

我的少年朋友汪静之把他的诗集《蕙的风》寄来给我看,后来他随时做的诗,也都陆续寄来。他的集子在我家里差不多住了一年之久;这一年之中,我觉得他的诗的进步着实可惊。他在一九二一,二,三,做的《雪花——棉花》,有这样的句子

> 你还以为我孩子瞎说吗?
> 你不信到门前去摸摸看,
> 那不是棉花?
> 那不是棉花是什么?
> 妈,你说这是雪花,
> 我说这是顶好的棉花,
> 比我们前天望见棉花铺子里的还好的多多。
> ……

这确是很幼稚的。但他在一年之后——一九二二,一,一八——做的《小诗》,如

> 我冒犯了人们的指谪。
> 一步一回头地瞟我意中人,
> 我怎样欣慰而胆寒呵。

这就是很成熟的好诗了。

我读静之的诗,常常有一个感想:我觉得他的诗在解放一方面比我们做过旧诗的人更彻底的多。当我们在五六年前提倡做新诗时,我们的"新诗"实在还不曾做到"解放"两个字,远不能比元人的小曲长套,近不能比金冬心的自度曲。我们虽然认清了方向,努力朝着"解放"做去,然而当日加入白话诗的尝试的人,大都是对于旧诗词用过一番工夫的人,一时不容易打破旧诗词的镣铐枷锁。故民国六、七、八年的"新诗",大部分只是一些古乐府式的白话诗,一些《击壤集》式的白话诗,一些词式和曲式的白话诗,——都不能算是真正新诗。但不久就有许多少少年的"生力军"起来了。少年的新诗人之中,康白情、俞平伯起来最早;他们受的旧诗的影响,还不算很深(白情《草儿》附的旧诗,很少好的),所以他们的解放也比较更容易。自由(无韵)诗的提倡,白情、平伯的功劳都不小。但旧诗词的鬼影仍旧时时出现在许多"半路出家"的新诗人的诗歌里。平伯的《小劫》,便是一例:

> 云皎洁,我底衣,
> 霞烂缦,他的裙裾,
> 终古去敖翔,
> 随着苍苍的大气;
> 为什么要低头呢?
> 哀哀我们底无俦侣。

去低头！低头看——看下方；
　　看下方啊，吾心震荡；
　　看下方啊，
　　撕碎吾身荷芰底芳香。

这词的音调，字面，境界，全是旧式诗词的影响。直到最近一两年内，又有一班少年诗人出来；他们受的旧诗词的影响更薄弱了，故他们的解放也更彻底。静之就是这些少年诗人之中的最有希望一个。他的诗有时未免有些稚气，然而稚气究竟远胜于暮气；他的诗有时未免太露，然而太露究竟远胜于晦涩。况且稚气总是充满着一种新鲜风味，往往有我们自命"老气"的人万想不到的新鲜风味。如静之的《月夜》的末章：

　　我那次关不住了，
　　就写封爱的结晶的信给伊。
　　但我不敢寄去，
　　怕被外人看见了；
　　不过由我底左眼寄给右眼看，
　　这右眼就是代替伊了。……

这是稚气里独有的新鲜风味，我们"老"一辈的人只好望着欣羡了。我再举一个例：

　　浪儿张开他底手腕，
　　一叠一叠滚滚地拥挤着，
　　搂着砂儿怪亲密地吻着。

> 刚刚吻了一下,
> 却被风推他回去了。
> 他不忍去而去,
> 似乎怒吼起来了。
> 呀,他又刚愎愎地势汹汹地赶来了!
> 他抱着那靠近砂边的小石塔,
> 更亲密地用力接吻了。
> 他爬上那小石塔了。
> 雪花似的浪花碎了,——喷散着。
> 笑了,他快乐的大声笑了。
> 但是风又把他推回去了。
> 海浪呀,
> 你歇歇罢!
> 你已经留给伊了——
> 你底爱的痕迹统统留给伊了。
> 你如此永续地忙着,
> 也不觉得倦吗?(《海滨》)

这里确有稚气,然而可爱呵,稚气的新鲜风味!

至于"太露"的话,也不能一概而论,诗固有浅深,倒也不全在露与不露。李商隐一派的诗,吴文英一派的词,可谓深藏不露了,然而究竟遮不住他们的浅薄。《三百篇》里:

> 取彼谮人,
> 投畀豺虎;
> 豺虎不食,

>投畀有北；
>有北不受，
>投畀有昊！

这是很露的了，然而不害其为一种深切的感情的表现。如果真有深厚的内容，就是直截流露的写出，也正不妨。古人说的"含蓄"，并不是不求人解的不露，乃是能透过一层，反觉得直说直叙不能达出诗人的本意，故不能不脱略枝节，超过细目，抓住了一个要害之点，另求一个"深入而浅出"的方法。故论诗的深度，有三个阶级：浅入而浅出者为下，深入而深出者胜之，深入而浅出者为上。静之的诗，这三个境界都曾经过。如前年做的《怎敢爱伊》：

>我本很爱伊，——
>　十二分爱伊。
>我心里虽爱伊，
>　面上却不敢爱伊。
>我倘若爱了伊，
>　怎样安置伊？
>他不许我爱伊，
>我怎敢爱伊？

这自然是受了我早年的诗的余毒，未免"浅入而浅出"的毛病。但同样题目，他去年另有一个写法：

>愿你不要那般待我，
>　这是不得已的，

因你已被他霸占了。
我们别无什么，
只是光明磊落真诚恳挚的朋友；
但他总抱着无谓的疑团呢。
他不能了解我们，
这是怎样可憎的隔膜呀！
你给我的信——
里面还搁着你底真心——
已被他妒恨地撕破了。
…………
他凶残地怨责你，
不许你对我诉衷曲，
他冷酷地刻薄我，
我实难堪这不幸的遭际呀！
因你已被他霸占了，
这是不得已的，
愿你不要那般待我——
一定的，
一定不要呀！（《非心愿的要求》）

这就是"深入而深出"的写法了。露是很露的，但这首诗究竟可算得一首赤裸裸的情诗。过了一年，他的见解似乎更进步了，他似乎能超过那笨重的事实了，所以他今年又换了一种写法：

我愿把人间的心，
一个个都聚拢来，

共总熔成了一个；
　　像月亮般挂在清的天上，
　　给大家看个明明白白。

　　我愿把人间的心，
　　一个个都聚拢来，
　　用仁爱的日光洗洁了；
　　重新送还给人们，
　　使误解从此消散了。（《我愿》）

这种写法，可以算是"深入而浅出"的了。我不知别人读此诗作何感觉，但我读了此诗，觉得里面含着深刻的悲哀，觉得这种诗是"诗人之诗"了。

＊　＊　＊　＊

　　静之的诗，也有一些是我不爱读的。但这本集子里确然有很多的好诗。我很盼望国内读诗的人不要让脑中的成见埋没了这本小册子。成见是人人都不能免的；也许有人觉得静之的情诗有不道德的嫌疑，也许有人觉得一个青年人不应该做这种呻吟宛转的情诗，也许有人嫌他的长诗太繁了，也许有人嫌他的小诗太短了，也许有人不承认这些诗是诗。但是，我们应该承认我们的成见是最容易错误的，道德的观念是容易变迁的，诗的体裁是常常改换的，人的情感是有个性的区别的。况且我们受旧诗词影响深一点的人，带上了旧眼镜来看新诗，更容易陷入成见的错误。我自己常常承认是一个缠过脚的妇人，虽然努力放脚，恐怕终究不能恢复那"天足"的原形了。我现在看着这些彻底解放的少年诗人，就像一个缠过脚后来放脚的妇人望着那些真正天足的女孩子们跳来跳去,妒在眼里,喜在心头。他们给了我许多"烟士披里纯",我是很感谢的。四五年前,我们初做新诗的时候,我们对社会只要求一个自由尝试的权利;现在这些少年新诗人对社会要求的也只是一个自由尝试的权利。为社会的多方面的发达起见,我们对于一切文学的尝试者,美术的尝试者,生活的尝试者,都应该承认他们的尝试的自由。这个态度,叫做容忍的态度(Tolerance)。容忍上加入研究的态度,便可到了解与赏识。社会进步的大阻力是冷酷的不容忍。静之自己也曾有一个很动人的呼告:

> 被损害的莺哥大诗人,
> 将要绝气的时候,
> 对着他底朋友哭告道:
> 牺牲了我不要紧的;
> 只愿诸君以后千万要防备那暴虐者,
> 好好地奋发你们青年的花罢!(《被损害的》)

十一,六,六。胡适。

介绍几部新出的史学书*

近来杂志上的"书评",似乎偏向指摘谬误的方面,很少从积极方面介绍新书的。今日(7月24)火车在贝加尔湖边上行,一边是轻蓝色的镜平的湖光,一边是巉巉的岩石;这是我离开中国境的第三日了,怀念国中几个治历史的朋友,所以写这篇短文,介绍他们的几部新书。

第一部是陈垣(援庵)先生的《二十史朔闰表》,附西历、回历,北京大学研究所国学门出版,价四元。

这是一部"工具"类的书,治史学的人均不可不备一册。陈先生近年治中国宗教史,方法最精密,搜记最勤苦,所以成绩很大。他的旧作《一赐乐业教考》、《也里可温考》、《摩尼教入中国考》、《火祆教入中国考》,都已成了史学者公认的名著。他在这种工作上感觉中、西、回三种历有合拢作一个比较长历的必要,所以他发愤作成一部二十卷的《中西回史日历》(不久也可出版)。他在做那部大著作之先,曾先考定中国史上二千年的朔闰,遂成这一部

---

* 本文作于1926年7月24日至26日的旅欧途中。载1926年9月4日至11日《现代评论》第四卷第91~92期;收入1930年9月朴社出版的《古史辨》第二册。——编者

《二十史朔闰表》。有了朔闰,便可以推定日历;故此书实在是一部最简便的中史二千年日历。

此表起于汉高祖元年(罗马548年,西历前206年),每月有朔日的甲子,故推下月朔日的甲子,便知本月的大小;闰年则增闰某月,也记其朔日的甲子。

汉平帝元年以后,加上每月朔与西历相当之月日。如晋惠帝永平元年(西291)下:

二	乙酉	正
16		
三	甲寅	二
17		

我们便知是年正月初一等于西历二九一年的二月十六,二月初一等于三月十七。

唐高祖武德五年(西622)以后,添注回历的岁首等于中历某月某日。回历系纯太阳历,月法有一定,单月皆30日,双月皆29日,无有闰月,逢闰年则十二月添一日,故平年为354日,闰年为355日。其计算最容易,故但注岁首便够了。闰年则旁加黑点。

故此书不但是中史二千年日历,实在是一部最简明、最方便的"中、西、回三史合历"。

西历与回历皆有礼拜日,因有置闰或失闰的历史的原因,推算须有变化。此书附有七个《日曜表》,按表检查,便知某日是星期几。

此书在史学上的用处,凡做过精密的考证的人皆能明了,无须我们一一指出。为普通的读者起见,我们引陈先生自己举的几个例:

(1)例如陆九渊之卒在宋绍熙三年,据普通年表为西历之一一九二年,然九渊之卒在十二月十四日,以西历纪之,当为一一九三年一月十八日。……苟欲实事求是,非有精密之中西长历为工具不可。

(2)西历如此,回历尤甚。……回历则以不置闰月之故,岁首无定,积百年即与中、西历差三年。……洪武甲子(西历1384)为回历七八六年。《明史·历志》由洪武甲子上推七八六年,误以中历计算,遂谓回历起于隋开皇己未(西历599)!不知以回历计算,实起于唐武德五年壬午(西历622)六月三日也。盖积七八六年,回历与中、西历已生二十三年之差异。不有中回长历,何以释《明史》之误耶?

我们应该感谢陈先生这一番苦功夫,作出这种精密的工具来供治史学者之用。我们并且预先欢迎他那二十卷《中西回史日历》出世。这种勤苦的工作,不但给杜预、刘羲叟、钱侗、汪曰桢诸人的"长术"研究作一个总结果,并且可以给世界治史学的人作一种极有用的工具。

顾颉刚先生的《古史辨》第一册,北京景山东街朴社出版,平装本价一元八角,精装本二元四角。

这是中国史学界的一部革命的书,又是一部讨论史学方法的书。此书可以解放人的思想,可以指示做学问的途径,可以提倡那"深彻猛烈的真实"的精神。治历史的人,想整理国故的人,想真实地做学问的人,都应读这部有趣味的书。

这一册的本身分为三编:上编是顾先生与钱玄同先生和我往来讨论的信札;中编是民国十二年《读书杂志》上发表的讨论古史的文字;下编是《读书杂志》停刊以后的论文与通信。三编共有六十四篇长短不齐的文字,长的有几万字的,最短的不满五十个字。

为普通读者的便利计,我劝他们先读下列的几篇:

(1)《自述整理中国历史意见书》(页 34～37);

(2)《与钱玄同先生论古史书》(页 59～66);

(3)《答刘、胡两先生书》(页 96～102);

(4)《研究国学应该首先知道的事》(页 102～105);

(5)《古史讨论的读后感》(页 189～198)。

读了这几篇,可以得着这书的根本出发点和根本方法,然后从容去看全书的其他部分,便更觉得有趣味,更容易了解了。

但无论是谁,都不可不读顾先生的《自序》。这篇六万多字的《自序》,是作者的自传,是中国文学史上从来不曾有的自传。他在这篇自传篇里,很坦白地叙述他个人的身世,遭际的困难,师友的影响,兴趣的变迁,思想的演进,工作的计划。我的朋友 Hummel[赫梅尔]先生读了这篇《自序》,写信给作者,说此篇应该译为英文,因为这虽是一个人三十年中的历史,却又是中国近三十年中思潮变迁的最好的记载。我很赞同这个意思。顾先生少年时曾入社会党;进北大预科时曾做[了]几年的"戏迷";曾做古文家的信徒,又变为今文家;他因为精神上的不安宁,想求一个根本的解决,所以进了哲学系;在哲学系里毕业之后,才逐渐地回到史学的路上去。他是一个真正好学的人,读书"像瞎猫拖死鸡"一样,所以三十年国内的学术思想的变迁都一一地在他身上留下了深刻的印痕。他又是一个"性情太喜欢完备"的人,凡事都要"打碎乌盆问到底",所以他无论做什么事都不肯浅尝,不肯苟且,所以他的"兴之所之"都能有高深的成绩。他的搜集吴歌,研究孟姜女,讨论古史,都表现他的性情的这两方面:一方面是虚心好学;一方面是刻意求精。

承顾先生的好意,把我的一封四十八个字的短信作为他的

《古史辨》的第一篇。我这四十八个字居然能引出这三十万字的一部大书,居然把顾先生逼上了古史的终身事业的大路上去,这是我当日梦想不到的事。然而这样"一本万利"的收获,也只有顾先生这样勤苦的农夫做得到。当民国九年十一月我请他点读《古今伪书考》的时候,我不过因为他的经济困难,想他可以借此得点钱。他答应我"至慢也不过二十天"。(页6)但他不肯因为经济上的困难而做一点点苟且潦草的事。他一定要"想对于他征引的书,都去注明卷帙、版本;对于他征引的人都去注明生卒、地域"(页14)。因为这个原故,他天天和宋、元、明三代的"辨伪"学者相接触,于是我们有《辨伪丛刊》的计划。先是辨"伪书",后转到辨"伪事"。颉刚从此走上了辨"伪史"的路。

到民国十年一月,我们才得读崔述的《考信录》。我们那时便决定,颉刚的"伪史考"即可继《考信录》而起(页22)。崔述推翻了"传记",回到几部他认为可信的"经"。我们决定连"经"都应该"考而后信"。在这一方面,我们得着钱玄同先生的助力最大。

到十年的六月,颉刚早已超过《辨伪丛刊》的计划了。他自己想做三种书:

(1)伪史源;

(2)伪史例;

(3)伪史对鞫。(看页36)

这三种之中,他的"伪史源"的见解于他这五年的史学研究有最大的影响。他说:

> 所谓"源"者,其始不过一人倡之,……不幸十人和之,辗转应用,不知其所自始,甚至愈放愈胖,说来更像,遂至信为真史。现在要考那一个人是第一个说的,那许多人是学舌的,看他渐渐

的递变之迹。

这是这部《古史辨》的基本方法。他用这个方法，下了两年的苦功，然后发表他的"层累地造成的中国古史"[见解]。

"层累地造成的中国古史"有三个涵义：

(1)可以说明为什么时代愈后，传说的古史期愈长。

(2)可以说明为什么时代愈后，传说中的中心人物愈放愈大。

(3)我们在这上，即使不能知道某一件事的真确的状况，至少可以知道那件事在传说中最早的状况。

他应用这个方法，得着一些结论：

(1)春秋以前的人对于古代还没有悠久的推测。

(2)后来方才有一个禹。禹先是一个神，逐渐变为人王。

(3)更后来，才有尧、舜。

(4)尧、舜的翁婿关系，舜、禹的君臣关系，都是更后来才造成的。

(5)从战国到西汉，尧、舜之前又添上了许多古帝王。先添一个黄帝，又添一个神农，又添一个庖牺，……一直添到盘古！

这些结论，在我们看来，都是很可以成立的。但几千年传统的思想的权威却使一班保守的学者出来反对。南京出来一位刘掞藜先生；连我的家乡，万山之中的乡村，也出来一位胡堇人先生。这些人的驳诘却使颉刚格外勤慎地去寻求新证据来坚固他的壁垒。结果便是此书中编的讨论与下编的一部分。

这些讨论至今未完。但我们可以说，颉刚的"层累地造成的中国古史"一个中心学说已替中国史学界开了一个新纪元了。中国的古史是逐渐地、层累地、堆砌起来的，"譬如积薪，后来居上"——这是决无可讳的事实。崔述在十八世纪的晚年，用了"考而后信"的一把大斧头,一劈就削去了几百万年的上古史。(他的《补上古考信录》是很可佩服的)但崔述还留下了不少的古帝王;凡是"经"里有名的,他都不敢推翻。颉刚现在拿了一把更大的斧头,胆子更大了,一劈直劈到禹,把禹以前的古帝王(连尧带舜)都送上封神台上去!连禹和后稷都不免发生问题了。故在中国古史学上,崔述是第一次革命,顾颉刚是第二次革命,这是不须辩护的事实。

颉刚近年正在继续做辨证古史的工作,他已有近百万言的稿本了。他的《古史辨》第二册已约略编成,第三册以下也有了底子。他将来在史学界的贡献是不可限量的。他自己说:

> 我在辨证伪古史上,有很清楚的自觉心,有极坚强的自信力,我的眼前有许多可走的道路,我的心中常悬着许多待解[决]的问题;我深信这一方面如能容我发展,我自能餍人之心而不但胜人之口。(《自序》,页66)

他的结论也许不能完全没有错误;他举的例也许有错的。(例如他说"社祀起于西周",这句话的错误,他自己在《自序》里已更正了。又如他[在]《自序》页七十一,说"阎罗"与尼罗的声音相合;这是大错的。阎罗本为阎摩罗,梵文为 Yama—raja;raja 为王,言是 yama 天之王。此为印度古《吠陀》时代的一个天神,本在极乐天上,后来逐渐演变,从慈祥变为惨酷,从最高天掉到地狱里。这与埃及的尼罗河绝无关系。)但他的基本方法是不能推翻的。他的做学问的基本精神是永远不能埋没的。他在本书的首页引罗丹(Rodin)的话道:

要深彻猛烈的真实。你自己想得到的话,永远不要踌躇着不说,即使你觉得违抗了世人公认的思想的时候。起初别人也许不能了解你,但是你的孤寂决不会长久。你的同志不久就会前来找你,因为一个人的真理就是大家的真理。

读颉刚这部书的[人],不可不领会这种"深彻猛烈的真实"的精神。

陈衡哲女士的《西洋史》下册,商务印书馆出版,价一元一角。

近年以来,研究中国史的学者颇有逐渐[走]上了科学方法的路的趋势;但研究西洋史的学者中,却没有什么贡献。这大概是因为中国学者觉得这条路上不容易有什么创作的机会,所以不能感觉多大的兴趣,所以不曾有多么重要的作品。

依我看来,其实不然。研究西洋史正可以训练我们的治史方法,正可以增加我们治东洋史的见识。著述西洋史,初看来似乎不见得有创作的贡献,其实大可以有充分创作的机会。

史学有两方面:一方面是科学的,重在史料的搜集与整理;一方面是艺术的,重在史实的叙述与解释。我们治西洋史,在科学的方面也许不容易有什么重大的贡献。但我们以东方人的眼光来治西洋史,脱离了西洋史家不自觉的成见,减少了宗教上与思想上的传统观念的权威,在叙述与解释的方面我们正多驰骋的余地。试看今日最通行的西洋通史只是用西洋人眼光给西洋人做的通史;宗教史只是基督教某派的信徒做的西洋宗教史;哲学史只是某一学派的哲学家做的西洋哲学史。我们若能秉着公心,重新演述西洋的史实,这里面的创作的机会正多呢!

陈衡哲女士的《西洋史》是一部带有创作的野心的著作。在史料的方面，她不能不倚赖西洋史的供给。但在叙述与解释的方面，她确然做了一番精心结构的功夫。这部书可以说是中国治西[洋]史的学者给中国读者精心著述的第一部西洋史。在这一方面说，此书也是一部开山的作品。

可惜我匆匆出门，不曾带得此书的上册。单就下册说，陈女士把六百年的近世史并作十个大题目；每一题目，她都能注重史实的前因后果，使读者在纷繁的事实里面忘不了一个大运动或大趋势的线索。有时候她自己还造作许多图表，帮助文字的叙述。

在这十章之中，有几章格外见精彩。"宗教革命"的两章，"法国革命"的一章，要算全书中最有精彩的。陈女士本是喜欢文艺的，所以她作历史叙述的文字也很有文学的意味。叙述夹议论的文字，在白话文里还不多见。陈女士在这一方面的努力很可以给我们开一个新方向。我们试举第三章的两段作个例：

> 总而言之，亘中古之世，宗教不啻是欧洲人生的唯一元素。他如天罗地网一样，任你高飞深蹈，出生入死，终休想逃出他的范围来。但这个张网特权，也自有他的代价。教会的所以能获到如此大权，实是由于中古初年时，他能保护人民，维持秩序，和继续燃烧那将息未息的一星古文化。换句话说，教会的大权，乃是他们的功绩换来的；但此时他却忘了他的责任，但知暖衣美食，去享他的快乐幸福。这已在无形中取消了他那张网的权利了。而适在这个时候，从前因蛮族入寇而消灭的几个权府，却又重兴起来，向教皇索取那久假不归的种种权势。于是新兴的列国国君，便向他要回法庭独立权，要回敕封主教权，要回国家在教会产业上的收税权；人民也举[起]手来，向他要回思想自由权、读书自由权、判断善恶的自由权、生的权和死的权；一般困苦

的农民,更是额皮流血的叩求教会,去减少他们的担负。可怜那个气焰熏天、不可一世的教会,此时竟是四面受敌了。

但这又何足奇呢?教会的实力,本只是一个基督教义。他如小小的一颗明珠,本来是应该让他自由发光的。可恨此时他已是不但重锦袭裹,被他的收藏家埋藏起来,并且那个收藏家又是匣外加匣,造巨屋、筑围城的去把他看守着,致使一般人士不见明珠的光华,但见一个围城重重、厚壁坚墙的巨堡;堡外看见的是守卒卫兵的横行肆虐。所以宗教革命的意义,不啻便是这个拆城毁壁的事业。国王欲取回本来属于他们的城砖、屋瓦,人民要挥走那般如狼如虎的守卒,信徒又要看一看那光华久藏的明珠。于是一声高呼,群众立集,虽各怀各的目的,但他们的摩拳擦掌,却是一致的。他们的共同目的,乃是在拆毁这个巨堡。因此之故,宗教革命的范围便如是其广大,位置便如是其重要,影响便如是其深远了。(页88~89)

这样综合的、有断制的叙述,可以见作者的见解与天才。历史要这样做,方才有趣味,方才有精彩。西洋史要这样做,方才不算是仅仅抄书,方才可以在记叙与判断的方面自己有所贡献。

叙述西洋近世史,最容易挑动民族的感情。陈女士是倾向国际主义与世界和平的人,所以她能充分赏识国家主义的贡献,同时又能平心静气地指出国际和平是人类自救的唯一道路。

用十万字记叙六百年的西洋近世史,本是不容易的事。陈女士的书自然不能完全避免些些的错误。例如第一章第四节中,前面(页36)已说加立里(Galileo)发明了望远镜,于是哥白尼(Copernicus)的学说"乃得靠了科学的方法而益证实";下文(页37)却又说"科学方法却仍不曾改良;他们所用的仍是亚里斯多德的演绎方法,……直到勿兰息斯·培根(Ferancis Bacon)时,科学方法才得到了一个大革命。这是错的。科学方法的改善是科学家逐渐做到的,与培根无关;没有一个科学家是跟培根学方法的。页二九一说哈阜(Harvey)发明血液循环之理在十八世纪,也是错的。可惜我行箧中没有参考书,不能细细为此书校勘了。

此书是一部很用气力的著述。他的长处在于用公平的眼光,用自己的语言,重新叙述西洋的史实。作者的努力至少可以使我们知道西洋史的研究里尽可以容我们充分运用历史的想像力与文学的天才来做创作的贡献。

十五,七,廿七,车到 Tiumen[秋明]时脱稿

《欧战全史》序*

协约国最后战胜的时候,我们中国人也跟着在中国的协约国国民,兴高采烈地庆祝这一次人类史上的空前大纪念。那天我在天安门外的高台上望着那几万的北京学生的游[行]大队,心里实在惭愧。我自己问道:"这几万学生里面,有几个人能知道他们今天庆祝的大事,究竟怎么一回事吗?"我想到这里,心里觉得这种懵懂的庆祝,实在是可怜可笑。我又转一念,又问自己道:"假使这几万学生里面,有一两个人,受了今天的大刺激,不愿意这样糊糊涂涂的庆祝人家的战胜,很想今天回学堂去研究研究这一次大战争的历史,——假使有这样的一两个学生,他们又到了那里去寻研究的材料呢?有什么书可读?有什么杂志可参考呢?"我自己又回答道:"没有"。

这是我们中国一件最可耻的事,我们究竟应该怪谁呢?

我们应该怪我们自己。我们挂起"学者"的招牌,有直接研究外国书报的工具,有翻译书报的能力,但是对于这样空前的世界大战争,我们竟不曾做出一部《欧战史》,竟不曾译出一点关于欧

---

* 本文收入1921年8月上海商务印书馆出版的《白话文范》第二册;又收入台北文星书店出版的《胡适选集》序言分册;又收入岳麓书社出版的《胡适书评序跋集》。——编者

战的参考材料！自从欧战开始以来，除了梁任公的一本小册子之外，竟寻不出一部关于欧战史料的汉文书！（黄英伯、叶叔衡的两种小册子，那时还不曾出来。）这不是我们这班人的大罪过吗？我又想到欧美各国这四、五年来出版的欧战书报那样多，记载得那样详细，材料收集得那样完备；那一方面的情形没有专书？那一方面的意见没有代表的言论？我想到这里，回想国内欧战史料枯窘到如此地步，心里实在惭愧。

这是我去年冬天在天安门外的感想。我那时恨不能即时邀集一班朋友，日夜赶成许多欧战史料的书籍，可惜天安门庆祝之后，我不久就奔丧回南，从此以来，我竟不曾有著书译书的工夫。朋友之中，有几个注意这项事业的，又都因为太忙了，不能分时间来做书做报。至于那班没有事做的顾问老爷们和各部的编译先生们，又觉得"无事"果然可贵，更不肯于无事之中寻出事来做了。

现在梁和钧、林奏三两位先生做了这部《欧战全史》出来，我看见了非常高兴。这部书还不曾出全，我不敢乱下批评。但是这部书有三种很大的用处，是我们现在可断言的。

第一，这部书可补中国今日欧战参考材料的缺乏。这部书把这一次大战的各方面——西欧、东欧、南欧、殖民地、陆战、海战——都记得很明白，可以使人知道这次大战的实在情形。从此以后，国内不通外国文字的人，就可以从这书里得[到]许多参考研究材料。这一层的需要，我在前面已说过，不消重说了。

第二，这部书可以增进中国人的世界知识和世界眼光。这一次大战，实在不是一场"欧战"，乃是一场空前的"世界大战"，但是在汉文里，"世界大战"四个字（Theworldwar）还不成名词，我们中国人的心里仍旧觉得这是一次"欧战"。这很可证明多数中国人没有世界知识，没有世界眼光。但是平心而论，这也怪不得他们。

他们没有书报可以参考，没有材料可以研究——报纸上记的大都是鱼行狗洞的小新闻，书店里出版的大都是淌白拆白一类的小书——教他们何处得知一种世界的眼光见识呢？梁、林两位的书，对于此次大战的远因近因，以及战线所及的各方面，参战各国的政治、外交、军事，都能有系统的记载，使读这书的人自然会了解一百年来的世界大事，自然会懂得现代世界各国之间的相互关系，自然会明白这一次大战争确然不是局部的私斗，乃是世界文明生死存亡的公斗；确然不是为了塞尔维亚一个小地方暗杀了一个老皇太子的报仇之战，乃是上承一百年世界政局的总毒［绪？］，下开千百年世界政局的新纪元的一场大事。

第三，这部书出在大战结局十个月之后，虽然很迟了，但是它有迟出的大好处。当战争正烈的时候，人心各有所蔽，事实的真相不容易观察，是非的真相更不容易了解。现在战事已完了，意气稍稍平静了，从前用来号召的好听名词和用来谩骂的丑恶名词都不大听见了，各国的真面目都露出来了，纸老虎都戳穿了，在这个时候著一部大战全史，事实的收集自然很容易，是非的评判也比十个月前更可靠。所以我说梁、林两君的书在这时候出来，不但不是明日的"黄花"，简直是应时的要品。我很希望梁、林两君做这书的下卷时，能利用晚出的机会，把俄国的大革命，德、奥的大革命，美国政策的变迁，交战各国战时内部的组织，以及最后战争终了的真原因，都能一一的根据最新的材料，根据最近最公的评判，作成一部最新、最完备、最平允的大战全史。若能做到这个地位，这部书便可替中国一洗五年没有欧战史料书籍的大耻了。

《崔东壁遗书》序[*]

顾颉刚先生开始标点《崔东壁遗书》是在民国十年,到现在民国二十五年,快满十五年了。这部大书出版期所以延搁到今日,顾先生自己在《序》文里曾有详细的说明。最重要的原因当然是顾先生不肯苟且的治学精神。他要搜罗得最完备,不料材料越搜越多,十几年的耽搁竟使这部书的内容比任何《东壁遗书》加添了四分之一。在这些新发现的材料之中,最重要的是嘉庆本的《东壁书钞》,东壁先生的诗稿和《莳田剩笔》,他的兄弟崔迈的《遗集》四种七卷。嘉庆本《书钞》使我们可以看[出]东壁先生屡次改订他的著作的不苟精神,借此也可以推见他的见解演变的痕迹。他自己的诗稿和他兄弟的诗文稿给我们增添了不少的传记材料。崔迈的遗著里很有一些有见解的文字;他研究《尚书》,议论古史,讨论文学,都有点不随流俗的创见。这些遗著的发现使我们格外明了崔述不但受了他父亲的大影响,并且得了这一个天才很高的弟弟不少帮助。《莳田剩笔》虽是残稿,但其中保存的东壁遗札二十

---

[*] 崔东壁(1740～1816),本名崔述,字武承,号东壁,清乾隆年间举人。其著作有30余种,顾颉刚将其汇辑成《崔东壁遗书》并加以标点。胡适的这篇《序》写成于1936年1月27日,除收入顾颉刚编订的《崔东壁遗书》外,载1936年4月30日天津《大公报·图书》副刊第128期,收入台北文星书店出版的《胡适选集》序言分册。——编者

一封,[有]很多重要的传记材料。其《与陈介存》第一札中有云:

> 虽素好考核,然常不敢自信。今岁所为,明岁辄复窜易。《补上古》及《洙泗》两考信录近已多所更定。乃吾介存竟以旧本付梓,令人骇绝!是彰吾过于天下耳,岂爱我乎!朱子将易箦时,犹改"诚意"章注,何况吾辈庸人?王右军一点一画失所,辄若眇目折肱。愚亦同有此癖。介存何不相谅也!

这是何等可敬可爱的治学精神!这样一位"好求完备"的学者的遗著,在一百多年后居然得着一位同样"好求完备"的学者顾颉刚先生费了十多年的精力来搜求整理,这真是近世学术史上最可喜的一段佳话!

崔述生于乾隆五年(1740)。四年后(民国二十九年,1940),就是他的二百年纪念了。他的著作,因为站在时代的前面,所以在这一百多年中,只受了极少数人的欣赏,而不曾得着多数学人的承认。现在我们可以捧出这一部收罗最完备、校点最精细的"崔学全书"来准备做他二百年祭坛上的供品了。我们对于顾颉刚先生和他的同志洪业先生、赵贞信先生等等,都应该表示最大的感谢,并且庆祝他们的成功。

我在十四年前,曾说:

> 我深信中国新史学应该从崔述做起,用他的《考信录》做我们的出发点,然后逐渐谋更向上的进步。……我们读他的书,自然能渐渐相信他所疑的都是该疑,他认为伪书的都是不可深信的史料:这是中国新史学的最低限度的出发点。从这里进一步,我们就可问:他所信的是否可信?他扫空了一切传记谶纬之书,只留下了几部"经"。但他所信的这几部"经",就完全无可疑了

吗？万一我们研究的结果竟把他保留下的几部"经"也全推翻了，或部分的推翻了，那么，我们新史学的古史料又应该从哪里去寻？等到这两个问题有了科学的解答，那才是中国新史学成立的日子到了。简单说来，新史学的成立须在超过崔述以后；然而我们要想超过崔述，先须要跟上崔述。(《科学的古史家崔述》，页5~6)

这一段十四年前的预言，在今日看来，有中有不中，有验有不验。在古史研究的某些个方面，中国的新史学确然是已超过崔述了。崔述的材料只是几部"经"之中他认为可信的部分。近十几年的新古史学居然能够充分运用发掘出来的甲骨文字、金文，和其他古器物了。试用崔述的《商考信录》来比较最近十年中出版的关于殷商史料的著作，我们就可以知道，古史料的来源不限于那几部"经"，"经"之外还有地下保藏着的许多古器物，其年代往往比"经"更古，其可靠性往往比"经"更高；他们不但是不曾经过汉以后的学者的改窜误解，并且是不曾经过先秦文士的洗刷点染。这样扩大的材料范围，是《考信录》的作者当日不曾梦见的。所以在这些方面，我们可以说今日的古史学是超过崔述的了。

我那一段预言里曾说："他所疑的都是该疑；他所信的是否都可信？"但依这十几年的古史学看来，崔述所信的，未必无可疑的部分；他所疑的，也未必"都是该疑"。例如他作《洙泗考信录》，不信纬书，不信《家语》，不信《孔丛子》，不信《史记》的《孔子世家》，这都是大致不错的。但他不信《檀弓》，终不能使我们心服。《檀弓》一篇的语言完全是和《论语》同属于鲁国语的系统，决非"后儒"所能捏造。崔述不信"孔子少孤，不知其墓"，又不信孔子一家有再世出妻的事，就以为"《檀弓》之文本不足信"。这都是因为崔述处处用后世儒生理想中的"圣人"作标准，凡不合这种标准的，都不足凭信。——这样的考证是不足服人之心的。

又如崔述最尊信《论语》，但他因为《论语》有"公山弗扰"和"佛肸"两章，都不合他理想中的"圣人"标准，所以他疑心《论语》"非孔门《论语》之原本，亦非汉初《论语》之旧本"。"乃张禹所更定"。我们当然不否认《论语》有被后人添改的可能，但我们也不能承认崔述的论证是充分的。最可注意的是崔述要证明佛肸不曾"召"孔子，于是引《韩诗外传》、《新序》、《列女传》三书作证，证明"佛肸之畔乃赵襄子时事，……襄子立于鲁哀公之二十年，孔子卒已五年，佛肸安得有召孔子事乎？"（《洙泗考信录》二，页37）崔述最不信汉人记古事的传记，然而他在这里引证的三部书都是汉人的记载，岂不是自坏其例吗？何况《左传》哀公五年（孔子死之前九年）明明有"赵鞅围中牟"的记载呢？

这样，凡不合于理想中的"圣人"标准的，虽然《檀弓》、《论语》所记，都不可信；凡可以助证这个标准的，虽是汉人的《韩诗外传》、《新序》，也不妨引证。这岂不是很危险的去取标准吗？

总而言之，近十几年的古史研究，大体说来，都已超过崔述的时代。一方面，他所疑为"后儒"妄作妄加的材料，至少有一部分（例如《檀弓》）是可以重新被估定，或者竟要被承认作可靠的材料的了。另一方面，古史材料的范围是早已被古器物学者扩大到几部"经"之外去了。其实不但考古学的发掘与考证扩大了古史料的来源；社会学的观点也往往可以化腐朽为神奇，可以使旧日学者不敢信任的记载得着新鲜的意义。例如《檀弓》、《左传》等书，前人所谓"诬"、"妄"的记载，若从社会学的眼光看去，往往都可以有历史材料的价值。即如《檀弓》所记孔子将死时"坐奠于两楹之间"的一个梦，崔述以为"殊与孔子平日之言不类"，然而在我们今日看来，却正是很有趣的史料。

以上所说，只是要说明，今日的新史学确已有超过崔述的趋势,所以有人说"崔述时代已过去了",这也并不是过分的话。

然而我这番话绝不是要指出崔述的古史学在今日已完全没有价值。崔述是一百多年前的史家,他当然要受那个时代的思想学术的限制,他的许多见不到的地方,都是很可以原谅宽恕的。他的永久价值并不在这一些随时有待于后人匡正的枝节问题。崔学的永久价值全在他的"考信"的态度,那是永永不会磨灭的。我在十四年前说的"先须要跟上崔述",也正是要跟上他的"考信"的态度。

"考信"的态度只是要"考而后信"。崔述自己说得最好:

> 大抵文人学士多好议论古人得失,而不考其事之虚实。余独谓虚实明而后得失或可不爽。故今为《考信录》,专以辨其虚实为先务,而论得失者次之。(《提要》上,页34)

虚实即是伪与真。"虚实明而后得失或可不爽"是一切史学的根本方法。"考信"的态度只是要人先考核某项材料的真伪虚实,然后决定应疑应信的态度。崔述著书的本意在此,故全书称为"考信录"。可惜他受传统的儒家思想的影响太大了,有时也不能"先考而后信",有时竟成了"先信而后考"!例如上文说的几个例子,他先信孔子绝不会不知道他的父亲坟墓,决不会出妻,决不会受公山弗扰与佛肸之召,然后去考定《论语》、《檀弓》的真伪,——这就不是"考信"的真义了,这成了先论其"得失"而后考其虚实真伪了。他自己也曾警告我们:

> 人之情好以己度人,以今度古,以不肖度圣贤。往往迳庭悬隔,而其人终不自知也。……以己度人,虽耳目之前而必失之。况欲以度古人,更欲以度古之圣贤,岂有当乎?……故《考信录》

> 但取信于经,而不敢以战国、魏、晋以来度圣人者,遂据之为实也。(《提要》上,页 6~8)

崔述自己不知道他自己也往往用宋、明以来"度圣人者"来做量度圣人的标准,先定了得失的标准,然后考其虚实,所以"迳庭悬隔,而不自知也"。

这都是时代风气的限制,不足为崔述的罪状。他这一部大书之中,大体都是能遵守他的基本方法,先定材料的虚实,而后论其得失。他很大胆的定下一条辨别史料虚实的标准:"凡其说出于战国以后者,必详为考其所本(考其所本即是寻出他的娘家),而不敢以见于汉人之书者遂真以为三代之事也。"这样一笔扫空了一切晚出的材料,就把古史建立在寥寥几部他认为最可信的史料之上。在那些他认为可信的材料之中,他又分出几种等级来,第一等为"经"的可信部分,第二等为"补"(源出于经,而今仅见于传记),第三等为"备览",第四等为"存疑"。这都是辨其虚实真伪的态度,最可以作史家的模范。他的细目或有得失可以指摘,这种精神与方法是无可訾议的。

我们必须明白,崔述生于二百年前,不但时代的限制不易逃避,当时所有的古史材料实在是贫乏得可怜。我们现在读他的古史诸录,总不免觉得,古史经过他的大刀阔斧的删削之后,仅仅剩下几十条最枯燥的经文了!我们不要忘了他自己劝慰我们的话:

> 昔人有言曰:"买菜乎?求益乎?"言固贵精不贵多也。……吾辈生古人之后,但因古人之旧,无负于古人可矣,不必求胜于古人也。(《提要》上,页 27)

他在那个时代,无法"求胜于古人",只能做一番删除虚妄的消极工作。但我们深信,"考信"的精神必不会否认后来科学的史家用精密的方法搜寻出来的新材料。例如《商考信录》,固然只是薄薄的两卷枯燥材料。但今日学者实地发掘出来的甲骨、石刻、铜器、遗物等,其真实既已"考"定,当然是可"信"的。故"不必求胜于古人"只是崔述警告我们莫要滥收假古董来冒称真史料,而不是关闭了扩大古史料之门。王国维、罗振玉、李济、董作宾、梁思永诸先生寻出新史料来"求胜于古人",正是崔述当日所求之不得的,正是他最欢迎的。

最后,我要指出,崔述的"考信"态度是地道的科学精神,也正是地道的科学方法。他最痛恨"含糊轻信而不深问"的恶习惯。他一生做学问、做人、做官、听讼,都只是用一种精神,一种方法,——就是"细为推求",——就是"打破沙锅问到底"。他要我们凡事"问到底"(《提要》下,页19);他要我们"争",要我们"讼",要我们遇事"论其屈直"(《无闻集》二,页15~21);他要我们"观理欲其无成见"(《考信附录》页34),遇事"细为推求","历历推求其是非真伪"(《提要》下,页21)。这都是科学家求真理的态度。这个一贯的态度是崔述留给我们的最大的遗训。

二十五,一,二十七晨六时。在上海沧州饭店

附记 我本想写一篇较详细的介绍,现在只能拿这篇短序来塞责,这是我很抱歉的。我盼望全书出版后我能利用新出现的传记材料,继续写成我的《崔述年谱》,完成我十四年前介绍崔述的志愿。

胡 适

《克难苦学记》序*

沈宗瀚先生的《克难苦学记》是近二十年来出版的许多自传之中最有趣味、最能说老实话、最可以鼓励青年人立志向上的一本《自传》。我在海外收到他寄赠的一册,当日下午我一口气读完了,就写信去恭贺他这本《自传》的成功。果然这书的第一版很快的卖完了,现在就要修改再版,沈先生要我写一篇短序,我当然不敢推辞。

这本《自传》的最大长处,是肯说老实话。说老实话是不容易的事,叙述自己的家庭、父母、兄弟、亲戚,说老实话是更不容易的事。

一千八百多年前,大思想家王充(他是汉朝会稽郡上虞县人,是沈先生的同乡)在他的《自纪篇》里,曾这样的叙述他的祖父与父亲的两代:

> 祖父汎,举家担载,就安会稽,留钱唐县,以贾贩为业。生子二人,长曰蒙,少曰诵,诵即充父。祖世任气,至蒙、诵滋甚。故

---

* 本文所序的是农学专家沈宗瀚的一部《自传》,该书由台北正中书局出版。胡适的这篇序作于1954年12月13日。录自1963年12月台北《传记文学》第三卷第6期。——编者

蒙、诵在钱唐，勇势凌人，未几复与豪家丁伯等结怨，举家徙处上虞。

　　这是说老实话。当时人已嘲笑他"宗祖无淑懿之基，……无所禀阶，终不为高"。六百年后，刘知几在《史通》的《序传篇》里，更责怪他不应该"述其父、祖不肖，为州闾所鄙"，"盛矜于己，而厚辱其先"。一千六百年后，惠栋、钱大昕、王鸣盛诸公，也都为了这一段话大责备王充。王充的话，在现在看来，并没有"厚辱其先"，不过[是]老老实实的说他的祖父、伯父、父亲都有点豪侠的气性，所以结怨于钱唐的"豪家"。然而这几句老实话就使王充挨了一千八百年的骂！

　　沈先生写他的家庭是一个农村绅士的大家庭。他的村子是一个聚族而居的沈湾村，全村二百户，七百人，都是沈族。村人贫富颇平均，最富的人家也不过有田二百多亩，最贫的也有七八亩。农家每日三餐饭，全村没有乞丐，百年来没有人打官司。这是一个典型的江南农村社会。沈先生自己的家庭就是这个农村社会里一个中上人家。他的祖父水香先生，伯父少香先生，父亲涤初先生，都是读书人，都是秀才，又都能替人家排难解纷，所以他家是一个乡村绅士人家。

　　沈先生的祖父生有四男四女，他的伯父有五男二女，他的父亲有六个儿子。沈先生刚两岁（1896）时，这个大家庭已有二十多口人了。于是有第一次的"分家"。分家之后，"祖田除抵偿公家债款之外，尚留田十三亩，立为祖父祭产"。涤初先生自己出门到人家去教书，每年束修只有制钱四十千文。家中有祖田十二亩，雇一个长工及牧童耕种，每隔一年可以收祖宗祭田约二十亩的租钱。每年的收入共计不过一百五十银元。不久，这个小家庭已有四个男孩子了。长工是要吃饭的。这就是七口之家了。沈先生的母亲一个人要料理家务,要应付七口的饭食,要管办父子五人的衣服鞋袜。所以他家每日三餐之中要搭一餐泡饭,晚上点菜油灯,只用一根灯芯,并用打火石取火。

这是这个家庭的经济状态。

沈先生十五岁时(1908),他考进余姚县第四门镇私立诚意高等小学堂,因为家贫,取得"寒额"的待遇,可免学、宿、膳费。他在这学堂住了四年,民国元年(1912)冬季毕业。这四年之中,他父亲供给了他七十二元的学校费用(包括书籍、杂费)。他说:"此为吾父给我一生之全部求学费用也。"

他十八岁才毕业[于]高等小学。那时候,他家中的经济状况更困难了,他父亲不但无力供给他升学,并且还逼迫他毕业后就去做小学教员,要他分担养家的责任。这个"继续求学"与"就业养家"的冲突问题,是沈先生青年时代的最大困难,也是他的《克难苦学记》的中心问题。他父亲说的最明白:

> 如吾有田,可卖田为汝升学。如吾未负债足以自给,吾亦可借债送汝上学。乃今债务未了,利息加重,必须每年付清利息。如无汝之收入,吾明年利息亦不能支给,奈何? (24页)

但他老人家究竟是爱儿子的明白人,他后来想明白了,不但不反对儿子借钱升学,还买了一只黄皮箱送给他!于是他筹借了四十多块银元,到杭州笕桥甲种农业学校去开始[受]他的农学教育了。

沈先生在这《自传》里写他父亲涤初先生屡次反对他升学,屡次逼他分担家用,屡次很严厉的责怪他,到头来还是很仁慈的谅解他、宽恕他。最尖锐的一次冲突,是民国三年他老人家坚决的不许他儿子抛弃笕桥甲种农校而北去进北京农业专门学校。老人家掉下眼泪来,对儿子说:

　　……我将为经济逼死。你既能毕业北京农业专门,你心安乎?

这一次他老人家很生气,逼着儿子写悔过书给笕桥陈校长,逼着他回笕桥去。儿子没有法子,只能用骗计离开父亲,先去寻着他那在余姚钱庄做事的二哥,求他借四十银元做北行的旅费,又向他转借得一件皮袍,就跟他的同学偷跑到上海,搭轮船北去了。

　　他进了北京农业专门学校做预科旁听生。过了半个月,父亲回信来了,虽然说母亲痛哭,吃不下饭,但最后还答应将来"成全"儿子求学的志愿。又过了一个月,父亲听说借皮袍的人要讨还皮袍了,他老人家赶紧汇了四十银元来,叫儿子另买皮袍过冬。

　　经济很困难的四整年,作者在北京农业专门[学校]毕业了。那是民国七年六月,他二十四岁,已结婚三年了,他不能不寻个职业,好分担那个大家庭的经济负担了。经过了几个月的奔走,他得了一个家庭教师的工作,每月可得四十银元,由学生家供给膳宿。

　　父亲要他每月自用十元,寄三十元供给家用并五弟的学费。他在北京做家庭教师的两年,是他一生最痛苦的时期(民国七年秋天到九年春)。他那时已受洗礼,成为一个很虔诚的基督徒了。但他有时候也忍不住要在日记里诉说他的痛苦。《自传》(65页)有这一段最老实也最感动人的记载:

父常来谕责难。民八(1919)阴历年关,父病,指责更严厉,余极痛苦。(九年)一月二十日记云:"夜间写父禀,多自哀哀彼之语。书至十一点钟,苦恼甚,跪祷良久,续禀。……我节衣缩食,辛苦万状,他还说我欠节省。我不请客,不借钱,朋友都说我吝啬,他还说我应酬太多。我月薪四十元,东借西挪,以偿宿债,以助五弟,他还要我赡养每月三十元。唉,我的父亲是最爱我的,遇了债主的催逼,就要骂我,就要生病。他今年已六十四岁,从十六岁管家,负债到如今。自朝至暮,勤勤恳恳的教书,节衣缩食,事事俭节,没有一次专为自己买肉吃。我母买肉给他吃,他还要骂她不省钱。我去年暑假回去,他偏自己上城买鱼、肉给我吃。这鱼这肉实在比鱼翅、燕窝好吃万万倍!他骂我欠节省,我有时不服,但看到他自己含辛茹苦,勤奋教书的光景,我就佩服到万分。他爱我,我有时忘了。如今想起来,他到贫病交迫的光景,我为何不救!我囊中只剩几十个铜子,一二个月内须还的债几至百元,五弟又要我速寄十元,我此时尚想不着可借的人。……我实在有负我可爱的父,但我实在无法。求上帝赐福给我的父,祝我谋事快成功,我定要清偿我父的债。……"

我相信,在中国的古今传记文学里,从没有这样老实、亲切、感动人的文字。也从没有人肯这样、敢这样老实的叙述父子的关系、家庭的关系。

这样一个家庭,多年积下来的债务要青年儿孙担负,年老的父母要青年儿子"赡养",儿子没有寻着职业就得定婚、结婚、生儿女了,更小的弟妹也还要刚寻到职业的儿子担负教育费,这样的一个家庭是真可以"逼死英雄汉"的!试读沈先生(55页)民国七年十一月一日的日记:

父谕,命余月寄三十元。惟迄今二月之薪金已告罄,奈何!……苟无基督信仰,余将为钱逼死矣。

沈宗瀚先生的《自传》的最大贡献,就是他肯用最老实的文字描写一个可以"逼死英雄汉"、可以折磨青年人志气的家庭制度,这里的罪过是一个不自觉的制度的罪过,不是人的罪过。沈先生的父母都是好人,都是最爱儿子的父母。不过他们继承了几千年传下来的集体经济的家庭制度,他们毫不觉得这个制度是可以逼死他们最心爱的青年儿子的,他们只觉得儿子长大了应该早早结婚生儿子,应该早早挣钱养家,应该担负上代人积下来的债务,应该从每月薪水四十元之中寄三十元回家;他们只觉得这都是应该的,都是当然的。描写一个最爱儿子的好父亲,在不知不觉之中,几乎造成了叫一个好儿子"为钱逼死"的大悲剧。这是这本《自传》在社会史料同社会学史料上的大贡献,也就是这本《自传》在传记文学上的大成功。

沈先生所谓"克难苦学",他所谓"难",不仅是借钱求学的困难,最大的困难在于他敢于抛弃那人人认为当然的挣钱养家的儿子天职。他在十七岁时(辛亥,1911),已受了梁任公的《新民丛报》的影响,"做新民,爱国家"的志向;又受了曾文正、王阳明的影响,他立志要做一个有用的好人。他说(23页):

余生长农村,自幼帮助家中农事,牧牛、车水、除草、施粪、收获、晒谷、养蚕、养鸡等,颇为熟练,且深悉农民疾苦,遂毅然立志为最大多数辛劬之农民服务。

这样,他决定了他终身求学的大方针:学习农业科学,为中国农民服务。

在他决定的这个求学方向上,那个农村社会同耕读家庭的生活经验就都成了他很重要也很有帮助的背景了。我们知道他父亲有租田十二亩。后来父亲历年培种兰花,母亲历年养蚕与孵小鸡,节省下的余钱又添置了租田三十二亩。父亲出门教书了,儿子们还没有长大,家中雇一个长工耕种,又雇牧童帮忙。他家兄弟六人,大哥终身教书,二哥在本县钱庄做事,三哥自幼在家耕种。《自传》(29页)说:

> 三哥自幼由吾父之命,曾在村中最优秀之二农家工作五年,尽得其经验。父常称彼辈为师傅,三哥为徒弟。五年后,三哥归家种田,对于栽培经验胜于常人。

又说:

> 余肄业农校,每于暑假、寒假回乡时,将一学期所得农业学理与吾父母、大哥、二哥等讨论,有时叔父、从兄等亦加入。余常与三哥下田工作,趣味甚浓。余教三哥蔬菜施肥方法,试以讲义上所述方法在茄地上施肥,先将茄株周围挖小沟一圈,施入人粪尿,然后以土覆粪,谓可以防止氮气之气蒸散。三哥深以为然。
>
> 一日,族兄仁源来问防止蔬菜叶虫方法,余告以施用石油乳剂。然彼施后,因浓度过高,致菜焦枯。
>
> 又一日,叔父咸良来问水稻白穗原因。余即在田中拔白穗之茎,剥[开]茎,出茎内螟虫示之。彼大惊服,遂以稻瘟神作祟之说为迷信。

综计余所告各种方法,实施后有效者果有之,无效者亦不少。且对许多问题尚不能解答。余对彼辈栽水稻、豆、麦等经验甚为佩服。

这种活的经验,在沈先生的农学教育上有无比的价值。因为他有了这种活的农场经验,他才可以评判当时农业学校的教材与方法的适用或不适用,才可以估量每个教员的行不行。他说:

斯时(杭州笕桥)农校教师,除陈师宗一外,多译述日文笔记充教材,不切合实际情况。昆虫学常以日本《千虫图解》充当标本,从未领导学生到野外采集。余偶采虫问之,彼即以之与《千虫图解》对照,加以臆测,亦从未教余等饲虫研究。园艺教员授蔬菜[课],则亦多译日文讲义数册,而未尝实地认识蔬菜,亦不调查栽培、留种等方法。作物教员因在日本留学畜牧,乃译述《牧草》讲义,而于笕桥最有名之药用作物,从未提及。教室与环境完全隔绝。田间实习仅种萝卜、白菜,或作整地、除草、施肥等工作,(余)常觉实习教员之经验远不及三哥也。

故自第二年级起,余对农校功课渐感不满,深恐将来只能纸上空谈,不切实际,于国何用?(29至30页)

不但中等农校不能满足这种来自田间的好学生的期望,当时的北京农业专门学校也逃不了他的冷眼批评。他说(38页):

北农预科之英文、理化、博物等课,较笕农为深,唯博物一科仍用书本及日本标本为教材,不免失望。

又说(41页):

> 国立北京农业专门学校农业本科一年级……功课为无机化学、植物、地质、土壤、作物、昆虫、农场实习、英文、数学等。除英文、数学外,概用中文讲义,教员多以讲义及日本标本敷衍了事。殊感失望。

这个有农田经验的好学生到了农业本科三年级,才有力量从消极的失望作积极的改革活动,才提议改换三、四个不良的教员,如英文、园艺、农场实习等课的教授。那时候,金仲藩(邦正)来做校长,添聘了邹树文、王德章等来教授农学;设朝会,金校长亲自主持,训勉为人道德;校长与诸师同来饭厅,与学生同桌共餐,"全校精神为之一振"。

但这个开始改良的农专,不久就起了风潮,金校长辞职,他请来的一班好教员也走了。半月之后,校长虽然回来收拾风潮,但那些教员"从此辞职不复返矣"。(46~48页)

沈先生在国内学农科,到北农本科毕业为止,前后不过五年多(民国二年一月到七年六月)。他的记载,因为都是老实话,很可以作教育史料。他的评判并不偏向留美学农的教员,也并不限于消极的批评。例如他说(46页):

> 余在北农所得教益最多者,为许师叔玑(留日)之农政学、农业经济学、畜产及肥料;吴师季卿(留日)之无机、有机及分析化学;章师子山(留美)之植物病理学;汪师德章(留美)之遗传学;及金校长仲藩之朝会训话。……
>
> 汪师教遗传学极为清晰,余对"曼德尔遗传定例"自此明

了。……

这也是教育史料。

　　沈先生学农有大成就,他的最大本钱并不是他东借西挪的学费,乃是他幼年在农田里动手动脚下田施肥的活经验与好习惯。所以他在笕桥农校的第一年,

> 二月间即实习制造堆肥,先集牛粪及稻草,层垒堆上,然后用水及粪尿润湿之,以脚践踏,人以为苦,余独轻易完工。师生颇惊奇之。(28页)

所以他后来在常德种棉场服务,他就

> 决定日间与农友下田同工,并调查农事,一以监工,一以学习农民植棉方法,知其优劣。早夜读棉业及其他农学书籍,期以学理与实用贯通,手脑并用。
> 故早饭后即赤脚、戴笠、荷锄与农夫同去工作。(69页)

所以他后来在南京第一农校教昆虫学

> 遂一方先自采集附近昆虫,参照日本《千虫图解》以定其科属,……一方解剖主要昆虫,以认识其口、器、头、胸、腹诸部,然后随教随以实物相示。(73页)

所以民国十四年他在康奈尔大学跟几位名教授研究遗传育种的时期,他自己记载:

>……余在田间工作,除论文材料外,随助教做小麦、蔬菜、牧草等实地育种工作,并随教授旅行,实地检查改良品种之纯粹,由此得尽窥遗传育种与推广之底蕴。……盖教室与实验室所得,均为遗传原理。非经此实习,不知田间技术之诀窍,则回国后做实地育种工作必感困难。康大教授与助教常谓余曰:"汝能实地苦干,诚与众不同也。"(83页)

这"手脑并用"的实地苦干,是沈先生做学问有大成就的秘诀,是他在金陵大学任教时能造就许多优良的农业人才的秘诀,是他后来担任农业实验所所长时能为国家奠定农业科学化及农业推广制度的秘诀。而这个成功秘诀的来源,就在他"生长农村,自幼帮助家中农事、牧牛、车水、除草、施粪、收获、晒谷、养蚕、养鸡"的活经验与好习惯。

总而言之,这本《自传》的最大贡献在于肯说老实话。平平实实的老实话,写一个人,写一个农村家庭,写一个农村社会,写几个学堂,就都成了社会史料、社会学史料、经济史料、教育史料。

沈先生写他自己的宗教经验,也是很老实的记录,所以很能感动人。他描写一位徐宝谦先生,使我很感觉这个人可敬可爱。这本书里叙述的沈先生自己信仰基督教的经过,因为也是一个老实人的老实话,所以也有宗教史料的价值。

我很郑重的介绍这本《自传》给全国的青年朋友。

民国四十三年十二月十三夜

《詹天佑先生年谱》序*

我读了凌竹铭先生编著的《詹天佑先生年谱》,很佩服他搜集材料的勤谨,也很佩服他记载的细密,评论的正确。

詹天佑先生的老家是安徽徽州府婺源县,他的祖父才迁居广州,但他十一岁考取了留美官费生,十二岁(同治十一年,1872)放洋之前,他父亲为他"具结",还写着"童男詹天佑……徽州府婺源县人"。竹铭说他是詹先生的广州"乡后进",我也可以说是他的徽州同乡后辈。竹铭和我都是崇敬詹先生的人。六年前,——一九五四年七月,——我被邀作"容闳先生在耶路大学毕业百年纪念"的讲演,那时我就注意到詹天佑先生的传记资料,因为容闳先生领带到美国留学的一百二十个幼童之中,詹先生是回国后能有机会充分运用所学的专门学术而建立伟大成绩的唯一的一个人;凡是叙述容闳先生的一生行事的,没有不注意到詹天佑先生的传记资料的。但我在那时候已知道詹先生留下的著作不多,关于他

---

* 本文作于1960年11月19日。载1960年12月1日的台北《作品》第1卷第12期;收入1961年1月台北工程师学会出版的《詹天佑年谱》,又收入1966年6月台北文星书店出版的《胡适选集》序言分册,又收入1987年10月岳麓书社出版的《胡适书评序跋集》。詹天佑,字眷诚,广东南海人,1861年生,1919年去世。曾任京张铁路总工程师、汉粤川铁路督办兼总工程师等职。——编者

的传记资料是很不容易搜集的。

竹铭是铁路工程专家,他又有著作中国铁路史的兴趣,也有传记的兴趣。他的《四年从政回忆》就是一本可以作范本的自传,给现代史学者留下了许多很重要的史料。竹铭编著这本《詹天佑年谱》,在搜集材料上的困难,他在"前言"里已说的很明白了。我们读这本年谱,最感觉兴趣的是叙述京张铁路的艰难伟大的工程。竹铭搜集的资料,从光绪三十年甲辰(1904)詹先生第一次踏勘京张路的报告(42~44页)起,到宣统年己酉(1909)八月十九日举行京张全路通车典礼(62~65页)为止,其中包括詹先生的修筑京张路办法及经费估计(47~50页),以及开工后依据实际困难必须随时修改的工程计划,——在今日大陆"沦陷",史料散失的时候,这样详细的记载使我诚心的佩服作者搜集材料的勤劳,整理材料的仔细而详明。

因为作者是一生留意中国交通史的,因为他有中国铁路史的兴趣,又因为他在历史上是詹先生的铁路建设事业的继承人,所以他最有资格叙述詹先生的功绩,也最有资格论断詹先生的工作。我引《年谱》中最使我感动的一段:

〔光绪三十四年〕四月十七日,居庸关山洞完工。

四月二十三日,夜间十点半钟,八达岭山洞全洞开通。五月初六日,〔詹〕先生将情形申报邮传部,略谓"此洞施工之初,因山形起伏,不能取平,仅就山面挂线测度,而上阻长城,中隔山岭,瞭望难周。屡屡踌躇,方克定线。洞内分段椎凿,又复精细测量,始有把握。迨开通后,测见南北直线及水平高低均幸未差秒黍"。足见当时工作之紧张与精细。……此洞完成后,京张全路通车之关键遂告解决。(页56)

这是一位土木工程师给一位伟大的前辈土木工程师写的传记里的最得意的一段文字。

凌竹铭先生记载京张路通车的盛大典礼之后,有一段总结性的叙述:

> 京张全路自光绪三十一年(1905)九月初四开工,宣统元年(1909)八月十九日行通车礼,先后尚未满四年。工款原预算为银七百二十九万一千八百六十两。实际四年共收到七百二十二万三千九百八十四两。而实际支用至工程初步结束止,为银六百九十三万五千零八十六两,尚余二十八万八千八百九十八两。较之原估算则省三十五万六千七百七十四两(为原预算百分之四点八)。……
>
> 京张铁路建筑工程款,包括机车车辆及行车设备,平均每英里五万六千两,约合每公里银三万五千两(约合银圆四万八千六百元)。(页64~65)

竹铭在《年谱》的"编后"里,有更明白的说明。他说:

> 中国铁路多系借外款兴筑,路权之损失姑不具论,即就路工本身而言,掌理工程之高级人员多属外籍,不但薪给特殊优厚,而且……常须假事权于翻译,不肖之徒遂不免从中作弊,而购料有折扣,包工有陋规,国家损失甚大,铁路之成本亦自然提高。京张铁路……由先生出任艰巨,先生……对于其所任人员,提高其待遇,鼓舞其志气,而尤致意于风气之改造,革除陋习,使国家不致蒙受损失。今试将京张路用款几项数字与同一时期其他各路之用款数字,比较如下:

(甲)全路建筑工款平均每公里约用银圆数：

津浦铁路　　119,000元

京汉铁路　　95,600元

京奉铁路　　94,600元

京张铁路　　48,600元

京张路深入内地，无其他各路交通运输之方便，而工程特别困难。所经南口至康庄一段，开山凿隧，其艰巨为他路所未有。……而其平均每里之建筑用款仅为京汉、京奉等铁路之一半。……倘京张铁路仍用借款兴筑，则建筑费可能增加一倍。

(乙)隧道工程用款：

粤汉南段　隧道共长642公尺，平均每公尺用银400元。

平汉铁路　隧道664公尺，平均每公尺用银358元。

京张铁路　隧道1645公尺，平均每公尺用银315元。

(丙)工程时期总务费用：

津浦铁路　平均每公里约10,000元。

平汉铁路　平均每公里约8,500元。

沪宁铁路　平均每公里约7,700元。

京奉铁路　平均每公里约6,300元。

京张铁路　平均每公里约3,100元。

（以上均见页96～98）

这样的比较，是竹铭先生对于这位伟大工程师的最谨严的颂赞。

读这本《年谱》的人，都不能不敬爱这位毕生为国家尽力而自奉很俭朴的模范工程师。在《年谱》的六十三页上，凌先生讲一个故事：说宣统元年八月十九日京张铁路举行盛大的通车典礼，那天中外来宾从各地赶来的"数逾万人"。邮传部尚书徐世昌作主

要的演说。詹天佑先生是主办京张铁路的人,他不能不作一篇报告的演说。凌先生说:

> 詹先生本拙于辞令。……〔通车典礼〕后,先生告其友人曰:"余主办京张路,汝知我经过最困难之事为何乎?"友人以开凿八达岭山洞对。先生笑曰:"非也。我顷报告致词,乃比开山洞更为困难也!"

这是詹先生的风趣。

绩溪　胡适
四十九年十一月十九日在台北县南港。

《英文现代读物》序例*

教中国学生的英文,和教英国、美国儿童的英文,不能用同样的法子,也不能用同样的书。这一点是我们应该承认的。中国学生开始读英文的时候,大概已是十五六岁的少年了。他们的教材最不容易选择。"这是一只狗","我有一本书",固然太无味了,固然不适用;然而那些有文学趣味的小说,却也不能适用。学生认字不多,文法不清,决不能领会这些书的文学趣味。

我们可举几个例。Washington Irving 的 *Sketch Book*(《拊掌录》)在美国中等学校里是很有趣味的书了;然而我们的中学生或大学预科学生读了这书的,有几个人能领略他的风趣?又如 Stevenson 的 *Treasure Island*(《金银岛》),这也是美国少年男女最爱看的读物了;然而我们前年用在大学预科一年级,竟完全失败。

我们经过这些失败之后,又采用了一本短篇小说(*Pittenger's A Collection of Short Stories*),我们以为这部书应该可以满意了;不料这些小说之中也只有几篇最容易的,还能勉强引起一点趣味;其余的,学生还不能赏玩,也不能得多大的利益。

这几回的失败,固然不完全是因为教材的缺点,也许一部分

---

* 本文作于 1923 年 10 月 5 日。收入《胡适遗稿及秘藏书信》第 12 册,黄山书社 1994 年版。——编者

是因为教授法的不完备。但我们现在总觉得教材的不适宜是一个重要的原因。我们现在决意再做一回新的试验,把教材重新换过。我们这回编这部《现代读物》的缘起,就是如此。

这部《现代读物》的办法有几层:(1)选的材料都是近百五十年的革命史料,都是今日中国少年人很想知道的,或是他们应该知道的。(2)文学的趣味较轻,实用的意味较浓厚些;学者先从知识的欲望入手,从这些记叙的文章里得到言语文字的工具,然后进一步去求那文学的了解与兴趣。(3)全书拟分作六七册小本子,随时编印应用;到了明年,我们可以根据本年的经验,修改一遍,然后编印成书。(4)教者与读者用这书时,有什么意见,千万老实告诉编者,使他可以随时改过。编者的目的全在使学生多得益处;凡可以增进这个目的的,都是欢迎的。

第一册是关于美国独立的材料。第一、第三、第五篇,都是原料,第二与第四篇是记载。记载是原料的说明;原料是记载的引证。

中国今日的政治问题已逼到个个少年人的头上了!在这个混乱纷纠的时代,许多少年人未免常抱悲观。这种悲观的良药,是熟读美国开国的历史。他们革命的精神,自治的努力,固是可以鼓舞我们的;但最重要的还是他们从"邦联"(confederacy)变成"联邦"(Federation)的历史。当那八年的邦联时期(1781～1789),他们经过的种种危险和困难(页32～38),都可以给我们许多安慰与鼓舞。各邦的互争,外债的逼迫,中央政府的无能力,不消说了。到了后来,中央的收入每年只有五十万元,还不够付外债的利息;一元的纸币只值一分多钱;买一磅茶叶要一百元的纸币;理发匠用纸币来糊墙壁!这种历史的经验不能使我们减少我们的悲观吗?

十一,十,五

读书杂记《黄金的美国》*

America The Golden, by Ramsay Muir. London. Williams. and Norgate. 1927.

我在往青岛的船上读了英国穆尔教授的《黄金的美国》,觉得此书很可供中国今日一般谈社会问题的人的参考,故摘书中要点,以代介绍。

著者是英国的近代史学者,一九二五年到美国讲演,观察美国的工业状况与劳工情形,作此报告。书分十一章,其目如下:

(1)英国和美国的不同之点。

(2)日中黑子(美中不足)。

(3)科学研究与大学教育。

(4)资产所有权之广被。

(5)资产所有权与管理权。

(6)提高工资与提高消费。

(7)大规模生产与大规模销货。

---

* 本文作于1930年8月10日。载1931年3月10《新月》第三卷第1号,收入《胡适遗稿及秘藏书信》第12册,黄山书社1994年版。——编者

(8) 代特洛(Detroit)主义。

(9) 美国的工会运动。

(10) 工业组织上的几种试验。

(11) 几点结论。

他的结论是：除了美国特殊状态所产生之各点为他国所不能仿行之外，有四点最宜效法：

① 资产所有权之散在人民（第四章）。

② 崇拜科学方法，肯花钱提倡科学研究，尊重科学的训练（第三章）。

③ 工业组织上的勇于试验（第十章）。

④ 进步的工会的新态度与新政策（第九章）。

关于科学研究这一点，此书说得不很详细。（不如《百年中工业进步》书中所述之详细）他说工业所以能得科学研究之帮助，工业家所以能信任科学方法，皆由于高等教育之发达。此一层甚是。他所举统计，美国有五百八十八个大学，学生约有七十五万人。纽约一邦有六十一个大学，彭薛万尼亚邦有六十二个，伊利诺有五十六个，倭海倭有五十个。邦立大学之官费在一九二六年共有一万五千四百万金圆。私立大学之基金共有五万五千万金圆。（哈佛 7000 万；哥伦比亚 6000 万；耶尔 4000 万；芝加哥 3500 万；斯丹福 2800 万。）

他深惜英国大学教育的落后，他说："两只战斗舰的代价便可以收奇效了！"此语骂倒英国的政府与社会。

关于资产散在人民一点。他用一九二五年 Bobert S. Binkerd [罗伯特·S·宾克德] 的统计，在七年之中，执有铁路、公用具，以及二十个选作例子之煤油、钢铁等公司之股票者之人数，从一九一八年二百五十三万七千一百零五人,增至一九二五年的五百零五万一千四百九十九人。七年之中,增至一倍。此增加之数,七分之一为各公司之雇员所执;三分之一为主顾所执;二分之一为一般公众所有。

此项投资并不妨碍别种储蓄之进行,在同一七年之中,储蓄银行存款之人数由一千零六十万人增至三千九百万人;存款数由一百一十万万余元增至二百零八万万余元。此外有保寿险者人数有五千万人,寿险公司准备金总数约有一百零四万万元。"有寿险保单的人数,几乎比上届总统选举的投票人数多一倍!"(原书页 40)

这件事已成为美国工业界的一种政策。在雇主方面的努力,可举 The Bell Telephone System[贝尔电话系统]为例:在一九二五年,这公司的股东人数有六十三万人;其中六万二千五百人为公司雇员,投资共计七千五百万元;另有十六万五千雇员,每年分期扣薪俸买股本,每年约有二千万元。公司以外人也很多。最近一次新股,投资者有二万四千三百余人为工人,一万零七百人为店员。

铁路公司也多采用此政策。最著之例为纽约中央铁路公司两年前卖了六万八千新股(每股百十元,市价百廿元)给本公司雇员四万一千人。共计每四个雇员之中有一人是股东。

最奇的是工会方面也有自己组织投资事业。一九二〇年七月,机器工会(Machinists Union)创办第一个劳工银行;十一月,机车工程师弟兄会创办兄弟银行,均用工会会费和公积作资本。六年(1920~1926)之中,已有了四十个这样的工会银行;据一九二四年终的统计,他们的资本共有一万七千五百万金元。最大的一个是克利弗兰城的弟兄银行,初办时占一个饭馆的一角,现在市中建大屋，资本共有二千五百万元。

铁路机车工会所办银行已不止十二个。联合衣业工会（Amalgamated Cloting Workers）有两个大银行，一在纽约，一在芝加哥。机器工会有一个，在美京。

他们的办法大概是：主办的工会保留百分之五十一的股子，其余可由会员购买。营业一照银行通例，以银行信用为主，不当作罢工武器。普通银行可垫款与罢工工人，而此项工会银行则不肯垫款为罢工之用。

他们又还组织信托公司，——在银行以外。机车工会现已组织了八个信托公司，资本总数为二千万元。这个工会还有别种大规模的营业，如地产、如开矿——他们有六个煤矿，——如建筑海滨避暑区域等。

关于第三项，工业组织上的新试验。——著者举了六个例子：

（1）Dennison Manufacturing Co.［丹尼森制造公司］凡投资而不管事的股东，自成一种优先股，能分红（有定额）而无表决权。此外新股由做事的雇员分摊，有表决权，举经理，举董事。

（2）J. P. Penney Co［成衣店］。此店在数年之中，分设了六百支店。其法先由总店派有经验之人设分店，其利益之三分之二归总店，三分之一归分店经理。如再由分店分支，则总店、分店、支店经理各有三分之一。再分下去，则总店取消其利权，由分店、支店、子店三分之。而一切支店总由一个集中机关购办材料，故价廉而利厚。

（3）Wm. Filene's Sons［衣着百货公司］的雇员自治合作制度。在店三月以上的人皆为"合作会"会员，全权选举理事会。理事会四分之三的表决可以修改一切店规。若司事人否决，则由全体大会总投票,如有三分之二之多数,则修正案仍有效。理事会选出仲裁委员,受理店中一切争执。

(4)费城电车公司(Philadelphia Rapid Transit Co.)用雇员合作制,以[盈]余当购买公司股票至三分之一以上。旧股以六厘红利为限,盈余则为雇员合作公积,为购新股之用。此法可鼓励工作,又可淘汰不管事股东之权限。

(5)弗兰林合作牛奶房(Franklin Co—operative Creamery, Minneapolis)牛奶工会自办奶棚,每雇员皆是股东,又皆为工会会员。其盈余除分有定额之红利外,分摊给各家主顾(买主)。

(6)Nash[纳什]衣店的"忠恕之道"(略)。

关于第四点,新工会主义。约有三点:

(1)他们走上了金融事业的路(详前)。工业靠银行资本,现在工会也开始建立银行资本了。

(2)他们自己想从联合投资方面逐渐得到工业上的管理权。例如美国钢铁公司(U. S. Steel Corporation)的雇员,想用联合投资的方法,在七年之中得到公司的管理权。其实即不能得多数股权,他们投资的势力现在已可以大影响公司的管理。公司资本的新来源既靠雇员,则公司自不能不另眼看他们了。

(3)工会渐渐明了,要得权力,必须负责任。一面要公司给他们负责任的机会,一面努力表示他们确能负责任。

如一九二二年铁路大罢工之后,B. and O. 铁路公司的工会即决计整顿全路效率,与公司合作,力谋增加效率;工会出资请一个工程专家来做顾问,四个月之后,功效大著,逐渐推行于全路及他路。

十九,八,十,青岛

第四辑
读书办学赠言

中国公学十八年级毕业赠言[*]

诸位毕业同学:你们现在要离开母校了,我没有什么礼物送给你们,只好送你们一句话罢。

这一句话是:"不要抛弃学问。"以前的功课也许有一大部分是为了这张毕业文凭,不得已而做的,从今以后,你们可以依自己的心愿去自由研究了。趁现在年富力强的时候,努力做一种专门学问。少年是一去不复返的,等到精力衰时,要做学问也来不及了。即为吃饭计,学问决不会辜负人的。吃饭而不求学问,三年五年之后,你们都要被后进少年淘汰掉的。到那时候再想做点学问来补救,恐怕已太晚了。

有人说:"出去做事之后,生活问题急须解决,那有工夫去读书?即使要做学问,既没有图书馆,又没有实验室,那能做学问?"

我要对你们说:凡是要等到有了图书馆方才读书的,有了图书馆也不肯读书。凡是要等到有了实验室方才做研究的,有了实验室也不肯做研究。你有了决心要研究一个问题,自然会撙衣节食去买书,自然会想出法子来设置仪器。

至于时间,更不成问题。达尔文一生多病,不能多作工,每天

---

[*] 收入1929年7月《中国公学毕业纪念册》。——编者

只能做一点钟的工作。你们看他的成绩！每天花一点钟看十页有用的书,每年可看三千六百多页书;三十年可读十一万页书。

诸位,十一万页书可以使你成为一个学者了。可是,每天看三种小报也得费你一点钟的工夫;四圈麻将也得费你一点半钟的光阴。看小报呢？还是打麻将呢？还是努力做一个学者呢？全靠你们自己的选择！

易卜生说:"你的最大责任是把你这块材料铸造成器。"

学问便是铸器的工具。抛弃了学问便是毁了你们自己。

再会了！你们的母校眼睁睁地要看你们十年之后成什么器。

十八,六,廿五

赠与今年的大学毕业生[*]

这一两个星期里,各地的大学都有毕业的班次,都有很多的毕业生离开学校去开始他们的成人事业。学生的生活是一种享有特殊优待的生活,不妨幼稚一点,不妨吵吵闹闹,社会都能纵容他们,不肯严格的要他们负行为的责任。现在他们要撑起自己的肩膀来挑他们自己的担子了。在这个国难最紧急的年头,他们的担子真不轻!我们祝他们的成功,同时也不忍不依据我们自己的经验,赠与他们几句送行的赠言,——虽未必是救命毫毛,也许作个防身的锦囊罢!

你们毕业之后,可走的路不出这几条:绝少数的人还可以在国内或国外的研究院继续作学术研究;少数的人可以寻着相当的职业;此外还有做官,办党,革命三条路;此外就是在家享福或者失业闲居了。第一条继续求学之路,我们可以不讨论。走其余几条路的人,都不能没有堕落的危险。堕落的方式很多,总括起来,约有这两大类:

第一是容易抛弃学生时代的求知识的欲望。你们到了实际

---

[*] 原载1932年7月3日《独立评论》第7号。——编者

社会里，往往所用非所学，往往所学全无用处，往往可以完全用不着学问，而一样可以胡乱混饭吃，混官做。在这种环境里，即使向来抱有求知识学问的决心的人，也不免心灰意懒，把求知的欲望渐渐冷淡下去。况且学问是要有相当的设备的；书籍，试验室，师友的切磋指导，闲暇的工夫，都不是一个平常要糊口养家的人所能容易办到的。没有做学问的环境，又谁能怪我们抛弃学问呢？

第二是容易抛弃学生时代的理想的人生的追求。少年人初次与冷酷的社会接触，容易感觉理想与事实相去太远，容易发生悲观和失望。多年怀抱的人生理想，改造的热诚，奋斗的勇气，到此时候，好像全不是那么一回事。眇小的个人在那强烈的社会炉火里，往往经不起长时期的烤炼就镕化了，一点高尚的理想不久就幻灭了。抱着改造社会的梦想而来，往往是弃甲曳兵而走，或者做了恶势力的俘虏。你在那俘虏牢狱里，回想那少年气壮时代的种种理想主义，好像都成了自误误人的迷梦！从此以后，你就甘心放弃理想人生的追求，甘心做现成社会的顺民了。

要防御这两方面的堕落，一面要保持我们求知识的欲望，一面要保持我们对于理想人生的追求。有什么好法子呢？依我个人的观察和经验，有三种防身的药方是值得一试的。

第一个方子只有一句话："总得时时寻一两个值得研究的问题！"问题是知识学问的老祖宗；古今来一切知识的产生与积聚，都是因为要解答问题，——要解答实用上的困难或理论上的疑难。所谓"为知识而求知识"，其实也只是一种好奇心追求某种问题的解答，不过因为那种问题的性质不必是直接应用的，人们就觉得这是"无所为"的求知识了。我们出学校之后，离开了做学问的环境，如果没有一个两个值得解答的疑难问题在脑子里盘旋，就很难继续保持追求学问的热心。可是，如果你有了一个真有趣的问题天天逗你去想他,天天引诱你去解决他,天天对你挑衅笑你无可奈他,——这时候,你就会同恋爱一个女子发了疯一样,坐也坐不下,睡也睡不安,没工夫也得偷出工夫去陪她,没钱也得撙衣节食去巴结她。没有书,你自会变卖家私去买书;没有仪器,你自会典押衣服去置办仪器;没有师友,你自会不远千里去寻师访友。你只要能时时有疑难问题来逼你用脑子,你自然会保持发展你对学问的兴趣,即使在最贫乏的智识环境中,你也会慢慢的聚起一个小图书馆来,或者设置起一所小试验室来。所以我说:第一要寻问题。脑子里没有问题之日,就是你的智识生活寿终正寝之时!古人说,"待文王而兴者,凡民也。若夫豪杰之士,虽无文王犹兴。"试想葛理略(Galieo)和牛敦(Newton)有多少藏书?有多少仪器?他们不过是有问题而已。有了问题而后,他们自会造出仪器来解答他们的问题。没有问题的人们,关在图书馆里也不会用书,锁在试验室里也不会有什么发现。

第二个方子也只有一句话:"总得多发展一点非职业的兴趣。"离开学校之后,大家总得寻个吃饭的职业。可是你寻得的职业未必就是你所学的,或者未必是你所心喜的,或者是你所学而实在和你的性情不相近的。在这种状况之下,工作就往往成了苦工,就不感觉兴趣了。为糊口而作那种非"性之所近而力之所能勉"的工作,就很难保持求知的兴趣和生活的理想主义。最好的救济方法只有多多发展职业以外的正当兴趣与活动。一个人应该有他的职业,又应该有他的非职业的顽艺儿,可以叫做业余活动。凡一个人用他的闲暇来做的事业,都是他的业余活动。往往他的业余活动比他的职业还更重要,因为一个人的前程往往全靠他怎样用他的闲暇时间。他用他的闲暇来打马将,他就成个赌徒;你用你的闲暇来做社会服务,你也许成个社会改革者;或者你用你的闲暇去研究历史,你也许成个史学家。你的闲暇往往定你的终身。英国十九世纪的两个哲人,弥儿(J. S. Mill)终身做东印度公司的秘书,然而他的业余工作使他在哲学上,经济学上,政治思想史上都占一个很高的位置;斯宾塞(Spencer)是一个测量工程师,然而他的业余工作使他成为前世纪晚期世界思想界的一个重镇。古来成大学问的人,几乎没有一个不是善用他的闲暇时间的。特别在这个组织不健全的中国社会,职业不容易适合我们性情,我们要想生活不苦痛或不堕落,只有多方发展业余的兴趣,使我们的精神有所寄托,使我们的剩余精力有所施展。有了这种心爱的顽艺儿,你就做六个钟头的抹桌子工夫也不会感觉烦闷了,因为你知道,抹了六点钟的桌子之后,你可以回家去做你的化学研究,或画完你的大幅山水,或写你的小说戏曲,或继续你的历史考据,或做你的社会改革事业。你有了这种称心如意的活动,生活就不枯寂了,精神也就不会烦闷了。

第三个方子也只有一句话:"你总得有一点信心。"我们生当这个不幸的时代,眼中所见,耳中所闻,无非是叫我们悲观失望的。特别是在这个年头毕业的你们,眼见自己的国家民族沉沦到这步田地,眼看世界只是强权的世界,望极天边好像看不见一线的光明,——在这个年头不发狂自杀,已算是万幸了,怎么还能够希望保持一点内心的镇定和理想的信任呢?我要对你们说:这时候正是我们要培养我们的信心的时候!只要我们有信心,我们还有救。古人说:"信心(Faith)可以移山。"又说:"只要工夫深,生铁磨成绣花针。"你不信吗?当拿破仑的军队征服普鲁士占据柏林的时候,有一位穷教授叫做菲希特(Fichte)的,天天在讲堂上劝他的国人要有信心,要信仰他们的民族是有世界的特殊使命的,是必定要复兴的。菲希特死的时候(1814),谁也不能预料德意志统一帝国何时可以实现。然而不满五十年,新的统一的德意志帝国居然实现了。

一个国家的强弱盛衰,都不是偶然的,都不能逃出因果的铁律的。我们今日所受的苦痛和耻辱,都只是过去种种恶因种下的恶果。我们要收将来的善果,必须努力种现在的新因。一粒一粒的种,必有满仓满屋的收,这是我们今日应该有的信心。

我们要深信:今日的失败,都由于过去的不努力。

我们要深信:今日的努力,必定有将来的大收成。

佛典里有一句话:"福不唐捐。"唐捐就是白白的丢了。我们也应该说:"功不唐捐!"没有一点努力是会白白的丢了的。在我们看不见想不到的时候,在我们看不见想不到的方向,你瞧!你下的种子早已生根发叶开花结果了!

你不信吗?法国被普鲁士打败之后,割了两省地,赔了五十万万佛郎的赔款。这时候有一位刻苦的科学家巴斯德(Pasteur)终日埋头在他的试验室里做他的化学试验和微菌学研究。他是一个最爱国的人,然而他深信只有科学可以救国。他用一生的精力证明了三个科学问题:(1)每一种发酵作用都是由于一种微菌的发展;(2)每一种传染病都是由于一种微菌在生物体中的发展;(3)传染病的微菌,在特殊的培养之下,可以减轻毒力,使它从病菌变成防病的药苗。——这三个问题,在表面上似乎都和救国大事业没有多大的关系。然而从第一个问题的证明,巴斯德定出做醋酿酒的新法,使全国的酒醋业每年减除极大的损失。从第二个问题的证明,巴斯德教全国的蚕丝业怎样选种防病,教全国的畜牧农家怎样防止牛羊瘟疫,又教全世界的医学界怎样注重消毒以减除外科手术的死亡率。从第三个问题的证明,巴斯德发明了牲畜的脾热瘟的疗治药苗,每年替法国农家灭除了二千万佛郎的大损失；又发明了疯狗咬毒的治疗法，救济了无数的生命。所以英国的科学家赫胥黎（Huxley）在皇家学会里称颂巴斯德的功绩道："法国给了德国五十万万佛郎的赔款，巴斯德先生一个人研究科学的成绩足够还清这一笔赔款了。"

巴斯德对于科学有绝大的信心，所以他在国家蒙奇辱大难的时候，终不肯抛弃他的显微镜与试验室。他绝不想他的显微镜底下能偿还五十万万佛郎的赔款，然而在他看不见想不到的时候，他已收获了科学救国的奇迹了。

朋友们，在你最悲观最失望的时候，那正是你必须鼓起坚强的信心的时候。你要深信：天下没有白费的努力。成功不必在我，而功力必不唐捐。

二十一，六，二十七夜

北京大学第二十五周年纪念日的演说*

今天是北京大学成立第二十五年的纪念日,我于当然的庆祝以外还有一种自私的快乐。今天也是我个人的生日。况且去年大学纪念日及我个人三十岁生日纪念完以后,那天晚上我又得一个儿子。所以今天在我个人有三种庆祝:我自己,我的二十四岁的小兄弟北大及我的一岁的小朋友——儿子。但是同时有一件小的不幸,就是我近来病了。每夜两点钟便不能安睡。稍为做一点事,腰背便疼痛,不能支持。据中西医生的诊断都说是因为过于劳苦所致。现在我已向校中告假一年,假期即从今天起,到明年秋天开学时回校。这件事已蒙蔡先生允准了,所以我要同诸君作八九个月的小别。

因此我今天很有一点感触,觉得个人的生命和健康是不定的,只有团体——大我——的生命和健康是长久的继续不断的。然而北京大学的生命给终还是保存着,并且不断的向前生长。所以我们对于他应该有许多的希望。这几年来组织上很有进步,学校的基础也日趋稳固。所最惭愧的是在学术上太缺乏真实的贡

---

* 1922年12月17日的演说词。原载1922年12月23日《北京大学日刊》,收入《胡适教育论著选》(白吉庵等编)。——编者

献。我在今天《北大日刊纪念刊》上《回顾与反省》一文里，引了近代诗人龚定庵"但开风气不为师"一句话，我说，这话只可为个人说，而不可为一个国立的大学说。国立的大学不但要开风气，也是应该立志做大众师表的。近数年来，北大在"开风气"这方面总算已经有了成绩；现在我们的努力应该注重在使北大做到"又开风气又为师"的地位。

诸位看着这边出版品展览部所陈列的报章杂志及书籍三百多种，总算是本校同人在近年中国著作界的贡献了，但是究竟有多少真正的学术上的价值！依据中国学术界的环境和历史，我们不敢奢望这个时候在自然科学上有世界的贡献，但我个人以为至少在社会科学上应该有世界的贡献。诸位只要到那边历史展览部一看，便可知道中国社会科学材料的丰富。我们只是三四个月工作的结果，就有这许多成绩可以给社会看了。这两部展览，一边是百分之九十九的裨贩，一边是整理国故的小小的起头。看了这边使我们惭愧，看了那边使我们增加许多希望和勇气。

我们有了几千年的历史、思想、宗教、美术、政治、法制、经济的材料；这些材料都在那里等候我们的整理；这个无尽宝藏正在等候我们去开掘。我们不可错过这种好机会；我们不可不认清我们"最易为力而又最有效果"的努力方向。我现在不能多说话，就此同诸位暂时告别。

在中央大学宴会上的演说词*

我今天不是以代表资格来说话,因为久已辞去专家之聘,今仅以大学院委员资格,得列席旁听,还望各代表,另举代表以答辞。但既承张校长殷情款待,又不能不说几句话。

想中央大学九年前为南高,当时我在北大服务,南高以稳健保守自持,北大以激烈改革为事。这两种不同之学风,即为彼时南北两派学者之代表。然当时北大同人,仅认南高为我们对手,不但不仇视,且引为敬慕,以为可助北大同人,更努力于革新文化。今者北大同人,死者死,杀者杀,逃者逃,北大久不为北大。而南高经过东大时期,而成中央大学,经费较北大三倍有余,人才更为济济。我希望中央大学同人担北大所负之责,激烈的谋文化革新,为全国文化重心。

---

* 1923年5月21日在中央大学的演说词。载1923年5月23日上海《民国日报》,标题是《前日正午中大欢宴详记》。——编者

在北京大学哲学系同学欢迎会上的讲话*

今年我来北平三次,都没有久住。这次到平,不久还得回上海一行。我所授的功课,等到下学期,才可授课;这学期是不能上课了。

我离开本校,到现在已经四年多了;现在又有机会到北大,与同学来共同讨论学问,若大家能共同努力,或许在将来的学术界、思想界产生一种新的东西,新的贡献。古人说"教学相长"。所以我个人现在又来到北大,觉着非常慰快。

以前我在这里的时候,哲学系人非常多,班次太大;不能大家互相讨论研究。那时,选我的功课有二百余人,没有办法,只好在礼堂上讲讲。我在北大总共八年,最得力的,是我初到北大的一二年;因为那时人很少,便于研究,可以大家来共同讨论、研究。

无论研究什么学问,非自己来研究不可,只在堂上听听是研究不好的;尤其是哲学,非在堂下彼此互相讨论,闭门研究不可。我从前在本校授课时,即重此点,不重堂上考试,每学年终了,叫同学作论文一篇。往往把我不能解决的问题作题目,叫同学来研

---

* 1930年12月7日讲,王维诚记录。原载1930年12月15日《北京大学日刊》。——编者

究;可是常常在同学的论文中,我得到许多新的见解,或解决我所未解决的问题。可见自己研究重要了。

前次我在协和医大礼堂讲"哲学是什么?"到今天报纸上还有许多人来和我辩论。我的意思是说哲学与科学本来是一家,不过哲学到现在有好些部分是被科学拿去了;本来哲学与科学都是来发明宇宙的真理,来解决人生问题的!解决问题到了确定的程度,就成为科学;没有到正确的程度,就是哲学。过去的哲学不过是不高明的科学,很幼稚的科学罢了。实在没有什么根本上的不同,我们看过去的历史就明白了。例如希腊哲学家 Ariatotle 所研究的问题,所要解决的问题;也是现在科学上所研究的问题,所要解决的问题。又如 Dcniogiirn 的原子论,就是一个例子。所研究的对象是一样的,不过哲学上的原子论,是很幼稚;科学上的研究,是很正确很精密罢了。科学上研究原子,不只知道原子的数目、成分;又由原子分析到分子、电子……实则科学上的原子问题,就是哲学家德莫克利脱斯所提起的问题。所以哲学与科学没有什么根本上的差异。过去的哲学不过是幼稚的、不高明的科学,与科学是一样,都是要发明宇宙的真理,解决人生的问题的。现在有人说什么"哲学者,科学之基础也!""哲学者,科学之科学也"!Philusphyiy Suiunce of Suicnc 仍是哲学上的旧把戏!

我们知道无论什么民族、国家,一定要有他当代的哲学家、思想家,来解决一个民族,一个国家当前的、急迫的社会问题,政治问题,人生问题,并不是要解决科学上所已经解决的问题,拿来玩把戏;是要解决科学以外所未解决的问题。或帮同科学来解决所未解决的问题,发明未发现的真理。这就是现在哲学的任务,现在哲学家的使命!

过去的知识、历史,与当前的问题没有什么关系。过去哲学上、科学上的知识，不能拿来解决当前哲学上、科学上的问题；古代的成功或失败，仅足作我们的指导和教训。要解决当前的问题，非当代的哲学家来重新解决不可。譬如过去的哲学虽有中国、印度、西洋三方面，解决了许多问题，也有相当的成功；但都不足解决我们当前的问题，只可供我们解决当前问题的参考罢了。

过去的北大，所以能占领导地位者，就是因为不专研究过去历史上的死问题，已经解决的问题；而是注重活的问题，当代社会、人生、政治……所未解决的问题，来研究他，来解决他！望诸位同学，仍要照着这个方向去努力！

诸位同学！要认清现在还有许多问题没有解决，这许多当前急待解决而未解决的问题，都靠我们来解决他，不要怕哲学的饭碗没有，哲学饭碗被人打破！

一九三〇、一二，九

给北大哲学系毕业生纪念赠言*

一个大学里,哲学系应该是最不时髦的一系,人数应该最少。但北大的哲学系向来有不少的学生,这是我常常诧异的事。我常常想,这许多哲学学生,毕业之后,应该做些什么事?能够做些什么事?

现在你们都要毕业了。你们自然也都在想,"我们应该做些什么?我们能够做些什么?"

依我的愚见,一个哲学系的目的应该不是教你们死读哲学书,也不是教你们接受某派某人的哲学。

禅宗有个和尚曾说:"达摩东来,只是要寻一个不受人惑的人。"我想借用这句话来说:"哲学教授的目的也只是要造出几个不受人惑的人。"

你们应该做些什么?你们应该努力做个不受人惑的人。

你们能够做个不受人惑的人吗?这个全凭自己的努力。

如果你们不敢十分自信,我这里有一件小小法宝,送给你们带去做一件防身工具。这件小法宝只是四个字:"拿证据来!"

---

* 1931年5月5日赠言。收入1994年人民教育出版社《胡适教育论著选》等。——编者

这里还有一只小小锦囊,装着这件小法宝的用法:"没有证据,只可悬而不断;证据不够,只可假设,不可武断;必须等到证实之后,方才可以算做定论。"

必须自己能够不受人惑,方才可以希望指引别人不受人惑。

朋友们,大家珍重!

在母校澄衷中学的演说*

四十年来，我很觉感慨，刚才你们唱复校歌的末一句："相与毋忘此辛酸"，大觉感动。当澄衷创校，还在光绪年间，那时我只十五岁，插入东三斋，这是第五班，因宿舍已满，住在怀德堂，只有两个同学和一位东三斋的老师三人同住，回想那时，现在已一片平地，怎不感伤？西边原有厨房饭厅及沿墙之浴室，那时吃饭由最大的同学陈忠英领班，排队入餐，以为快乐，现在也均荡为平地。那是民国九年，澄衷是黄金时代。抗战时期，刚才王校长说："这是最苦痛的时代"。我老校友很愿意小朋友知道在这国难时期沦陷八年之中，在王校长领导之下，不为敌威所屈，宁遭受校舍之破坏。吃尽辛苦，忍耐着期待光明，在外面租屋经营，这一点请小弟们知道，那时是我们澄衷最苦的时代，也是澄衷最光荣的时代。叶公把他血汗赚来的钱，办一个"蒙学堂"，这伟大的愿望，真使人钦佩。我们校舍前现在还有"蒙学堂"的，这是光荣的事，以后还希望各校董努力来办一个最好的中学，但在这困难之中，不要灰心，先恢复校舍，着重设备功课等，在各校董努力之下，是一

---

* 这是1947年10月24日的演讲词。原载1947年10月26日《申报》，收入《胡适教育论著选》等。——编者

定可以成功的。

其次我来讲教育救国,现在大家好像不注意了。这不是不注意,不过认为是老生常谈,也许听厌了。今我已五十七岁的人了,但我还希望来谈谈。学校中整个的破坏,这是象征着国家社会也如是。但拿什么东西来改造呢?"教育"还是一个救国的要素。中国虽已列四强之一,但中国已在很危险的时候了,建设困难,破坏很易,房子铁桥破坏起来,只须几秒钟的工夫,破坏了再建设就困难,要血汗、苦工,但教育还是第一。当我们再建设起破坏的校舍,当留几处来纪念我们以前所受的痛苦,永不忘记。我再来讲一个故事来证明教育的重要:在一八七〇年,就在七七年前法国同普鲁士战争。普鲁士是日耳曼中最强的一个,是一个武力的国家,也是个侵略的国家,二星期的工夫将法兵打得一败涂地,并且俘掳法王。后来普法讲和,法割二重要之地与普,并赔款五万万法郎,那是世界最大之赔款。二十年后,英国的一位大学者在公开会场说:法国被普鲁士打败了,有一个人替法国赔了五万万的债,但是什么人呢!他是一个科学家巴斯德 Pastcur,他写信给朋友,[说]法国战败是应该的,这是不提倡科学的结果。所以他恨国家之余,继续努力。他本是化学家,后来一变为有名医学家,研究细菌,他研究腐烂由于细菌,一块肉如果没有微生物进去,那是不会腐烂的。我国古人也曾说:"物必自然腐而后虫生"。法国是一个农业的国家,畜牧牛羊常因生瘟病而且传染者极多,后请巴氏研究,谓是牛羊吃草时吃进了一种微生物。巴氏将毒菌注入健全的牛羊体内,后来终于死亡,由此可知微生物的害处。后来他试验将五十只牛注射保险浆液,另五十只注入毒菌,打过保险针的都不死,另外五十只都死去了。预防病也是巴氏所发明,如此一来,国家可免去几千万只牛羊死亡的损失,这也是救国的一种。

还有因农家养蚕不良，出产减少，请他研究，结果发明了"造种"的方法，这不是可省去国家不知几千万法郎的损失。还有法国葡萄酒，不能达远地，假使带得远些，酒便要发酸，又请巴氏研究，结果将制成之酒再加热至四十五度，然后装瓶。法王将煮过与未煮过的各装五十桶，由军舰带往世界一周，约一年许，再看桶中未煮过的霉坏了，曾煮过的非但不坏，并且更香，于是这试验又成功了，这样又可省了国家几千万法郎无名的损失。畜牧、养蚕、制酒，都靠他一个人，而能省去国家几千万的损失。所以英国科学家说："巴氏一个人在实验室中十年的工作，可还去这笔五万万法郎的赔款。在这次世界战争前，法国来了一个民意测验，结果最伟大的人不是拿破伦，也不是女英雄达克，结果巴氏被选为最伟大的人。"由此可知救国与教育之重要。希望小弟弟们，在学校中努力向学，为国家，为社会，树立中小学的楷模，并且我也应当为母校力谋复兴。

在北平图书馆协会上之讲演*

北平近数年来,图书馆事业大有进步,实皆赖诸君提倡之功,与袁守和君之努力。余前在北平留寓多年,此点最足引余故乡之思,乃欲长留此以享受诸君所供给之便利与眼福。兹就个人感触为散漫之谈话。

昨日报端曾载鄙人谈话一则,确为余对北大某生所谈。略云:

> 良好教师可求而不可得,图书馆则可求而可得,故青年当埋头于图书馆中。北平好图书馆极多,为全国读书最适宜之所在。如北京大学、清华大学、国立北平图书馆、政治学会图书馆,所藏适用书籍颇为丰富。惜青年对埋头读书一层,尚不能彻底耳。

实在,乡村及内地与都会各地所设学校,皆不完好,惟赖图书馆为唯一之教师。今观北平各图书馆意想不及之长足进步,极使余欣

---

* 1930年6月7日,胡适去故宫博物院图书馆看书,适逢北平图书馆协会在此举行本年度第三次常会,被邀作即席讲演。这份讲演记录录自1930年6月《中国图书馆协会会报》第五卷第6期。——编者

欣不尽。

余寓沪上已有三载。上海人口有二百六十万,而公开图书馆殊少。东方图书馆虽较好,然性质不宜于公众,且地点又较偏僻;徐家汇藏书楼不公开,学校图书馆亦多不公开。至于藏书,南洋中学之书目较好,吴淞[中国]公学之社会科学图书较可称外,余可举者甚少。誉北平各馆为全国图书馆界之冠冕,诚非过言,亦非余欲见好于在座诸君也。

我国年来学校教育不过骗人而已,作校长,作教员,官立学校,私立学校,鄙人均曾有其经验。所授予学生者毫无真东西,能供给真正之知识者,惟有图书馆耳。昔余在美国康奈尔大学读书时,校长白氏(Burr)亲教历史学,即在图书馆中授课(此馆即名白校长图书馆)。授课时首先认定题目,互相研究,诸生各报告其心得,在架上自觅书籍参考。始初亦多感觉无味,继续鼓励,乃颇引动兴趣。有时发现不经见之书,更能发生新兴趣,所谓图书馆为真正好教师也。各学校近来时有风潮发生,人皆知其影响学生课业甚大,然图书馆如不停止,不罢工,则所谓学风,所谓学潮,皆不成为问题。

适间有一使余愕然之事,即浏览善本之时,曾询所值,则一书动[辄]数百元,此等高价实为惊人。回忆一九一九年,余为《〈水浒传〉考证》,当时假定许多版本,如百回本、七十回本等。第二次修正,日本青木正儿君,又寄示许多版本。尔时百十五回本之《水浒传》,仅六十枚铜元可以得之,余尝购以赠人。逾后渐昂至三元。他种书籍价格之增涨,于此亦可觇之。市上寻书,亦浸不易,然重赏之下必有勇夫。教育部祁君,曾以四元购得某书,而转鬻得五十元。此正为跑小市之酬报、之重赏也。今日复见各馆及各家藏书,搜集皆有可观,惜余落后,徒有眼热而已。

北平最近编制联合目录之举,极为兴盛,如前数年之《植物学书联合目录》、《期刊联合目录》,及印刷中之《丛书联合目录》,尤以尚未脱稿之《西文书总联合目录》为巨大之工作,颇可乐观。此种工作之效用,最美最多,不胜枚举。

对于图书馆之入藏书籍,余亦略有意见,即希望各馆间还价不可竞争是也。余自沪来平,极端感觉书价之贵;然各馆之搜藏,皆极其大观。回忆前十余年觅书参阅之难,今则赖图书馆服务之效果,吾人所见之物甚多。然仍须实行分工合作之制,倘馆际缺乏联络,实尚未能尽其妙用也。譬如孔德[图书馆]在收藏小说中为第一,嗣后即设法完成其搜集,他馆遇有此等书籍,即尽孔德购置,俾使发展。殿本开化纸书,可畀之故宫图书馆。医书一途,可使协和[医学院]专力搜藏。必先有分途之妥协,庶几十元以上之书以至三五元之书,皆可避免重复之财力。据闻北平各馆间每年有三十万元之购书预算,乃南京、上海所不及,近受金涨之影响,经济上不得不加以研究。中国旧书即不免竞争之一端,最大的竞争复在国际之间。如以《永乐大典》残本而论,闻书商言,凡求鬻于东洋文库,大抵该处皆据索值购留,从不还价,此实本国图书馆购书之巨障。鄙意是等古籍应多留一点给中国。各图书馆间一方宜求财力之集合,一方再徐图经费之增加。近松江韩氏藏书求售消息,盛传一时,约值三十余万;瞿氏铁琴铜剑楼所藏恐亦不能久保;杨氏海源阁书虽归省立图书馆保管,然仍有一部留津待价。预为之,乃图书馆界不可脱卸之重责。倘不先策划,将来不特寒士不能购书,图书馆亦不能购书,惟有坐视欧美或东瀛舶载以去耳。各图书馆现在极应各于经费之中筹出若干,集为准备金,以备购大批要籍之用。珍笈既不患散亡,而再向各处请款亦尽有暇,各馆分书亦易妥议也。有人藏书虽夥,乃以为装饰。有人藏书虽珍,乃视为古玩。两者亦皆知宝爱,甚且扃存租界中,以远不幸,然置而不阅,书之效用何在。此等,则宜予以名誉上之褒扬,设法劝其寄托于图书馆中,斯为双美。

余此次来平,参观各馆,心中皆极羡慕;对于服务诸君尤为钦佩。浅见之言,惭愧无似。此或亦乡下人进大城所同出之态度欤?

给"求真学社"同学的临别赠言*

今天承"求真学社"诸同学的盛意欢送,我非常地感谢。但是谈到我个人以往的努力情况,我却觉得非常惭愧。我从前留学美国,当时忽想学农业,忽想学文学,终于转到哲学的路上去。可见得当时我对于自家所学的志愿,已经是很漂浮无定的。到了回国以后,以少年气盛,对于国家的衰沉,社会的腐败,很不满意,故竭力想对于这种行将倾颓的社会国家,作一番大改造的功夫。可是在这种积重难返的社会国家里,想把这两千年来所聚累的污浊一扫而空,把这已经麻木不仁了好久的社会打个吗啡针,使它起死回生,真不容易。也许是我个人的学问不够,经验不足,努力了这许多年,转眼去看看社会,还是一无所动。而且看看这两年来的情形,政治愈演愈糊涂,思想愈进愈颓败。此外如人民的生计,社会的风俗习惯,都没有一件不是每况愈下,真是有江河日下之势。曾记得有一个故事,这里很可以引来谈谈,就是以前牛津(Oxford)大学里,有一种宗教运动 Oxford Movement。Newman①、

---

* 1926年7月1日,在北京"求真学社"的演讲,由温寿链记录,曾经胡适删改过。今据《胡适档案》中保存的记录原稿录出。页下脚注均为原注。——编者

① 纽曼(1801~1890),英国神学家、作家。

Keble① 等结合了一班同志,组织了一个类似你们现在所组织的"求真学社"的团体。他们把每回讨论的东西和他们写的宗教诗,都集到一本小册子里去。在这小册子的头一页,Newman 引了荷马(Homer)的诗,做他们的格言 Motto,这诗译成英文为:

>You shall see the difference,
>
>now that we are back again.

我现在用白话可以把它直译如下:

>现在我们回来了,
>
>你们请看,便不同了!

他们这种运动,据我们看来,虽不大对劲,但是他所引的这句诗,却很可以做我们的一个针砭。我常说牛曼(Newman)所引荷马的这句诗,应该刻在欧美同学会的门匾上,作为一种自警的格言。现在我们都已回来了,然而社会的腐败机轮,依然照旧地轮转着。

然则从这样看来,不是很可悲观的吗?不,决不!丁文江先生常说我是一个不可救药的乐观主义者。其实这是有原因的。我自信我个人是有我的宗教信仰的。我所信仰的宗教,既没有上帝,也没有默示(revelation),实在说来,人只要有一种信仰,便即是他的一种宗教。佛教不是没有神没有上帝的一种宗教吗?所以我对于我自家的信仰,也就叫做我的宗教。我相信一切有意识的,本凭良心的努力,都不会白白地费掉的。All conscious and conscientious endeavour will never be wasted! 我们如果拿莱勃尼慈(Leibnitz)②的话来说,更能够把这句话的真意表现出来。

---

① 客白尔(1792~1866),英国牧师、诗人。
② 即莱布尼茨(1646~1716),德国自然科学家、数学家、唯心主义哲学家。

Leibnitz 在他的 *Monadology*(《单子论》)第六十一节中说得很好：

> 这个世界乃是一片大充实(Plenum 为真空 Vacuum 之对)，其中一切物质都是接连着的。一个大充实里面有一点变动，全部的物质都要受影响，影响的程度与物体距离的远近成正比例。世界也是如此。每一个人不但直接受他身边亲近的人的影响，并且间接又间接地受距离很远的人的影响。所以世间的交互影响，无论距离远近都受得着的。所以世界上的人，每人受着全世界一切动作的影响。如果他有周知万物的智慧，他可以在每人身上看出世间一切施为，无论过去未来都可看得出，在这一个现在里面便有无穷时间空间的影子。

诸位都是曾经读过哲学史的，在哲学史中这种事例很多。在哲学史中，往往一个哲学家思想的结果，当时或当地看不出什么影响来，但是过了一时，或换了一地，却产生了惊天动地的大变动。在历史上许多的大转机都是这样。我们远看希腊大哲苏格拉底(Socrates)的牺牲，当时的社会，且以他的学说为邪说诱众，毒害青年；然而他们又哪里知道此后希腊的哲学思想都导源于苏哲呢！次如柏拉图(Plato)的共和国(Republic)，他的共产制的社会，人家都莫不以之为理想的乌托邦(Utopia)，然而到了现在，却成了社会改造运动的目标。我们再近看马克思(Karl Marx)的唯物史观，主张阶级斗争，实行共产主义，人都视彼为洪水猛兽；然而这一世纪以来的政治运动都染着红色的社会主义的色彩。这不但是实行共产主义的苏维埃独立联邦共和国为然也。再看达尔文(Darwin)的物种原始(Origin of Species)出，而天演竞争优胜劣败之说，轰动一世。于是，向之人为上帝所独造，为万物之灵的宗教信仰，不得不受极大的打击。所以，当时的宗教界也都以"洪水猛兽"视达尔文；然而自然主义的信仰，由此更加巩固。哲学上玄之又玄的东西，更现出"海市蜃楼"的模样。就这样看来，只要你的工作是有意义的、有目的的，那么你这一分的努力，就有一分的效果。虽然这一分的效果，就宇宙的大洪流里头看来，也许有"渺沧海之一粟"的感慨；然而这安知这一分的效果，一分加一分，一点复一滴，终于变成滔滔大浪的江河呢！语云："涓涓之水，可成江河。"而爝火倒可以燎原。固知我们的力量有非我们自己所能预料的。我曾给我的朋友做了一副联，联云：

    胆欲大而心欲小，
    诚其意在致其知。

这副联的上文，即是说一切都是一点一滴小小心心地做去。我们无论做什么事，都得从大处着眼，小处下手，功夫决不会空费的。这就是我的不朽的宗教，也就是我的"不可救药的乐观主义"的原因。

  现在我快到欧洲去了。此时我所得的经验，当然要比以前"初出茅庐"时要多，而向之只能景仰不可攀望的大人物，此时也有机会和他们接触。所以我将来到欧洲时，也许我的做学问的欲望勃兴，从事学业的工作也未可知。因为我看西洋人作哲学史太偏于哲学的（philosophical）了，往往是把那些不切紧要的问题谈得太多，而惊天动地改变社会的思想家，在他们的哲学史上反没有位置。例如，一部哲学史翻开一看，康德（Immanuel Kant）和黑格尔（Hegel）的东西，已占了差不多一半，而达尔文、马克思、赫胥黎和托尔斯泰，反没有他们的位置，不是太冤枉了吗？照我的意见，作哲学史当以其人的思想影响于社会的大小为主体，而把那些讨论空洞的判断（Judgment）命题（Proposition）……等不关紧要、引不起人家的兴趣的问题，极力删去。我将来打算用英文作一本西方的思想史(A History of Western Thought),就本着这种意思做去。例如述黑格尔的哲学,他自身的重要远不如他的三个弟子。第一,如 Strauss① 用历史的眼光,去批评耶稣教义的得失,把从前一种迷信的崇拜推翻;第二,如 Feuerbach② 极端提倡唯物质主义(Materialism);第三,如马克思(Karl Marx)竭力提倡社会主义,用黑格尔的辩证法(Dialectical method)和哲学上的唯物主义构成唯物史观,用此解释人类社会的演进,及将来共产主义社会的归宿。至于黑格尔本身的哲学,和他的祖若父的哲学,只说个线索就够了。这不过是其中的一例罢了。但是我看近来学校方面虽因经济的关系不能发展,而诸位同学求学的热忱,反不致因此而受影响,且有独立研究的兴趣,这是使我即要离别诸同学时一种觉得难过的感想。也许将来一时感情的冲动,从早回来,也未可知。

---

① 斯特劳斯(1808~1874),德国神学家、哲学家。
② 费尔巴哈(1804~1872),德国唯物主义哲学家、无神论者。

北京大学五十周年[*]

北京大学今年整五十岁了。在世界的大学之中,这个五十岁的大学只能算一个小孩子。欧洲最古的大学,如意大利的萨劳诺(Salerno)大学是一千年前创立的;如意大利的波罗那(Bologna)大学是九百年前创立的。如法国的巴黎大学是八百多年前一两位大师创始的。如英国的牛津大学也有八百年的历史了,剑桥大学也有七百多年的历史了。今年四月中,捷克都城的加罗林大学庆祝六百年纪念。再过十六年,波兰的克拉可(Gracow)大学,奥国的维也纳大学都要庆祝六百年纪念了。全欧洲大概至少有五十个大学是五百年前创立的。

在十二年前,我曾参加美国哈佛大学的三百年纪念;八年前,我曾参加美国彭州大学(University of Pennsylvania)的二百年纪念。去年到今年,普林斯敦(Princeton)大学补祝二百年纪念,清华、北大都有代表参加。再过三年,耶尔大学是庆祝二百五十年纪念了。美国独立建国不过是一百六七十年前的事;可是这个新国家里满二百年的大学已有好几个。

---

[*] 1948年12月13日作。原载1948年12月北京大学出版部出版的《北大五十周年纪念特刊》,收入《胡适教育文选》等。——编者

所以在世界大学的发达史上,刚满五十岁的北京大学真是一个小弟弟,怎么配发帖子做生日,惊动朋友赶来道喜呢?

我曾说过,北京大学是历代的"太学"的正式继承者,如北大真想用年岁来压倒人,他可以追溯"太学"起于汉武帝元朔五年(西历纪元前124年)公孙弘奏请为博士设弟子员五十人。那是历史上可信的"太学"的起源,到今年是两千零七十二年了。这就比世界上任何大学都年高了!

但北京大学向来不愿意承认是汉武帝以来的太学的继承人,不愿意卖弄那二千多年的高寿。自从我到了北大之后,我记得民国十二年(1923)北大纪念二十五周年,廿七年纪念四十周年,都是承认戊戌年是创立之年。(北大也可以追溯到同治初年同文馆的设立,那也可以把校史拉长20多年。但北大好像有个坚定的遗规,只承认戊戌年"大学堂"的设立是北大历史的开始。)

这个小弟弟年纪虽不大,着实有点志气!他在这区区五十年之中,已经过了许多次的大灾难,吃过了不少的苦头。他是"戊戌新政"的产儿,但他还没生下地,那百日的新政早已短命死了,他就成了"新政"遗腹子。他还不满两周岁,就遇着义和拳的大乱,牺牲了两年的生命。辛亥革命起来时,他还只是一个十三岁的小孩子。民国成立的初期,他也受了政治波浪的影响,换了许多次校长。直到蔡元培、蒋梦麟两位先生相继主持北大的三十年之中,北大才开始养成一点持续性,才开始造成一个继续发展的学术中心。可是在这三十年之中,北大也经过不少的灾难。北大的三十周年(民国十七年,1928)纪念时,他也变成北平大学的一个学院了。他的四十周年(民国廿七年,1938)纪念是在昆明流离时期举行的。

我今天要特别叙说北大遭遇的最大的一次危机,并且要叙述北大应付那危机的态度。

话说民国二十年一月,蒋梦麟先生受了政府的新任命,回到北大来做校长。他有中兴北大的决心,又得到了中华教育文化基金董事会的研究合作费国币一百万元的援助,所以他能放手做去,向全国去挑选教授与研究的人才。他是一个理想的校长,有魄力、有担当,他对我们三个院长说:"辞退旧人,我去做;选聘新人,你们去做。"

蒋校长和他的同事们费了整整八个月的工夫筹备北大的革新。我们准备九月十七日开学,全国教育界也颇注意北大的中兴,都预料九月十七日北大的新阵容确可以"旌旗变色",建立一个"新北大"的底子。

民国二十年(1931)九月十七日,新北大开学了。蒋校长和全体师生都很高兴。可怜第二天就是"九一八"!那晚上日本的军人在沈阳闹出一件震惊全世界的事件,造成了第二次世界大战的序幕!

我们北大同人只享受了两天的高兴。九月十九日早晨我们知道了沈阳的大祸,我们都知道空前的国难已到了我们的头上,我们的敌人决不容许我们从容努力建设一个新的国家。我们那八个月辛苦筹备的"新北大",不久也就要被摧毁了!

但我们在那个时候,都感觉一种新的兴奋,都打定主意,不顾一切,要努力把这个学校办好,努力给北大打下一个坚实可靠的基础。所以北大在那最初六年的国难之中,工作最勤,从没有间断。现在的地质馆、图书馆、女生宿舍都是那个时期里建筑的。现在北大的许多白发教授,都是那个时期埋头苦干的少壮教授。

我讲这段故事,是要说明北大这个多灾多难的孩子实在有点志气,能够在很危险、很艰苦的情形之下努力做工,努力奋斗。我觉得这个"国难六年中继续苦干"的故事在今日是值得我们北大全体师生记忆回念的,——也许比"五四"、"六三"等等故事还更有意味。

现在我们又在很危险、很艰苦的环境里给北大做五十岁生日,我用很沉重的心情叙述他多灾多难的历史,祝福他长寿康强,祝他能安全的渡过眼前的危难正如同他渡过五十年中许多次危难一样!

卅七,十二,十三

第五辑
读书与学校教育

学 术 救 国[*]

今天时间很短,我不想说什么多的话。我差不多有九个月没到大学来了!现在想到欧洲去。去,实在不想回来了!能够在那面找一个地方吃饭,读书就好了。但是我的良心是不是就能准许我这样,尚无把握。那要看是哪方面的良心战胜。今天我略略说几句话,就作为临别赠言吧。

去年八月的时候,我发表了一篇文章,说到救国与读书的,当时就有很多人攻击我。但是社会送给名誉与我们,我们就应该本着我们的良心、知识、道德去说话。社会送给我们的领袖的资格,是要我们在生死关头上,出来说话作事,并不是送名誉与我们,便于吃饭拿钱的。我说的话也许是不入耳之言,但你们要知道不入耳之言亦是难得的呀!

去年我说,救国不是摇旗呐喊能够行的;是要多少多少的人投身于学术事业,苦心孤诣实事求是的去努力才行。刚才加藤先生说新日本之所以成为新日本之种种事实,使我非常感动。日本很小的一个国家,现在是世界四大强国之一。这不是偶然来的,

---

[*] 本文系胡适 1926 年 7 月在北京大学学术研究会上的讲演词。收入 1994 年人民教育出版社《胡适教育论著选》等。——编者

是他们一般人都尽量的吸收西洋的科学、学术才成功的。你们知道无论我们要作什么,离掉学术是不行的。

所以我主张要以人格救国,要以学术救国。今天只就第二点略为说说。

在世界混乱的时候,有少数的人,不为时势转移,从根本上去作学问,不算什么羞耻的事。"三一八"惨案过后三天,我在上海大同学院讲演,就是这个意思。今天回到大学来与你们第一次见面,我还是这个意思,要以学术救国。

这本书是法人巴士特 Pasteur 的传。是我在上海病中看的,有些地方我看了我竟哭了。

巴氏是一八七〇年普法战争时的人。法国打败了。德国的兵开到巴黎把皇帝捉了,城也占了,订城下之盟赔款五万万。这赔款比我们的庚子赔款还要多五分之一。又割亚尔撒斯、罗林两省地方与德国,你们看当时的文学,如像莫泊桑他们的著作,就可看出法国当时几乎亡国的惨象与悲哀。巴氏在这时业已很有名了。看见法人受种种虐待,向来打战[仗?]没有被毁过科学院,这回都被毁了。他十分愤激,把德国波恩大学(Bonn)所给他的博士文凭都退还了德国。他并且作文章说:"法兰西为什么会打败仗呢?那是由于法国没有人才。为什么法国没有人才呢?那是由于法国科学不行。"以前法国同德国所以未打败仗者,是由于那瓦西尔 Lauostes 一般科学家,有种种的发明足资应用。后来那瓦西尔他们被革命军杀死了。孟勒尔 moner 将被杀之日,说:"我的职务是在管理造枪,我只管枪之好坏,其他一概不问。"要科学帮助革命,革命才能成功。而这次法国竟打不胜一新造而未统一之德国,完全由于科学不进步。但二十年后,英人谓巴士特一人试验之成绩,足以还五万万赔款而有余。

巴氏试验的成绩很多,今天我举三件事来说:

第一,关于制酒的事。他研究发酵作用,以为一个东西不会无缘无故的起变化的。定有微生物在其中作怪。其他如人生疮腐烂,传染病也是因微生物的关系。法国南部出酒,但是酒坏损失甚大。巴氏细心研究,以为这酒之所以变坏,还是因其中有微生物。何以会有微生物来呢?他说有三种:一是有空气中来的,二是自器具上来的,三是从材料上来的。他要想避免和救济这种弊病,经了许多的试验,他发明把酒拿来煮到五十度至五十五度,则不至于坏了。可是当时没有人信他的。法国海军部管辖的兵舰开到外国去,需酒甚多,时间久了,老是喝酸酒。就想把巴氏的法子来试验一下,把酒煮到五十五度,过了十个月,煮过的酒,通通是好的,香味、颜色,分外加浓。没有煮过的,全坏了。后来又载大量的煮过的酒到非洲去,也是不坏。于是法国每年之收入增加几万万。

第二,关于养蚕的事。法国蚕业每年的收入极大。但有一年起蚕子忽然发生瘟病,身上有椒斑点,损失甚大。巴氏遂去研究,研究的结果,没有什么病,是由于作蛹变蛾时生上了微生物的原故。大家不相信。里昂曾开委员会讨论此事。巴氏寄甲、乙、丙、丁数种蚕种与委员会,并一一注明,说某种有斑点,某种有微生虫,某种当全生,某种当全死。里昂在专门委员会研究试验,果然一一与巴氏之言相符。巴氏又想出种种简单的方法,使养蚕的都买显微镜来选择蚕种。不能置显微镜的可送种到公安局去,由公安局员替他们检查。这样一来法国的蚕业大为进步,收入骤增。

第三,关于畜牧的事。法国向来重农,畜牧很盛。十九世纪里头牛羊忽然得脾瘟病,不多几天,即都出黑血而死。全国损失牛羊不计其数。巴氏以为这一定是一种病菌传入牲畜身上的原故,遂竭力研究试验。从一八七七年到一八八一年都未找出来。当时又发生一种鸡瘟病。巴氏找出鸡瘟病的病菌,以之注入其他的鸡,则其他的鸡立得瘟病。但是这种病菌如果放置久了,则注入鸡身,就没有什么效验。他想这一定是氧气能够使病菌减少生殖的能力。并且继续研究把这病菌煮到四十二度与四十五度之间则不能生长。又如果把毒小一点的病菌注入牲畜身上,则以后遇着毒大病菌都不能为害了。因为身体内已经造成了抵抗力了。

当时很有一般学究先生们反对他,颇想使他丢一次脸,遂约集些人买了若干头牛若干头羊,请巴氏来试验。巴氏把一部分牛羊的身上注上毒小的病菌两次。第三次则全体注上有毒可以致死的病菌液。宣布凡注射三次者一个也不会死,凡只注射一次者,一个也不会活。这不啻与牛羊算命,当时很有些人笑他并且替他担忧。可是还没有到期,他的学生就写信告诉他,说他的话通通应验了,请他赶快来看。于是成千屡万的人[来]看,来赞颂他,欢迎他,就是反对他的人亦登台宣言说十分相信他的说法。

这个发明使医学大有进步,使全世界前前后后的人都受其赐。这岂只替法还五万万的赔款?这[简]直不能以数目计!

他辛辛苦苦的试验四年才把这个试验出来。谓其妻曰:"如果这不是法国人发明,我真会气死了。"

此人是我们的模范,这是救国。我们要知道既然在大学内作大学生,所作何事?希望我们的同学朋友注意,我们的责任是在研究学术以贡献于国家社会。

没有科学,打战[仗?]、革命都是不行的!

一九二六年七月

大学教育与科学研究*

方才进礼堂来,看大家都是有颜色的,我却是没颜色的。我在政治上没有颜色,在科学上也没有颜色。我也可算是一个科学者,因为历史也算一种科学。凡是用一种严格的求真理的站在证据之上来立说来发现真理,凡拿证据发现事实,评判事实,这都是一种科学的。希望明年"双十节",史学会也能参加这会,条子也许会是白颜色的。

我今天讲一个故事,希望给负责教育行政或负责各学会大学研究部门的先生们一点意见。我讲的题是"大学教育与科学研究",不用说,科学研究是以大学为中心。在古代却以个人为出发点,以个人好奇心理,来造些粗糙器皿。还有,为什么科学发达起于欧洲呢?这一点很值得注意。对这虽有不少解释,可是我认为种种原因都不重要,最重要的是自中古以来留下好几十个大学。这些大学没有间断,如意大利伯罗尼亚大学,法国巴黎大学,英国牛津大学、剑桥大学等,这些都是远有一千年九百年或七八百年历史的,因此造成科学的革命。这些大学不断的继长增高,设备

---

* 1947年10月10日在天津六科学团体联合年会上的讲演。原载1947年10月11日《世界日报》,收入1992年人民教育出版社《胡适教育文选》(柳芳主编)等。——编者

一天天增加，学风一天天养成，这样才有了科学研究。研究人员终身研究，可是研究人才是从大学出来的，他们所表现的精神是以真理求真理。这一个故事是讲美国在最近几十年当中造成了几个好大学。美国以前没有 University 只有 College，美国有名符其实的大学是在南北美战争以后。为什么在七十年当中，美国一个人创立了一个大学，从这一个人创立了大学，提倡了新的大学的见解、观念、组织，把美国高等教育革命，因而才有今天使美国成为学术研究中心呢？美国去年出版了两个纪念专集，一个是威尔基专集，一个是吉尔曼专集。吉尔曼（D. C. Gilman）创立了约翰斯·霍普金斯（Jouns Hopkings University）大学，后来许多大学都跟着他走，结果造成了今日美国学术领导的地位。大家听了这个故事，也许会从中得到一个 Stimulation。

话说九十四年前，有两个在耶尔学院的毕业生，一个是二十一岁的怀特，一个是二十五岁的吉尔曼，那时美国驻苏公使令此二人作随员，一个作了三年多，一个作了两年多。怀特于三十五岁时做了康奈尔大学校长，吉尔曼四十一岁作了加利佛尼亚大学校长，吉氏未作长久，两年后就辞职了。当时在美国东部鲍尔梯坞城有一人富翁即霍普金斯，他在幼小时家穷，随母读书后去城内作买卖，因赚钱而开一公司，未几十年就当了财主。他在七十岁时立一遗嘱，要将所有遗产三百五十万美金分给一医学院和一大学作基金。一八七三年，他七十九岁时逝世，他的遗嘱生了效。翌年，即开始创办大学，当时董事会请哈佛大学校长艾利阿特（C. W. Eliot）、康奈尔大学校长怀特和密士根大学校长安其尔来研究。那时以如此巨款办大学，真是空前的一件事，那时该校董事长的意思是要办一"大学"，可是请来的这三位校长却劝他们要顾及环境，说什么南方不如北方文化高啦，办大学不是从空气里能生长的等语。后来,董事会请他们三人推选校长,三人却不约而同的选出吉尔曼来当校长。吉尔曼做了校长,他发表了他的见解说,应全力提倡高等学术,致力于提倡研究考据,把本科四年功课让给别的学校教,我们来办研究院,我们要选科学界最高人才,给他们最高待遇,然后严格选取好学生,使他们发展到学术最高地步,每年并督促研究生报告研究成绩,并给予出版发表机会。因为那时的高才的教授们,都在教学院的学识浅近的学生,或受书店委托编浅近的教科书,如果给他们安定的生活,最高的待遇,便可以专心从事更高深的研究。这时吉尔曼四十四岁作该大学校长,并且,他决定了以下的政策:研究院外,办理附属本科。最初附属本科只二十三个学生,研究院五十多个,大约二与一之比;可是二十多年以后,研究院的学生到了四百多,附属本科仅一百多,却是四与一之比了。并且,第一步他聘请教授,第一位请的是希腊文教授费尔斯,四十五岁;第二位是物理学教授劳林,才二十八岁;第三位是数学教授塞尔威斯特,六十二岁;第四位是化学教授依洛宛斯;第五位是生物学教授纽尔马丁;第六位也是希腊文拉丁文教授查尔玛特斯。第二步他选了廿二个研究员,其中至少有十个以上成了大名。他的教授法,第一二年是背书,后二年讲演,自然科学也是讲演。第三步是创办科学刊物,这可算是美国发表科学刊物之创始。一八七六年,出版算学杂志,一八八〇年创刊语言学杂志,以及历史政治学杂志、逻辑学杂志、医学杂志等八大杂志,而开始了研究风气。

　　以上这三件事使美国风云变色。在这里我再谈谈办医学研究的重要:这个大学开幕已十年,医学院尚未开办,但因投资铁路失败鲍尔梯玛城之女人出来集款,愿担负五十万美金的开办费,但有一条件是医学院开放招收女生。

当这大学的方针发表后,全美青年震动,有一廿一岁之青年威尔其(Welch),刚毕业于纽约医科学校。那时无一校有实验室,他因欲入大学,一八七六年赴欧洲作三学期之研究,一八七八年回美国,可是找不到实验室。最后终找一小屋,这是第一个美国"病理学研究室",以廿五元开办。他作了五六年研究后,有一老人来找他,请他作霍普金斯医学院病理学教授,后并升任院长,创专任基本医学教授之制,而成立了医学研究所。

最后,吉尔曼于一九〇二年辞掉他已作了廿五年的校长,在那个典礼上,吉尔曼讲演,他说:约翰斯·霍普金斯给我们钱办大学,可是没有告诉我们大学的一个定义。我们要把创见的研究,作为大学的基础。这时,后来任美国总统,也是那个大学的第一班学生威尔逊站起来说:"你是美国第一个大学的创始者,你发现真理、提倡研究,不但是在我们学校有成绩,给世界大学也有影响。你创始了这师生合作的精神,你是伟大的。"同时,以前曾被邀请参加创办大学意见的哈佛大学校长艾利阿特发表谈话,他说:"你创立了研究院的大学,并且坚决的提高了全国各大学的学术研究,甚至连我们的哈佛研究院也受了你的影响,不得不用全体力量来发展研究。我要强调指出,大学在你领导之下是大成功,是提倡科学研究的创始,希望发现一点新知识,由此更引起新知识,这年轻的大学,有最多的成绩。我最后公开承认你的大学政策整个范围是对的。"

考试与教育[*]

我在民国二十三年，曾在考试院住过几天，也在此会场讲过话，所以这次重来，非常愉快。尤其看到考试院的建筑没有被破坏，并知道今年参加高考的人数超过以前任何时期，现在交通如此不方便，而全国各大城市参加高考的人数，竟达万人以上（就在我们北大的课室中，也有不少的人在应试）。我感觉到，自民国二十年举行第一次考试以来，这十六年间，考试制度的基础已相当巩固。我是拥护考试制度的一个人，目睹考试制度的巩固，与应考人数的增多，至为高兴。

今天考试院的几位朋友，要我来谈谈考试与教育的问题。当然考试与教育，与学校，都有很深的关系。中国的考试制度，可算有二千多年历史。在汉朝初开国的几十年，本来没有书生担负政治上的重要责任，后来汉武帝的宰相公孙弘，向武帝建议两件大事：其一是"予博士以弟子"。因过去只有博士，而没有学生，公孙弘主张给博士收学生，每个博士给予学生十人，后来学生数目逐渐增加，至王莽时代，增至一万人，迨东汉中期，更增至三万人。

---

[*] 1947 年 10 月 21 日在考试院的讲演。原载 1947 年 10 月 24 日《中央日报》，收入《胡适教育论著选》等。——编者

其二就是考试制度。公孙弘见国家的法令与皇帝的诏书，不但百姓不能了解，甚至政府的官吏亦多不懂，故献议武帝，采用考试的办法，即指定若干经典为范围，凡能背诵一部的，便予以官吏职位。这是最早的考试制度，约在纪元前一百二十四年开始实行，到现在已经二千一百年。有了这种考试制度，便可以吸收学校训练出来的人才。风气一开，就另外产生一种私人创办的学校。在后汉时，此种学校达一百余所，各校学生有五六百人的，也有一二千人的。但因私人住宅无法容纳，所以在学校附近，就有许多做小买卖的商店应运而生，以供应学生的衣着和食宿。

其后学校的开办，主要的便是为适应此种考试制度而设，学校学生根据政府订定的标准，大家去努力竞争。最初应考的人，还有阶级的限制，就是只有士大夫阶级才能应试。后来这种阶级观念也打破了，只问是否及格，而不问来历。考试制度其后也逐渐改进，在唐朝时，还有人到处送自己的卷子，此种办法易影响主考人的观念，所以大家觉得不妥当，而加以禁止。到宋朝真宗时代，更采用密封糊名的办法，完全凭客观的成绩来录取人才。

由于考试制度的渐趋严密和阶级制度的逐渐打破，所以无论出身如何寒微的人，都有应考的机会和出任官吏的可能。

以前我在外国，有人要我讲中国的考试制度，我便引用一个戏台上的故事，就是《鸿鸾禧》所描写的"金玉奴棒打薄情郎"。这个戏也许大家都看过，是叙述一个乞丐头儿金松的女儿金玉奴，在一个寒冷的冬天打开大门看见有人僵倒在地上，便和他父亲把这个人救活了。那个人是一位来京应试的穷书生，因为没有钱，又饥又饿，所以冻僵在门前。后来金玉奴请他的父亲把他收留了，这个书生不久便做了金松的女婿，并且考中了进士，还不能做知县，只在县中做县尉县丞之类的小官，但是他做了官之后，总觉得当一个乞丐头的女婿没有面子,所以在上任的路上,便要设法解决他的太太。在一个月明星稀的晚上,他叫她走出船头,硬把她推下水去,但想不到金玉奴却被后面一只船的人救起来。这个船上的主人,便是那书生的上司,他询明情由,就收金玉奴为养女,等到那书生到差之后,仍将她嫁回给他。于是在洞房之夜,金玉奴便演出了棒打薄情郎这幕喜剧。

这个故事是说明那个时候的人,谁都可以参加考试和有膺选的机会,完全没有阶级的限制。这种以客观的标准和公开竞争的考试制度,打破了社会阶级的存在,同时也是保持中国二千多年来的统一安定的力量。

我认为中国到现在还是没有阶级存在的,穷富并不是阶级,因为有钱的人,可能因一次战争或投机失败而破产,贫穷的人,亦可以积累奋斗而致富,不像印度那样,有许多明显的阶级存在。我国的阶级观念,已为考试制度所打破。

再说考试制度对于国家的统一,也有很大的关系。从前的交通非常不便,不像现在到甘肃、到四川,坐飞机只花几个小时就可以到,并且还有火车、汽车和轮船等交通工具。在古时那种阻塞的情形下,中央可以不用武力而委派各地以至边疆的官吏,来维持国家的统一达两千多年,这实在是有其内在的原因,就是由于考试制度的公开和公平。当时中央派至各地的官吏(现在称之为封建制度,我却认为并不怎样封建,因为不是带了许多兵马去的)皆由政府公开考选而来。政府考选人才,固然注意客观的标准,同时也顾及到各地的文化水准,因此录取的人员,并不偏于一方或一省,而普及全国。在文化水准低的地方,也可以发现天才,有天才的人,便可以考中状元,所以当选的机会各地是平等的。

同时还有一种回避的制度,就是本省的人不能任本省的官吏,而必须派往其他省份服务,有时候江南的人,派到西北去,有时候西北的人派到东南来。这种公道的办法,大家没有理由可以反对抵制。所以政府不用靠兵力和其他工具来统治地方,这是考试制度影响的结果。

今天我到考试院来,班门弄斧的说了一套关于考试制度的话,一定很多人不愿意听,所以我要向大家告罪。

再说到本题来,即从汉朝以后,考试和教育的关系。那时候的学校,差不多都是为文官考试制度而设,迄至隋唐,流于以文取士的制度。本来考试内容,包含多种,除进士外,有天文、医学、法律、武艺等等,不过进士却成为特别注重的一科。进士是考诗经、词赋的,即是以创作文学为标准,社会的眼光,也特别重视这一科。有女儿的人家,要选进士为女婿,女子的理想丈夫,就是状元进士。这种社会风气,改变了考试的内容。本来古代考试,不单纯是作诗词或八股文章,不过因为后来大家看不起学法律和医药的人,觉得这种学问,并不是伟大的创作,而进士却能在严格的范围内来创作文学,当然应看作是天才了。社会这种要求,并不是没有道理,不过因为太看重进士,所以便偏于以进士科为考试制度的标准。

王安石时,他想变更这种风气而提倡法治,研究法律。但是他失败以后,便依然回复到做八股文章,走上错误的道路,但这种错误是基于当时的社会背景的。

因为考试内容的改变,便影响到学校的教育。考试要用诗赋,学堂的教育便要讲诗赋,考试要作八股文章,学堂教育便要讲八股文章。社会的要求和小姐们的心理,影响了考试制度,考试制度也影响了学校教育的内容。

由进士科考取的人才,多数是天才,天才除了做诗赋和八股之外，当然还可以发挥其天才做其他的事业，所以这并不是完全失败的制度。此处并非说我同情进士制（我是最反对做律诗和八股文的），不过我们要知道这是有历史背景的。

我近年来，在国外感觉到，中国文化对世界有一很大的贡献，就是这种文官考试制度。没有其他的民族和国家，其考试制度会有二千多年历史的。我们即以隋朝到现在来说，已有一千四百年，唐朝迄今，有一千三百年，宋朝迄今，也有九百多年。没有别的国家，能有这样早的考试制度。我国以一个在山东牧豕出身的公孙弘先生，能于二千年前有这种见地，实在是件了不起的事。

再从世界的眼光来看，中国考试制度，也影响了别的国家。哈佛大学的《亚洲研究杂志》，前年刊登一篇北京大学教授丁士仪先生写的文章，题为《中国文官考试制度影响英国文官考试制度的研究》。丁先生特别搜寻英国国会一百多年来赞成和反对采用中国文官制度的历次讨论纪录，用作引证。并说明十八世纪（其实早在十七世纪）便有耶稣会的传教士介绍中国的历史文化和政治制度到欧洲，其中便曾有人提到中国的考试制度。首先在法国革命时（纪元1791年），法国革命政府宣布要用考试制度，这思想是受了中国影响的，不过后来革命政府失败，所以没有实现这个制度。其后这种思想，由欧洲大陆传入英国，英国当时有所谓"公理学派"，主张改革政治、改革社会以谋取最大多数人类的最大幸福为目标（这个学派也可称为幸福主义学派），他们同样看重了中国的文官考试制度，主张英国也应加以采用。

后来英国议会讨论这个问题时，有赞成和反对的两派意见。赞成派的理由，是中国能维持几千年的统一局面，主要的是因为政府采用这种公开的客观的考试制度；反对派则认为中国自鸦片战争以来，历次对外打败仗，所以不应仿效中国的制度。由此可知无论赞成的和反对的,都承认这是中国发明的制度。

后来英国先在印度和缅甸试行这种制度,到十九世纪以后,再在国内施行。

其后德国也采用考试制度,不久复传到美国。这都是直接或间接受到中国影响的。

在太平天国时代(十九世纪中叶),英国出版一本书叫做《中国人与中国革命》,这本书前面,有个附录,是一个英国官员向英政府及人民写的条陈,要求英国采用中国的文官考试制度。

由这些事例,可以看出中国文官考试制度影响之大,及其价值之被人重视,这也是我们中国对世界文化贡献的一件可以自夸的事。

现在我们的考试,已经不采用诗词了(考试院的各位先生平常作诗作词,不过是一种余兴),考试的内容已和世界各国相差无多。比之古代,虽然进步了很多,但是我们回过头看,现在却缺少了上面所讲的社会上的心理期望。

现在人家择女婿,不以高考及格为条件的,小姐们的理想丈夫,也不是高考第一名的先生!现在大家所仰慕的,高考还不够,要留学生,顶好是个博士,而且是研究工程的,这是一个显明的事实。

尽管现在社会对考试制度已较民国二十年时,认识得清楚,参加考试的人数也已增多,但是小姐们并不很看重高考及格的人员。我们不可忽视,小姐是有影响考试制度的相当权力的。

怎样才能使社会人士和小姐们养成对考试制度的重视呢?我还没有方案来答复大家这个问题。

我曾和戴院长谈过北京大学一个学生的故事。这个学生,今年毕业,是学法律的,中英文都很好,他的毕业论文,全篇用英文写成，故被目为该系成绩最优的一个。学校要留他当助教，他说"谢谢，我不干。"北平地方法院的首席检察官在学校兼课，也邀他到法院去帮忙，他也说"谢谢，我不干。"后来一查，他的毕业论文虽作了，却没有参加毕业考试，原来他到一个私立银行当研究生去了，他的薪津比敝校的校长还要多，他用不着参加考试，因为这个私立银行是不用铨叙的。

我有三十二张博士文凭（有一张是自己用功得来，另 31 张是名誉博士），又当了大学校长，但是我所拿的薪津，和一个银行练习生相差不多。我并不是拿钱做标准来较量，但是在这种状态之下，如何能使社会上的人士对考试及格的人起一种信仰呢？

我希望各位在研究国内外各种高深学问之余，再抽时间看明朝以来三百年间流行的才子佳人小说，研究一下怎样才可以恢复过去社会上对考试制度敬重的心理，就算我出这个题目来考考大家。

教育家张伯苓[*]

"我既无天才,又无特长,我终身努力小小的成就,无非因为我对教育有信仰、有兴趣而已。"这句话是张伯苓的自述。他还常常喜欢引用一位朝鲜朋友的评语:

> 张伯苓是一个极其简单的人,不能跟同时代的杰出人物争一日之长短,但是他脚踏实地的苦干,在他的工作范围里,成就非凡。

他二十岁就从事于教育,第一期学生不过五个人。一九一七年,他四十一岁,南开中学已有一千个学生。到了一九三六年,他六十大寿的时候,南开大、中、小学共有学生三千名。一九三七年,天津校舍被毁于日军,其时他早已在重庆设立南渝中学,不到几年,学生增至一千多人,又成为全国首屈一指的中学。

张伯苓于一八七六年四月五日生于天津。其父博学多能,爱好音乐,尤善琵琶和骑马射箭,惜以沉溺于逸乐,以至家产荡然。

---

[*] 原系英文稿,载1946年6月《中国杂志》。中译稿载1947年11月5日、7日《前线日报》。——编者

续弦生伯苓时,已甚穷困,授徒以自给,深痛自己的不能振作,乃决计令伯苓受良好教育,严格的修身。

伯苓年十三,以家学渊源考入北洋海军学校。该校系严修、伍光建等三五留英学生主持,伯苓每届考试必列前茅。该校教师中有苏格兰人麦克礼者,讲解透澈,更佐以日常人格的熏陶,受业诸生获益匪浅,其于伯苓亦留下深刻难忘的印象,伯苓于一八九四年以第一名毕业,时年还不过十八岁。

是年,中国海军于第一次中日战争中大败,几于全军覆没,甚至于不留一舰可供海军学校毕业生实习之用。伯苓于是不得不回家静候一年,然后得入海军实习舰"通济号"内见习军官三个月,伯苓即在该舰遭遇他终身不忘的国耻,决心脱离海军,从事教育救国事业。

缘自中国败于日本之后,欧洲帝国主义者,在中国竞相争夺势力范围,伯苓即于其时在威海卫亲身经历到中国所受耻辱的深刻。威海卫原为中国海军军港,中日之战失败后,然后于翌日移交英军。伯苓目击心伤,喟然叹曰:

> 我在那里亲眼目睹两月之间三次易帜,取下太阳旗,挂起黄龙旗,第二次,我又看见取了黄龙旗,挂起米字旗。当时说不出的悲愤交集,乃深深觉得,我国欲在现代世界求生存,全靠新式教育,创造一代新人。我乃决计献身于教育救国事业。

张氏此种觉悟,此种决心,足以反映当时普及全国的革新运动。戊戌政变就是这种运动的高潮,可惜这种新运动不敌慈禧太后的反动势力而失败了。伯苓时年廿二岁,欣然应严修之聘,在其天津住宅设私塾教授西学。严氏私塾名"严馆",学童为严修之子等五人。此为张氏一生从事教育事业的开端。

伯苓结识严修,于后来南开的开办与发展的影响很大。严修字范孙,为北方学术界重镇,竭诚提倡新思潮新学说,不遗馀力,而且德高望重,极受津人的景仰,伯苓得其臂助,为南开奠定巩固的始基。伯苓当时的教授法已极新颖,堪称为现代教育而无愧色。所受课程且有英文、数学和自然的基本学识,尤注重学生的体育。伯苓且与学生混在一起共同作户外运动,如骑脚踏车、跳高、跳远和足球之类。同时注重科学和体育,师生共同学习,共同游戏。张氏于此实为中国现代教育的鼻祖之一。

一九〇三年,张氏和严修赴日考察大中学校教育制度,带回许多教育和科学的仪器。张、严两氏咸以日本教育发达,深受感动。回国后,即以严氏一部分房屋,将私塾改为正式中学,名曰第一私立中学,一九〇四年开学,学生七十三人,每月经费纹银二百两,由严、张两家平均负担。一九〇六年,某富友(编者按:系指郑菊如先生)捐赠天津近郊基地名"南开"者作为新校校址。从此南开与张伯苓两个名字,在中国教育史上永占光荣的一页。

南开在此后十年中,进步一日千里,其发展与进步且是有计划的。一九二〇年,江苏督军李纯,原籍天津,自杀身死,留下遗嘱,指定他一部分财产,计值五十万元捐助南开经费,中美教育文化基金董事会和管理中英庚子赔款基金董事会,也以英美退还的赔款一部分拨捐南开。纽约洛克斐尔基金委员会更捐助大宗款项,建造南开大学校舍及其设备,并资助该校的经济研究所。

南开开办之初,基地不过两亩,不到几年,即在附近添购一百亩以上,以供扩充。南开大学系于一九一九年正式开学,设文、理、商三科,翌年增设矿科。经济研究所则系于一九三一年设立。下一年又增设化学研究所。南开中学女子部则系于一九二三年设立。并于一九二八年设立实验小学。到了一九三二年,南开已完成了五个部门,即大学部、研究院、男子中学、女子中学及小学。在毁于日军的前几年,学生总数已达三千人。

南开之有此成绩,须归功于张伯苓先生之领导,这是尽人皆知的事实。他常对友人说:一个教育机关应当常常欠债。任何学校的经费,如在年终,在银行里还有存款,那就是守财奴,失去了用钱做事的机会。他开办学校可说是白手起家,他不怕支出超过预算。他常是不息的筹谋发展新计划,不因缺少经费而阻断他谋发展的美梦。他对前途常是乐观的。他说:"我有方法自骗自。"其实就是船到桥头自然直。结果呢,确是常常有人帮助他实行新计划。

张氏在他的《自传》里说:"南开学校诞生于国难,所以当以改革旧习惯,教导青年救国为宗旨。"他还说中国的弱点有五:即一、体弱多病,二、迷信,缺乏科学知识,三、贫弱,四、不能团结,五、自私自利。

张氏为改良中国的弱点,因而提出五项教育改革方针。他主张新教育:第一,必须改善个人的体格,使宜于做事;第二,必须以现代科学的结果和方法训练青年;第三,必须使学生能组织起来,积极参加各种团体生活,共同合作;第四,必须有活泼的道德修养;第五,必须感化每一个人都有为国宣劳的精神。

由今日视之,这些不免是老生常谈,然而张氏使这些精神贯注于其学校的生活,成为不可分离的部分,实在是张氏办教育的极大成就。

此外,除教会学校之外,南开在中国人自办的学校中间,以体育最出名、最有成绩,无论在全国运动会或远东运动会,南开的运动选手成绩都很好,自一九二〇年来,张氏在迭次全国运动会中被聘为裁判长。这些都得力于他终身提倡体育及在各种运动比赛中注重运动道德的缘故。南开还以训练团体生活共同合作著称。南开最有名的学生活动,就是他的新剧社。早在一九〇九年,张氏即已鼓励学生演剧了。他还亲自为他们写作剧本,指导他们表演。他还以校长身份不惜担任剧中主要角色,使外界观之惊骇不置,认为有失体统。后来,他的胞弟张彭春先生在哥伦比亚大学研究文学和戏剧归国,接受他的衣钵,导演几本新剧,公演成绩非常可观。易卜生的《傀儡家庭》和《人民的公敌》,由张氏导演,极得一般好评。

关于张氏教育的方针中的着重道德修养和爱国观念,张氏以身作则,收效甚宏,尤其是开办最初数年,学生人数较少,耳濡目染,人格熏陶之功甚大。他在每星期三下午必召集全校学生,共同讨论人生问题、国家大事和国际关系。他差不多对于每一个学生都叫得出他的名字,不惮烦地亲身对他讲解。

一九〇八年,他首次访问英、美考察教育。他自己对于道德修养的热忱,与他长时期和基督徒的交往,最后根据他亲身在英、美两个社会生活的阅历,使他深信基督教实为劝人为善的伟大力量,于是他就在英、美考察归国的一年(1909)正式受洗礼为基督徒。其时他三十三岁。

张氏为一热心爱国的人,他以教育救国为终身事业,他的教育学说归纳为"公能"两字,他就以此为南开校训。张氏既以教育救国为职志,对於日本在东北的野心,常常觉得忧惧。一九二七年,他亲自到东北去调查,回来后即在南开大学组织东北问题研究会,并且还派遣教授数人赴东北考察。

"九一八事变"果然爆发,"七七事变"后,平津相随沦陷,南开大学、中学也就因为平常爱国抗日的缘故,于一九三七年七月廿

九、卅两日给日军以轰炸机炸毁。其时张校长在南京,蒋委员长闻讯,即安慰他说:"南开为国家牺牲了,有中国即有南开。"

南开被毁不久,他的爱子锡祜即在空军中驾驶轰炸机赴前线作战,不幸在江西山中失事殉命。锡祜系于三年前毕业于航空学校,在行毕业礼的时候,张氏曾代表空军毕业生家长发表激励的演说。当他听到爱子噩耗,静默一分钟后,就说:"我把这个儿子为国牺牲,他已经尽了他的责任了。"

南开的遭遇日军炸毁,在张氏及其同僚原属意料中事,一九三五年,张氏早已到四川各地查勘适宜的地址,俾作迁校之计。数个月后,他又派南开中学教务主任到华西去考察是否有设立华西分校的可能,不久决定在重庆近郊兴建校舍。一九三六年的九月新校开学,名南渝中学,一九三八年,应南开同学会的建议,改称南开重庆分校。南开大学则从教育部建议,与清华大学和北京大学合并,在长沙开学,校名联合大学。迄至一九三七年,长沙被敌机轰炸,联大奉命迁往昆明,校名改称国立西南联合大学。

当其时,张氏大部分时间留在重庆分校,经济研究所亦于一九三九年在重庆恢复,南开小学亦于一九四〇年在渝开学,南开新校舍又被日机轰炸。一九四〇年八月,南开新校舍落下巨型炸弹卅枚,但是被毁校舍旋即修复,弦歌始终未曾中辍。

张氏爱国,对于国家政治的发展自然极为注意。惟政府屡欲畀以要职,且曾邀其出任教育部长及天津市长,均被婉辞谢绝,以便有机会以全副精神实现南开的教育理想。及至战时,国家处于危急存亡之秋,乃投身政治。一九三八年,国民参政会成立,张氏当选副议长,迭次出席会议,不常发表议论,其力量则在驻会委员会发挥之,张氏希望教他每个学生都有政治的觉醒,虽则不一定人人参加政治。

八年抗战期内，南开大学虽受政府津贴，但是南开中学始终保持私立性质，今后亦然。战时联大的三个主体：清华大学、北京大学和南开大学均已复校，仍由政府资助；但张氏始终主张教育应由私人办理，今后将继续为此努力。南开重庆分校今后亦继续办理，以保持其战时成绩。

张伯苓先生今年七十岁，白发老翁，新近自美国疗养归来，仍将大做其"南开梦"。某日，张氏对南开教职员及同学曾说：

> 回顾南开以往的战斗史，展望未来复校的艰巨事功，我看前途充满光明的希望。南开的工作无止境，南开的发展无穷尽，愿以同样勇气，同样坚韧，共同前进，使南开在复兴国家的时期占一更重要地位。

教育学生培养兴趣*

问 现在一般优秀青年不愿受师范教育,就[是]受了师范教育的人,不愿从事教育工作,对这个现象,有什么办法补救?

答 世界各国一般都有此现象,因为教育界待遇,较之工厂公司及自由职业者要低,国外也如此。专门学师范的人才,常转业到别的方面去,对此我还不知道有何普通的解决方法。美国在战后曾通过一个法律,以保障军人权利,即大战时国家征调的军人,服役完毕后,政府要给他付学费,受四年大学教育。于是投这些退役军人之好,有许多后期预备学校,私立大学和专门职业学校的设立。在我前次回国时,因为有千多万[?]服役军人,享有四年受教育权利——受大学教育,或者补完高中教育,于是大学由六百多个增加到一千多个。地方的职业专科学校也是一样的增多,这样一来,发生师资问题。在战时,又因为各种工厂需要人才,很多人又跑到工厂去做工,以致师资时时感到缺乏。这的确是一普遍问题,我也常常听到他们讨论这个问题。

---

* 1952年12月19日在台北市中等以上学校校长座谈会上答问。原载1952年12月20日台北《中央日报》;收入《胡适演讲集》下册(1970年台北出版)、《胡适教育论著选》(白吉庵等编)。——编者

记得上海有一年发生过交易所的狂热,一年中产生七十多个证券物品交易所。那时许多中学教员,都放弃学校工作,跑到交易所去,尤其教英文、算学的,这是外面的职业引起他转业,所以有很多学堂受了影响。

问　现在台湾中等学校情形,大学也不免,就是课程相当繁重。并且要特别注重国文,所以整个时间都被课程占据,除了功课之外,还有两小时用在火车上。学生没有一点时间,让他自己摸索,扩充课外的知识,所以全省有十四万中学生,而几份中学生读物都失败了。学生根本没有时间读课外读物。

答　也许读物本身要负一点责任,它不能引起学生兴趣。我们做学生时,许多东西先生不许看,自己偷偷的看。关于大学的功课,三十年前我们在北京,就提倡选课制。大学选课制度是让学生减少必修课,增加选修课,让他多暗中摸索一点,扩大其研究兴趣。讲新教育要注重兴趣。所谓兴趣,不是进了学堂就算是最后兴趣。兴趣也要一点一点生长出来,范围一点一点的扩大。比方学音乐,中国的家庭,没有钢琴提琴,就是小孩子有此天才,有此兴趣,没有工具也不行。台湾的中小学教育,设备较大陆完善。如果把必修课时间减少一点,让他们活泼自动的去摸索,以养成兴趣,那么,成绩一定更好些。"得天下英才而教育之",教育也是有一种兴趣的。美国对教育兴趣的培养,用许多方法,教育影片是其中的一个。由于电影教育的关系,也可以引起许多人对教育的兴趣。

现在新教育注重兴趣,我们的中等学校,兴趣范围太窄,应该力求扩大。我对中等教育是外行,不过我是从内地来的,总觉得台湾在三四十年中,打下了一个好的教育基础。日据时代,在别的方面也许是错误的,但是教育基础的确打得不错。我看台湾的小学、中学建筑和设备，都比大陆高明，尤其中等职业学校。我们从前提倡职业教育，这个用手、用脚、用脑的教育虽然提倡过，但结果等于没有。大家都觉得职业教育难办，没有设备、没有机器、没有工厂。所以普通学校特别发达，办普通学校比较容易，政府又没有限制。台湾的情形，则比较好得多。职业学校的基础好，加上我们几年来自己的努力，在这环境之下，的确大有可为。

问 现在美国男子和女子教育有哪几点不同？

答 江校长这个问题确考倒了我。在我所读书的学堂，都是男女同学，如康乃尔大学，就是美国第一个男女同学最早的学校。以后哥伦比亚大学，本科只有几百人，分男女两部，而研究院的人比较多，完全男女同学，以我所看见的，看不出有什么大的区别。康乃尔的工学院方面，没有看到女生，其他在家政、护士医学方面女生特别多，很少有男护士。所有各科，都有女学生。在我做学生时，看见学工程的只有一个女的，后来就多了，在美国没有不许女子进去的学校，只有几个女学堂，不许男子进去。

问 胡先生在回国期间，对"自由中国"有何观感？

答 我到今天，回国刚一个月，此地朋友待我太好，天天要我用嘴吃饭、喝酒和讲话，就没有用眼睛看，用耳朵听。用眼睛看的只有台大图书馆，甚至师范学院图书馆因为讲演后已经天黑，没有去看。只有在台中看了一天，看过两个电厂，和日月潭的风景，其他什么都没有看见。我回国时间很短，只能说一点普通观感，这个观感超过我没有回国之前的希望。就教育上说，的确超过我当初的希望，现在台湾有百多万学龄儿童，国民学校一年十几万的毕业生，有几万人去受中等教育，一个县份就有几个中学，在我的家乡，到现在，县里还没有一个中学。我此次到过南投、彰化等县，一个县就有八个中学。并且不但中等学校如此，就大学教育，这几年来，也很发达。在日据时代，台湾的大学，只有几百学生，在这几百人之中，台湾籍学生占极少数，现在有一个国立大学，三个省立学院，人数都很多，在受教育的比例上，实在超过我的企望。同时学生也很活泼，我在彰化时，看到一千多学生赶火车，看到我来时，就临时集合在火车站要我说话。在农学院也是如此，大家集合要我说话，所以我看他们活泼，很高兴的和他们谈谈，讲了半点钟的话，觉得他们很活泼，很自由。

我看台湾的民主政治方面，因为教育发达，各县市民选的县市长和民选县市议会议长、议员，这些民选代表都不错。这几年实行民主政治，有此收效，恐怕是要归功于教育基础。这是我在很短时间内的一个普通粗浅的观察，觉得很满意，至少满意的程度超过我没有来以前的企望，所以我很高兴。诸位先生不要以为我所说的满意，只是恭维，的确我不是恭维，而是没有成见，虚心的看来的结果。

问 现在美国的学校教育与社会教育、家庭教育，如何配合？我们总配合不起来。

答 这个问题太大，我不是专门弄教育的，不学教育的不能答复这个大题目。我觉得这种配合总是不能完全满意。因为年轻的人，进学堂不一定有一定的宗旨。照规矩说，学的东西，不一定是社会或家庭需要的东西，一个学校也不一定为各个学生来适应家庭和社会的需要。总结还是一句话，是注重训练学生本能天才的发展，使他的知识能力有创造性，能应付新的问题，新的环境，我认为一切教育都应该如此，决不能为某种环境、某种家庭，去设想。

四十一年十二月十九日

选科与择业*

林一民院长 胡先生今天除了公开讲演外,并在国大联谊会、师范学校讲话,已经很累,本来不应该再要求胡先生讲话了。只以胡先生是学术界的权威,很难得这个机会,所以还是请胡先生指教。

胡适之先生 我从上月十九日回到台北直到今天,差不多天天说话。昨天接到通知,是要我参加谈话会,所以没有准备,我也愿意听听各位先生的话。或者提出什么问题来讨论,或要我答复都可以,假使我不能答复的,钱校长、陈厅长、董教授,也可以帮助我答复。

林一民院长 前次听到教育部程部长说,我们有许多人在美国担任学术工作。详细情形如何?胡先生一定知道,请胡先生告诉我们。

胡适之先生 在大陆崩溃的时候,所谓左派的学生发起组织科学工作协会。里面分了好几部门,如社会科学工作者,自然科学工作者,并分地域。起初许多人不晓得是有作用的,后来才知

---

* 本文为1952年12月11日胡适在台中农学院座谈会上的答问。收入《胡适言论集》乙编(1953年台北华国出版社)——编者

道。在大陆放弃以后，当然有许多人动摇。有些学专门科学的人，认为应该回国去工作，并认为学物理、化学与工农科的，回到大陆没有问题。后来看到许多学自然科学的人，遭到清算迫害，便打消了回大陆的思想。现在留在外面的科学人才，各自由国家都有，在欧洲、英国、法国较多，整个说起来，美国特别多。他们在外国留下来，有三个原因：

第一，共产党统治大陆以后，留在大陆上的，不但学社会科学、人文科学的，没有自由，就是学自然科学、应用科学的，也没有自由。大家看清楚了共产党的面目。这是在外国留下来的最大原因。

其次，台湾政治，虽然慢慢的上了轨道，并有很大的进步，但大家都知道台湾的生活很苦，同时入境需要一种手续，还有许多人感觉到做工作需要一种设备。在台湾的高等教育机关，只有一个大学，三个学院，同"中央"研究院的一部分，很少有比较完备的设备，不积极回台湾，这个原因要占大部分。

第二，大陆不能去，回台湾有上述几个问题，同时感到留在外面继续研究比较方便。在外国找一个固定的工作也比较容易。

第三，美国从韩战发生以后，刘于学工程学、物理学、化学、应用科学，以及与国防有关的，尤其是航空工程的人才，禁止回大陆。如西部加里福尼亚州工程大学有一位在航空工程有地位的教授，因家庭关系要回大陆，家眷都上船了，美国政府临时把他的书籍、纪录资料统统扣留，人也不准出境。（最初禁止的，只限于与军事有关的人才，最近虽没有见诸明令，事实已扩大到凡是大学毕业，或获得高级学位的人，都不准出境。这种措施，是不愿意让训练好的人才，由香港回到大陆"铁幕"里去。）

这是我国科学人才留在外国的三个原因，最重要的还是大家认识到"铁幕"里去,不能够有好的作工的机会。同时这几年来思想有一个变化,认为反共抗俄是正确的。

今天留在国外的许多人才,如化学、物理学,差不多头等人才都在美国。最多的是航空工程,医学少一点。学人文科学和社会科学的,也有许多在美国。将来如何把这许多人才组织起来,联合起来,并请他们回国来工作,同时也给他们以合适的设备,合适的生活。这的确是当前的问题,杭先生、陈先生都在考虑这个问题。

今天我到这里,感到很惭愧。我当初是在美国纽约州康乃尔大学学农的,学了三个学期,请求改行,改到文科。从那时起,东摸西摸,到现在四十年了,不知道改的那一科。林院长说我是学术界的权威。其实我没有一项专门学问。哲学弄弄,文学弄弄,最近又回到《水经注》,成了学术界的流民。

农学院某教授问: 第一,台湾国民教育发达,升学困难,毕业的学生只能有十分之一升学,至于初中毕业投考高中的,一万五千人当中只有二千五百人获取。于是发生两个问题:一、国民教育发达,如何扩大容纳？二、如何使他们就业？

第二,高等教育,应该从质方面找途径呢？抑从量方面找途径？

第三,胡先生研究考证学,是独到的心得,还是有师傅？

此外,胡先生的《哲学史大纲》,中编、下编几时出版？希望先读为快。

陈雪屏厅长 关于升学比例,不大符合,我作一个说明。台湾教育,最严重的问题,不错,一个是升学,一个是就业。在升学方面,历年来的预算,平均百分之三十,就是国民学校毕业接受中等学校教育的是百分之三十。国民学校毕业的学生,每年有增加,譬如去年十二万,今年增到十五万,明年可能增到十八万。而升学的数字,也是按年增加的。今天升学感到困难的,是台北、台中、台南、高雄几个大的都市。其他乡县升学的不到百分之十五,而台北市则达百分之六十。明年升学的预算,还是百分之三十。

胡适之先生　我很惭愧,《中国哲学史大纲》上编系民国八年二月出版,后两个月我的大儿子才出世,于今我的大儿子已三十三岁了,上编出版了三十三年,中下编尚无下文,许多朋友都问起我。我现拟以"中国中古思想史"及"中国近世思想史"作为《中国哲学史大纲》的中编下编。"中国中古思想史"差不多可完稿,整理后即出版,"中国近世思想史",还有几个大的问题未曾获得解决,打算在一两年内完成它;趁头发不太白,体力不太衰时偿还三十三年前——写《中国哲学史大纲》上编时所许下的愿。

关于考证学的方法,我在台大的三次讲学中曾经提过。所谓考证学也可以说是治文史的方法,并没有什么秘诀,更不是三更半夜得过师傅的真传,只是在暗中摸索出来的;也就是我讲"治学方法"的结论"勤、谨、和、缓"四字。——养成不拆烂污、不躲懒、不苟且、不武断,虚心找证据,不急于发表的好习惯。

目前教育的偏枯,雪屏先生已解答了一部分;这个毛病世界各国都有,经济能力强的如美国,在一二十年前大学不过六百余所,最近增到一千余所,因第二次世界大战之后,美国政府颁布的"军人权利"中,订定退伍青年免费进大学肄业,故大学和专门学院大有增加,有许多还是利用活动房屋作教室和宿舍。

台湾大学在日据时代,学生不过二百至一千人,现在则有四千多人,在数年间,容纳学生的数额增加了四倍。刚才我所看到的台中师范学生的洋洋大观,也是很难得的,在困难的环境中教育能够做到这样的地步,已经是不容易的了。

民国十一年我国改订新学制,我是起草人之一。将小学七年制改为六年,中学四年制改为六年制(三三制),而把大学预科取消,大学本科仍为四年,毕业后再进研究院。当时预定的中等教育分为普通教育与职业教育两条路(师范教育包括在职业教育内),中等教育的普通教育提倡多设初中,高中每省只限一所,后来因为政治上的大变动,和设立职业学校需要设备,需要较多的经费的关系,致未能收到"注重"的效果,且已设立的职业学校,因不能维持而日益减少,几等于零了。兼以当时的社会仍未脱离科举的思想,以进小学、中学、大学,比为中秀才、举人、进士,考普通中学的人多,设普通中学的也多;政府无严格限制的办法,复未予以严格监督,于是凡中学几皆设高中,把中学水准都降低了,这是起草教育新制时所始料不及的。

台湾国民学校的基础广大,超过大陆,职业学校和普通中学设备的规模也比大陆高明得多;台大和三个省立学院的教授,尤属人才济济。在我看来,目前的教育与五十年前我们受教育的时代比起来,已经是不可以道里计了。

陈雪屏厅长 投考的人数与录取的名额,相差很远,其最大的原因,是一个学生投考几个学校。假如把整个投考的人数与录取的作一个比例,相差并不太远。譬如今年高中毕业的学生六千四百多人,加上去年没有升学的,以及已经就业,或已就读于别的专科学校如行政专科学校,又以高中文凭来投考的,一共九千多人,不到一万。而录取的两千多人,加上军事学校一千九百人,还有国防医学院招考了一些人,一共约四千人,以过去大陆来比较,台湾学生今天升学的机会好得多了。

另一方面,看看录取学生的成绩。前年工学院录取的学生平均二十六分。这样的成绩来学工科,是不是很好的现象?所以应该提高程度,决定提高到平均四十分。今年台湾大学,就是以这个标准来录取。

又从今年招生考试的情形来看,有一个很可虑的现象。也是今后高等教育很可虑的一个现象。就是国文、英文、历史程度好的,不是投考文学院的学生,而是投考工学院、理学院的学生。文理学院还有几系,只有几十个人投考,程度很差,没有法子录取。又台大农学院投考的学生,如照工学院的标准,只能录取八人,从宽才录取二十六人。台湾需要学农学的人,而且学农的人出国的机会很多,可是只能勉强录取二十六人,这种现象,不知道要用什么方法,才能纠正得过来。

胡适之先生 我在北大二十年,前后参加办理学生入学考试,由出题阅卷至放榜,不下十三四次之多,对学生投考情形,颇为了解。大概考理学院的平均四人取一,考文学院的八人取一,考法学院的十二人取一。顶好的是考理工科,因为须数学程度好,次一点的考文学院,这些人多从家庭或教师中得到良好的国英文基础教育,考法学院的人最多,认为考政治、经济、法律,人人可以尝试。外国的情形也是如此,程度顶好的学生选工科,现在工科里最时髦的是航空工程,其次是物理,物理中最时髦的是原子能。这种现象,不知道有什么方法可以纠正?我个人觉得只有希望教育的领导人多方面向青年们开导,使他们明了选择专门学科与将来的职业是一件事,选科与将来的职业有两个标准:一个是社会的需要,一个是我配干什么?这两个标准中,第二个标准比第一个更重要,因为社会的需要是跟着时代变迁的,过去社会的职业普通多说三百六十行,现在的社会职业恐怕三千六百行、三万六千行都不止了,需要航空工程,需要原子能,也需要诗人、戏剧家、哲学家;做马桶、开水沟的卫生工程,也不可少。而个人兴之所近,力之所能的只有一行,天才高的最多不过二三行,怎能样样都能适合社会的需要呢?如果为了迎合社会需要,放弃个人兴之所近,成功的往往很少,故"社会需要"的标准应在其次,个人兴之所近,力之所能最重要。青年学生在选择学科时,切不要太迁就社会需要。

近年来中国的大学教育有一个缺点,便是必修科太多,选修科太少。大学里应该提倡选修科,使青年学生们可以自由挑选。

历史上有很多明显的例子,如西洋新科学的老祖宗伽利略,他的父亲是个数学家,因当时数学不得用,不喜欢伽利略学数学,要他学医。可是伽利略对于医学并不感兴趣,许多朋友见他的绘画很好,认为他有美术素养,多劝他学美术。当他正要改系的时候,某日偶在校内专为公爵们补习几何学的补习班里,偷听了一两个钟头的几何学,觉得大有兴趣,于是不学医、不学画而专学他父亲不要他学的数学。结果,伽利略成了新天文学、新物理学的老祖宗。选修科就有这样的好处!

选修科等于探险,在座的董作宾先生是世界有名的考古学家,假使你在探险中偶然听了董先生的课,而对考古学发生了兴趣,你就可能成了董作宾先生的一个好徒弟。

所以,教育的领导人应该教青年学生明了选择学科要注意两个标准:社会的需要和你能干什么?尤其要减少必修科,使青年学生可以有余力去作各种的试探,这样也许可以挽救偏枯的趋势。

中学生的修养与择业[*]

刚才吴县长报告了五十八年前我在此地的一段历史——我在三岁至四岁间,随先人在台东州住过一年多,在台南住过十个月——要我把台东看作第二家乡;昨天台南市市长也向台南市市民介绍我是台南人;这番盛意,我非常感谢!吴县长预备在这里要做纪念我先人的举动,实在不敢当。明天举行县议员选举,我将以不是候选人也不是选举人,冒充同乡,到各投票所去参观。

今天我看到了吴县长老太太,看到了她,我非常感动,她可算台东年龄最高的了,她与先母年龄相当,先母如在世,已经有七十九岁了。

我到这里不久,与县长、教育科长、校长等几位谈话,知道了台东的教育是在异常困难的情况下来推进的,我非常敬佩他们艰苦不移、紧守岗位的坚毅意志。本来教育厅陈雪屏厅长预备与我们同来的,因台北有事,临时由台南赶回去了。不过教育厅还有一位视察杨日旭先生是同来的,我已经特地要他到各校去视察,并将视察结果报告教育厅,以使省府对台东的教育情形有所

---

[*] 1952年12月27日在台东县欢迎会上的讲演词。收入1953年5月台北华国出版社《胡适言论集》甲编等。——编者

了解。

今天我应该讲些什么？事先曾请教吴县长、师范刘校长和同来的几位朋友，他们以今天到场的大多数是青年朋友们，也有青年朋友们的父兄，因此要我讲讲中等教育的东西。同时，我到过的地方，许多朋友常常问我中学生应注重什么？中学毕业后，升学的应该怎样选科？到社会里去的应该怎样择业？我是不懂教育的，不过年纪大些，并且自己也是经过中学大学出来的，同时看到朋友们与我们自己的子弟经过中学，得到一点认识，愿意将自己的认识提出来供大家参考，今天讲的题目，就是："中学生的修养与中学生的择业"。

中学生的修养应注重两点：

一、工具的求得。中学生大概是从十二岁的幼年到十八岁的青年，这个时期是决定他将来最重要的一个时期。求知识与做人、做事的工具，要在这个时期求得。古人说："工欲善其事，必先利其器"，中学生要将来有成就，便应该注意到"求工具"——学业上、事业上，求知识上所需要的工具。求工具的目标有二：一是中学毕业后无力升学要到社会里去就业；一是继续升学。

第一种工具是语言文字。不论就业升学，以我个人的经验和观察所得，语言文字是最需要的工具。在中学里不仅应该学好本国的语言文字，最好能多学一二种外国的语言文字。它是就业升学的钥匙，能为我们打开知识的门。多学得一种语言，等于辟开一个新的花园、新的世界。语言文字，可以说是中学时期应该求得的工具当中非常重要的了。在中学时期如果没有打好语言文字的基础，以后作学问非常的困难。而且过了这个时期，很少能够把语言文字弄好的。

第二种工具是科学的基本知识。许多人都说学了数学，将来没有什么用处,这是错误的。数学是自然科学重要的钥匙,如果不能把这个重要的钥匙——数学,与物理学、化学、生物学、矿物学、植物学等,在中学时期学好,则不能求得新的知识。所以中学时期最重要的,是把这些基本知识弄好。

　　青年们在学校里对于各种基本科学,不能当它是功课,是学校课程里面需要的功课,应该把它当成求知识、做学问、做人的工具,必不可少的工具。拿工具这个观念来看课程,课程便活了。拿工具这个观念来批评课程,可以得到一个标准。首先看看哪些功课够得上作工具,并分出哪些功课是求知识做学问的工具,哪些功课是做人的工具。哪些功课是重要,哪些功课是次要。同时拿工具这个观念来督促自己,来分别轻重缓急。先生的教法,也可以拿工具这个观念来衡量,哪种教法是死的笨的,请先生改良,哪些应该特别注重,请先生注意。我这个话,不是叫学生对先生造反,而是请先生以工具来教,不要死板的照课本讲,这样推动先生,可以使得先生从没有精神提起精神,不是造反而是教学相长,不把功课当作功课看,把它当作必须的工具看。拿工具的观念看功课,功课便是活的。这一点也可以说是中学生治学的方法。

　　二、良好习惯的养成。良好习惯的养成,即普通所谓的人品教育,品性人格的陶冶。教育学家心理学家都告诉我们说:人品性格是习惯的养成,好的品格是好的习惯的养成。中学生是定型的阶段,中学生时期与其注重治学方法,毋宁提倡良好习惯的养成。一个人的坏习惯在中学还可纠正,假使在中学里不能养成良好的习惯,这个人的前途便算完了,在大学里不会是个好学生,在社会里不会是个有用的人才。我愿在这里提醒青年学生们的注意,也请学生的父兄教师们注意。

　　我们的国家以前专注重文字教育,读书人的指甲蓄得很长,手脸都是白白的,行动是文绉绉的,读书可以从"学而时习之"背诵起,写文章摇摇摆摆地会写出许多好听的词句来,可是他们是无用的,不能动手,也不能动脚,连桌凳有一点坏了,也不能拿起斧头钉子来修理。这种只能背书写文章的读书人就是没有养成良好的习惯——动手动脚的习惯。

我在台湾大学讲"治学方法"时,讲到一个故事:宋时有一新进士请教老前辈做官的秘诀,老前辈告诉他四个字:"勤谨和缓"。这四个字,大家称为做官秘诀,我把它看作做人、做事、做学问的秘诀。简单的分别说:

勤,就是不偷懒,不走捷径,要切切实实,辛辛苦苦的去作。要用眼睛的用眼睛,用手的用手,用脚的用脚,先生叫你找材料,你就到应该到的地方去找。叫你找标本,你就到田野,到树林里去找。无论在实验室里,自然界里,都不要偷懒,一点一滴的去作。

谨,就是谨慎,不粗心,不苟且。以江浙的俗话来说,不拆烂污。写字,一点、一横都不放过。写外国字,i 的一点,t 的一横,也一样的不放过。作数学,一个圈,一个小数点都不可苟且。不要以为这是小事情,做事关系天下的大事,做学问关系成败,所以细心谨慎,是必须要养成的习惯。

和,就是不要发脾气,不要武断。要虚心,要和和平平。什么叫做虚心?脑筋不存成见,不以成见来观察事,不以成见来对待人。就做学问来说:要以心平气和的态度来学化学、数学、历史、地理,并以心平气和的态度来学语文。无论对事、对人、对物、对问题、对真理,完全是虚心的,这叫做和。

缓,这个字很重要。缓的意思不要忙,不轻易下一个结论。如果没有缓的习惯,前面三个字都不容易做到。譬如找证据,这是很难的工作,如果要几点钟缴卷,就不能作到勤的功夫。忙于完成,证据不够,不管它了,这样就不能做到谨的功夫。匆匆忙忙的去作,当然不能做到和的功夫。所以证据不够,应该悬而不断,就是姑且挂在那里。悬而不断,并不是叫你搁下来不管,是要你勤,要你谨,要你和。缓,就是南方人说的"凉凉去吧"。缓的意思,是要等着找到了充分的证据,然后根据事实来下判断。无论做学问、做事、做官、做议员,都是一样的。大家知道治花柳病的名药"606"吧?什么叫"606"呢?经过六百零六次的试验才成功的。"九一四"则试验了九百一十四次。达尔文的生物进化论认为,动植物的生存进化与环境有绝大的关系,也费了三十年的工夫,到四海去搜集标本和研究,并与朋友们往复讨论。朋友们都劝他发表,他仍然不肯。后来英国皇家学会收到另一位科学家华莱士的论文,其结论与达尔文的一样,朋友们才逼着达尔文把研究的结论公布,并提出与朋友们讨论的信件,来证明他早已获得结论,于是皇家学会才决定同华莱士的论文同时发表。达尔文这种持重的态度,不是缺点,是美德,这也是科学史上勤、谨、和、缓的实例。值得我们去想想,作为榜样,尤其青年学生们要在中学里便养成这种好习惯。有了这种好习惯,无论是做人、做事、做学问,将来不怕没有成就。

中学生高中毕业后,面临的问题是继续升学或到社会去找职业。升学应如何选科?到社会去应如何择业?简单的说,有两个标准:

一、社会的标准 社会上所需要的,最易发财的,最时髦的是什么?这便是社会的标准。台湾大学钱校长告诉我说,今年台大招生,投考学生中外文成绩好的都投考工学院,尤其是考电机工程、机械工程的特多,考文史的则很少,因为目前社会需要工程师,学成后容易得到职业而且待遇好。这种情形,在外国也是一样的,外国最吃香的学科是原子能、物理学和航空工程,干这一行的,最受欢迎,最受优待。

二、个人的标准 所谓个人的标准,就是个人的兴趣、性情、天才近哪门学科,适于哪一行业。简单的说,能干什么。社会上需要工程师,学工程的固不忧失业,但个人的性情志趣是否与工程相合?父母、兄长、爱人都希望你学工程,而你的性情志趣,甚至天才,却近于诗词、小说、戏剧、文学,你如迁就父母、兄长、爱人之所好而去学工程,结果工程界里多了一个饭桶,国家社会失去了一个第一流的诗人、小说家、文学家、戏剧学家,不是可惜了吗?所以个人的标准比社会的标准重要。因为社会标准所需要的太多,中国人常说社会职业有三百六十行,这是以前的说法,现在何止三百六十行,也许三千六百行,三万六千行都有,三千六百行,三万六千行,行行都需要。社会上需要建筑工程师,需要水利工程师,需要电力工程师,也需要大诗人、大美术家、大法学家、大政治家,同时也需要做新式马桶的工人。能做新式马桶的,照样可以发财。社会上三万六千行,既是行行都需要,一个人决不可能会做每行的事,顶多会二三行,普通都只能会一行的。在这种情形之下,试问是社会的标准重要,还是个人的标准重要?当然是个人的重要!因此选科择业不要太注重社会上的需要,更不要迁就父母、兄长、爱人的所好。爸爸要你学赚钱的职业,妈妈要你学时髦的职业,爱人要你学社会上有地位的职业,你都不要管他,只问你自己的性情近乎什么?自己的天才力量能做什么?配做什么?要根据这些来决定。

历史上在这一方面,有很好的例子。意大利的伽俐略是科学的老祖宗,是新的天文学家,新的物理学家的老祖宗。他的父亲是一个数学家，当时学数学的人很倒楣。在伽俐略进大学的时候（300多年前），他父亲因不喜欢数学，所以要他学医，可是他读医科，毫无兴趣。朋友们以他的绘画还不坏，认为他有美术天才，劝他改学美术，他自己也颇以为然。有一天他偶然走过雷积教授替公爵府里面作事的人补习几何学的课室，便去偷听，竟大感兴趣，于是医学不学了，画也不学了，改学他父亲不喜欢的数学。后来[他]替全世界创立了新的天文学、新的物理学，这两门学问都建筑于数学之上。

最后说我个人到外国读书的经过。民国前二年，考取官费留美，家兄特从东三省赶到上海为我送行，以家道中落，要我学铁路工程，或矿冶工程。他认为学了这些回来，可以复兴家业，并替国家振兴实业；不要我学文学、哲学，也不要学做官的政治法律，说这是没有用的。当时我同许多人谈谈这个问题。以路矿都不感兴趣，为免辜负兄长的期望，决定选读农科，想做科学的农业家，以农报国。同时美国大学农科，是不收费的，可以节省官费的一部分，寄回补助家用。进农学院以后第三个星期，接到实验系主任的通知，要我到该系报到实习。报到以后，他问我"你有什么农场经验？"我说："我不是种田的。"他又问我："你作什么呢？"我说："我没有做什么，我要虚心来学，请先生教我。"先生答应说："好。"接着问我洗过马没有，要我洗马。我说："我们中国种田，是用牛不是用马。"先生说："不行。"于是学洗马，先生洗一半，我洗一半。随即学驾车，也是先生套一半，我套一半。作这些实习，还觉得有兴趣。下一个星期的实习，为包谷选种，一共有百多种，实习结果，两手起了泡，我仍能忍耐，继续下去。一个学期结束了，各种功课的成绩都在八十五分以上。到了第二年，成绩仍旧维持到这个水准。依照学院的规定，各科成绩在八十五分以上的，可以多选两个学分的课程,于是增选了种果学。起初是剪树、接种、浇水、捉虫,这些工作,也还觉得有兴趣。在上种果学的第二星期,有两小时的实习苹果分类,一张长桌,每个位子分置了四十个不同种类的苹果,一把小刀,一本苹果分类册,学生们须根据每个苹果的长短,开花孔的深浅、颜色、形状、果味和脆软等标准,查对苹果分类册,分别其类别(那时美国苹果有 400 多类,现恐有 600 多类了),普通名称和学名。美国同学都是农家子弟,对于苹果的普通名称一看便知,只需在苹果分类册里查对学名,便可填表缴卷,费时甚短。我和一位郭姓同学则须一个一个的经过所有检别的手续,花了两小时半,只分类了二十个苹果,而且大部分是错的。晚上我对这种实习起了一种念头:我花了两小时半的时间,究竟是在干什么?中国连苹果种子都没有,我学它什么用处?自己的性情不相近,干吗学这个?这两个半钟头的苹果实习使我改行,于是,决定离开农科,放弃一年半的时间(这时我已上了一年半的课),牺牲了两年的学费,不但节省官费补助家用已不可能,维持学业很困难,以后我改学文科,学哲学、政治、经济、文学。在没有回国时,与朋友们讨论文学问题,引起了中国的文学革命运动。提倡白话,拿白话作文,作教育工具,这与农场经验没有关系,与苹果学没有关系,是我那时的兴趣所在。我的玩意儿对国家贡献最大的便是文学的"玩意儿",我所没有学过的东西。最近研究《水经注》(地理学的东西)。我已经六十二岁了,还不知道我究竟学什么?都是东摸摸、西摸摸,也许我以后还要学学水利工程亦未可知,虽则我现在头发都白了,还是无所专长,一无所成。可是我一生很快乐。因为我没有依社会需要的标准去学时髦。我服从了自己的个性,根据个人的兴趣所在去做,到现在虽然一无所成,但是我生活得很快乐,希望青年朋友们,接受我经验得来的这个教训,不要问爸爸要你学什么,妈妈要你学什么,爱人要你学什么。要问自己性情所近,能力所能做的去学。这个标准很重要,社会需要的标准是次要的。

美国大学教育的革新者[*]
——吉尔曼的贡献

吉尔曼(D. C. Gilman,生于 1831 年,死于 1908 年),出生在耶鲁学院附近的脑威城,一八四〇年进入耶鲁读书,于一八五二年毕业,次年即与同时友好怀特(Andrew D. White)同时任职美国驻俄公使馆随员,同船去欧洲,在欧洲数年中,两人极为留心考察欧洲的大学教育制度,后来这两个人都成为美国教育的革新领袖,分任康乃尔大学及霍浦金斯大学(Johns Hopkins University)校长。

一八五五年吉尔曼回国,在母校耶鲁任教,当时耶鲁学院正想筹办一个理科学院,就请他作计划。他在一八五六年发表了这项计划,以及在欧洲考察科学研究所的纪录报告,后来这个谢斐而理科学院(Sheffield Scientific College)成立,吉尔曼任秘书兼任图书馆主任及地理学教授。

一八七二年吉尔曼经加利福尼亚大学再度邀请,就任该校校长,赴校途中访问了新创立康乃尔大学的老同学怀特,又访问印第安那州筹办普渡大学的计划,和伊利诺埃州的州立大学计划。

---

[*] 1954 年 3 月 26 日在台湾大学纪念傅斯年学术演讲会上的发言。原载1954 年 3 月 27 日台北《中央日报》及台湾《新生报》。——编者

就任加州大学校长后，因为学校是州立，一切经费须议会通过，虽有理事会，事实上却受制于州议会。吉尔曼任职三年，深感不能发展抱负，很不得意；正在这个时候（1874），东部 Maryland 州巴铁莫尔城有一富翁约翰霍浦金斯去世，遗嘱留下一笔大遗产（700万元），要在当地办一个医院，一个大学。

他在太平洋上羡慕霍大的那些董事先生们，却不知道那些董事先生也正在考虑要请他做校长。那些董事确很开通、明智，他们去信请教当时三位最有名的大学校长：哈佛的 Eliot、康乃尔的怀特、密西根的安其（Angell），这三位校长不约而同的回信说，最好的校长是吉尔曼。一八七五年一月三十日，他接受了霍浦金斯大学校长任务。那一天，他在日记里计划着"每年的收入至少有二十万，四万五千元留作图书、仪器、行政费，十五万五千留作教授费，四个教授每年六千元，合二万四千，二十个教授每年四千至五千，平均四千五，合九万元，二十个副教授（短期聘约）平均 二千元，合四万元，总计十五万四千元"。他认为："无论何地，一个大学的效率，不靠校舍，不靠仪器，只靠教员的多寡好坏。"于是他费了一年工夫去寻访人才，当时既有理想，又有钱，又有自由，他去遍欧洲、英国、美国，聘请许多名教授，如数学家 J. J. Sylvester、生物学家 H. Newell Martin、化学家 Ira Remsen、古典文［学家］Basil Gildersleeve 等，还有一位青年物理学家柔兰（Rowland）是个了不起的人才，但以青年不能在美国发表杰出的论文，反受英国大物理学家马克威尔赏识，吉尔曼也罗致到霍浦金斯大学来。人才聘到，一年后才开学。他当时对大学的见解是"研究院是大学，大学生是研究生，大学必须有思想自由、教学自由、研究自由"。他说过"研究是一个大学的灵魂，大学不是仅仅教书的地方，学生不要多，必须要有创造的研究的人才"。

霍大在吉尔曼的领导下,第一个目标是提高大学的研究工作,第二是传布研究的成绩。为了实现这两个相关连的目标,他提倡大学教授合作办几个专发表研究成绩的专门杂志,成绩极可重视。此外霍大早期研究生里,后来很多成为名学者,如美国总统威尔逊、哲学家杜威等。

霍大创立十五年后,医学院始筹备竣事,当时霍大基金投资于巴铁莫尔至俄亥俄之铁路,一时未得红利,基金缺乏,富家小姐加利特(Mary E. Garrett)捐资五十万元,医学院乃得于一八九三年成立,同时亦因此允许女子入学,是为美国研究院招收女生之始。

二十五年之后,吉尔曼七十岁,霍大盛大庆祝二十五周年校庆及老校长七十大庆,当时尚为普林斯顿大学教授的威尔逊总统特作贺寿文,由一千多霍大毕业生与教授签名。贺寿文里说:"杰斐逊在他的维金尼亚大学计划里,定下了美国大学的规模,但你老先生是第一个人,建立一种新的大学,在这新大学里,发明新的真理,传播新的真理。在这新大学里,研究工作者的训练最可以表示研究在教育上的功效与价值。"在那次二十五周年的大庆典上,哈佛大学校长 Eliot 也说:"吉尔曼先生在霍浦金斯大学,给全国的大学开创了一个新的纪元,他把大学看作研究院,他逼得我们都不能不跟着他走,跟着他改革,他不但发展了霍大,并且使别的大学校长知道如何发展他们的大学。"

一九〇二年,吉尔曼在七十岁时退休了,一九〇八年去世。

有了吉尔曼的霍浦金斯大学,美国才有研究院作本体的大学,美国才把旧的学院(Colleges)提高到 University,才有了真正的大学。霍大开学到今天,不过七十八年,它的影响却使美国争取到全世界学术研究中心的地位了。

谈 谈 大 学*

今天承各位青年朋友如此热烈欢迎,深感荣幸。本人于四年前曾来台中,当时所听到有关于东大者,仅仅是一个董事会,甚至连校名也未曾确定;四年后的今天,东大不仅是开学了,而且有这么好的建筑,这么幽静的环境,最高班也已至三年级了。这种迅速的进度,实在令人敬佩,我愿意借今天的机会向各位道喜!

我在美国时,曾看过贝聿铭先生的建筑设计,今天在此地又看到东大的校舍,诸位能在这么一个美丽的建筑、安静的环境中,安居乐业,专心研究,实在是够幸运了!昨天我在北沟看到许多名贵的古籍和历代的艺术作品,就联想到贵校的地理优势,假如诸位每周都能有机会看看故宫文物和中央图书馆的藏书,真是太理想了,因为这两个宝库中所收藏的,全是我国的精华,不仅是国宝,即在全世界,也占着最崇高的价值。

我现在已决定回美后,于本年秋间,和内子带一些破烂的书籍一同回来,那时希望有更多的时间,一方面研究,一方面可以多来东大看看,多作几次有关学术的讲演。

---

* 1958年5月7日在台中东海大学的讲话。原载1958年5月8日台北《中央日报》;收入《胡适演讲集》中册(1970年台北出版)等。——编者

东大是一所私立的大学,到底私人设立的大学,对于一个国家的历史和地位又有什么关系,什么影响呢?今天我们的国家可以说是最困难的时候,大陆被极权者统治着,我们过去在学术上的一点成就和基础,现在可说是全毁了。记得二十余年前,中日战争没有发生时,从北平到广东,从上海到成都,差不多有一百多所的公私立大学,当时每一个大学的师生都在埋头研究,假如没有日本的侵略,敢说我国在今日世界的学术境域中,一定占着一席重要的地位,可惜过去的一点基础现在全毁了。所以诸位今天又得在这一个自由的宝岛上,有如平地起楼台,这是何等艰巨的一份工作啊!

说到这里,我们应该想想今天我们的国家在世界上,又占着一个怎样的地位!这当然有很多的原因,但其中一点我们不能否认,也必须了解的,就是有关于公私立大学校的延续问题,我国可考的历史固然已有四千年,但一直到今天还没有一个有过六十年以上历史的大学。我国第一个大学,就是汉武帝时,由公孙弘为相,发起组织,招收学生所设立的太学。这所太学,就是今日国立大学的起源,不过在设立之初只有五个教授,五十个学生,也就是所谓五经博士。至纪元后一百多年,王莽篡汉时,这个太学不仅建筑扩大了,而且学生人数,也达到一万人,光武中兴时的许多政坛人物,多是出身自这所太学。到第二世纪,这所太学的学生已发展到三万多人,比当今之哈佛、哥伦比亚等,毫无逊色。最可惜的,是当时政治腐败达于极点,因此许多的太学生,就开始批评政治,进而干预,结果演成党锢之祸,使太学蒙受影响。其后各代虽也有太学,但没有多大作用,到最后太学生可以用钱捐买,因此就不成为太学了。此外汉代也有私人讲学,其学生多少不等,有的三五百,有的二三千,这可以说是私立大学的起源,如郑玄所创者,即是一个很好的例子。

自纪元二百年郑玄逝世,至一千二百年朱熹逝世,在这一千年中,中国的学术多靠私人讲学传授阐扬,不过因政治问题,常受到压迫,虽然环境如此,但私人讲学并没有因此而中辍,而且仍旧成为传播学术的重要基础,如历代的书院,与学派的盛行,都是实例。

中国的高等教育虽然发达得很早,但是不能延续,没有一个历史悠久的学校,比起欧美来,就显然落后了。即使新兴的国家如菲律宾,也有三百多年历史的圣多玛大学。美国的历史只有一百六十余年,而美国的大学如哈佛、哥伦比亚等,都有二三百年的历史。至于欧洲,尤其古老,如意大利就有一千年和九百多年历史的大学,英国的牛津和剑桥历史也达到八九百年,若几百年历史的大学,在德、法等国也为数不少。为什么历史不及我们的国家,会有那么长远历史的大学,而我国反而没有呢?因为人家的大学有独立的财团,独立的学风,有坚强的组织,有优良的图书保管,再加上教授可以独立自由继续的研究,和坚强的校友会组织,所以就能历代相传,悠久勿替;而我们的国家多少年来都没有一个学校能长期继续,实在是很吃亏的。

这几十年来,教会在中国设立了很多优良的大学和中学,它们对于近代的学术实在有很多的贡献和影响,可惜现在又都没有了,因此这些光荣的传统,就不得不再落于诸位的身上。中国的私立学校是否在将来世界的学术上占一席地,其在世界的高等教育中又若何,可以说都是诸位的责任。我以为私立学校有其优点,它比较自由,更少限制。所以我希望东海能有一个好榜样,把握着自由独立的传统,以为其他各校的模范,因为只有在自由独立的原则下,才能有高价值的创造,这也就是我今天所希望于诸位的。

大学的生活[*]

——学生选择科系的标准

校长、主席、各位同学：

我刚才听见主席说今天大家都非常愉快和兴奋，我想大家一定会提出抗议的，在这大热的天气，要大家挤在一起受罪，我的内心感到实在不安，我首先要向各位致百分之百的道歉。回来后一直没有做公开演讲，有许多团体来邀请，我都谢绝了，因为每次演讲房子总是不够用。以前在三军球场有过一次演说，我也总以为房子是没问题了，但房子仍是不够。今天要请各位原谅，实在不是我的罪过，台大代联会邀请了几次，我只好勉强的答应下来。

前两天我就想究竟要讲些什么？我问了钱校长和好几位朋友，他们都很客气，不给我出题，就是主席也不给我出题。今天既是台大代联会邀请，那末，我想谈谈大学生的生活，把我个人的或者几位朋友的经验，贡献给大家，也许可作各位同学的借镜，给各位一点暗示的作用。

记得在民国三十八年应傅斯年校长之请，在中山堂作一次公

---

[*] 1958年6月5日在台湾大学法学院的演说词。原载1958年6月19日台北《大学新闻》，收入《胡适演讲集》中册（1970年台北出版）、《胡适教育文选》（柳芳主编）等。——编者

开演讲。我也总以为房子够用了,谁知又把玻璃窗弄破了不少。从民国三十八年到今天已有八九年的工夫了,这九年来,看到台大的进步和发展,不仅在学生人数方面已增加到七千多,设备、人才和学科方面也进步很多,尤其是医农两学院的进步,更得国外来参观过的教育家很大的赞誉。这是我要向校长、各位同学道贺的。

不过,我又听见许多朋友讲,目前很多学生选择科系时,从师长的眼光看,都不免带有短见,倾向于功利主义方面。天才比较高的都跑到医工科去,而且只走入实用方面,而又不选择基本学科。譬如学医的,内科、外科、产科、妇科,有很多人选,而基本学科譬如生物化学、病理学,很少青年人去选读,这使我感到今日的青年不免短视,带着近视眼镜去看自己的前途与将来。我今天头一项要讲的,就是根据我们老一辈的对选科系的经验,贡献给各位。我讲一段故事。

记得四十八年前,我考取了官费出洋,我的哥哥特地从东三省赶到上海为我送行,临行时对我说,我们的家早已破坏中落了,你出国要学些有用之学,帮助复兴家业,重振门楣,他要我学开矿或造铁路,因为这是比较容易找到工作的,千万不要学些没用的文学、哲学之类没饭吃的东西。我说好的,船就要开了。那时和我一起去美国的留学生共有七十人,分别进入各大学。在船上我就想,开矿没兴趣,造铁路也不感兴趣,于是只好采取调和折衷的办法,要学有用之学,当时康奈尔大学有全美国最好的农学院,于是就决定进去学科学的农学,也许对国家社会有点贡献吧!那时进康大的原因有二:一是康大有当时最好的农学院,且不收学费,而每个月可获得八十元的津贴;我刚才说过,我家破了产,母亲待养,那时我还没有结婚,一切从俭,所以可将部分的钱拿回养家。

另一是我国有百分之八十的人是农民,将来学会了科学的农业,也许可以有益于国家。

入校后头一星期就突然接到农场实习部的信,叫我去报到。那时教授便问我:"你有什么农场经验?"我答:"没有。""难道一点都没有吗?""要有嘛,我的外公和外婆,都是道地的农夫。"教授说:"这与你不相干。"我又说:"就是因为没有,才要来学呀!"后来他又问:"你洗过马没有?"我说:"没有。"我就告诉他中国人种田是不用马的。于是老师就先教我洗马,他洗一面,我洗另一面。他又问我会套车吗,我说也不会。于是他又教我套车,老师套一边,我套一边,套好跳上去,兜一圈子。接着就到农场做选种的实习工作,手起了泡,但仍继续的忍耐下去。农复会的沈宗翰先生写一本《克难苦学记》,要我为他作一篇序,我也就替他做一篇很长的序。我们那时学农的人很多,但只有沈宗翰先生赤过脚下过田,是惟一确实有农场经验的人。学了一年,成绩还不错,功课都在八十五分以上。第二年我就可以多选两个学分,于是我就选种果学,即种苹果学。分上午讲课与下午实习。上课倒没有什么,还甚感兴趣;下午实习,走入实习室,桌上有各色各样的苹果三十个,颜色有红的、有黄的、有青的……形状有圆的、有长的、有椭圆的、有四方的……要照着一本手册上的标准,去定每一苹果的学名,蒂有多长?花是什么颜色?肉是甜是酸?是软是硬?弄了两个小时。弄了半个小时一个都弄不了,满头大汗,真是冬天出大汗。抬头一看,呀!不对头,那些美国同学都做完跑光了,把苹果拿回去吃了。他们不需剖开,因为他们比较熟习,查查册子后面的普通名词就可以定学名,在他们是很简单。我只弄了一半,一半又是错的。回去就自己问自己学这个有什么用?要是靠当时的活力与记性,用上一个晚上来强记,四百多个名字都可记下来应付考试。但试想有什么用呢？那些苹果在我国烟台也没有，青岛也没有，安徽也没有……我认为科学的农学无用了，于是决定改行，那时正是民国元年，国内正在革命的时候，也许学别的东西更有好处。

那末，转系要以什么为标准呢？依自己的兴趣呢？还是看社会的需要？我年轻时候《留学日记》有一首诗，现在我也背不出来了。我选课用什么做标准？听哥哥的话？看国家的需要？还是凭自己？只有两个标准：一个是"我"；一个是"社会"，看看社会需要什么？国家需要什么？中国现代需要什么？但这个标准——社会上三百六十行，行行都需要，现在可以说三千六百行，从诺贝尔得奖人到修理马桶的，社会都需要，所以社会的标准并不重要。因此，在定主意的时候，便要依着自我的兴趣了——即性之所近，力之所能。我的兴趣在什么地方？与我性质相近的是什么？问我能做什么？对什么感兴趣？我便照着这个标准转到文学院了。但又有一个困难，文科要缴费，而从康大中途退出，要赔出以前两年的学费，我也顾不得这些。经过四位朋友的帮忙，由八十元减到三十五元，终于达成愿望。在文学院以哲学为主，英国文学、经济、政治学三门为副。后又以哲学为主，经济理论、英国文学为副科。到哥伦比亚大学后，仍以哲学为主，以政治理论、英国文学为副。我现在六十八岁了，人家问我学什么，我自己也不知道学些什么？我对文学也感兴趣，白话文方面也曾经有过一点小贡献。在北大，我曾做过哲学系主任、外国文学系主任、英国文学系主任，中国文学系也做过四年的系主任，在北大文学院六个学系中，五系全做过主任。现在我自己也不知道学些什么，我刚才讲过现在的青年太倾向于现实了，不凭性之能近，力之所能去选课。譬如一位有作诗天才的人，不进中文系学做诗，而偏要去医学院学外科，那末文学院便失去了一个一流的诗人，而国内却添了一个三四流甚至五流的饭桶外科医生，这是国家的损失，也是你们自己的损失。

在一个头等、第一流的大学，当初日本筹划帝大的时候，真的计划远大，规模宏伟，单就医学院就比当初日本总督府还要大。科学的书籍都是从第一号编起。基础良好，我们接收已有十余年了，总算没有辜负当初的计划。今日台大可说是国内唯一最完善的大学，各位不要有成见，带着近视眼镜来看自己的前途，看自己的将来。听说入学考试时有七十二个志愿可填，这样七十二变，变到最后不知变成了什么，当初所填的志愿，不要当做最后的决定，只当做暂时的方向。要在大学一二年的时候，东摸摸西摸摸的瞎摸。不要有短见，十八九岁的青年仍没有能力决定自己的前途、职业。进大学后第一年到处去摸、去看，探险去，不知道的我偏要去学。如在中学时候的数学不好，现在我偏要去学，中学时不感兴趣，也许是老师不好。现在去听听最好的教授的讲课，也许会提起你的兴趣。好的先生会指导你走上一个好的方向，第一二年甚至于第三年还来得及，只要依着自己"性之所近，力之所能"的做去，这是清代大儒章学诚的话。

现在我再说一个故事，不是我自己的，而是近代科学的开山大师——伽利略（Galileo）。他是意大利人，父亲是一个有名的数学家，他的父亲叫他不要学他这一行，学这一行是没饭吃的，要他学医。他奉命而去。当时意大利正是文艺复兴的时候，他到大学以后曾被教授和同学捧誉为"天才的画家"，他也很得意。父亲要他学医，他却发现了美术的天才。他读书的佛劳伦斯地方是一工业区，当地的工业界首领希望在这大学多造就些科学的人才，鼓励学生研究几何，于是在这大学里特为官儿们开设了几何学一科，聘请一位叫 Ricci 氏当教授。有一天，他打从那个地方过，偶然的定脚在听讲，有的官儿们在打瞌睡，而这位年轻的伽利略却非常感兴趣。于是不断地一直继续下去，趣味横生，便改学数学。由于浓厚的兴趣与天才，就决心去东摸摸西摸摸，摸出一条兴趣之路，创造了新的天文学、新的物理学，终于成为一位近代科学的开山大师。

大学生选择学科就是选择职业。我现在六十八岁了，我也不知道所学的是什么？希望各位不要学我这样老不成器的人。勿以七十二志愿中所填的一愿就定了终身，还没有定，就是大学二三年也还没定。各位在此完备的大学里，目前更有这么多好的教授人才来指导，趁此机会加以利用。社会上需要什么，不要管他，家里的爸爸、妈妈、哥哥、朋友等，要你做律师、做医生，你也不要管他们，不要听他们的话，只要跟着自己的兴趣走。想起当初我哥哥要我学开矿、造铁路，我也没听他的话。自己变来变去变成一个老不成器的人。后来我哥哥也没说什么。只管我自己，别人不要管他。依着"性之所近，力之所能"学下去，其未来对国家的贡献也许比现在盲目所选的或被动选择的学科会大得多，将来前途也是无可限量的。下课了！下课了！谢谢各位。

中国教育史的资料*

我是一个不懂教育的人,除了写过一篇《杜威先生的教育哲学》以外,没有写过第二篇有关的文章。谈到"中国教育史的资料",必先了解教育史有几种,有教育思想史,还有教育制度史。在三十年前,曾经写过一封信与我的一个学生讨论教育史的方法。一种是死的方法,就是在"三通"、"九通"、"十通"里去找有关教育的资料,而后把它们拼凑起来。另一种是活的方法,就是根据每一个时代的教育制度及那一时代中的师生们的生活情形,师生之间的关系等活的资料,来撰写教育史。

要找寻教育史的活的资料,《儒林外史》、《醒世姻缘》、《论语》、《孟子》、《礼记》的《檀弓》篇,都有很好的资料。《儒林外史》实在是一部很好的教育史资料,书中不但谈到学制,学生、老师们的生活,同时还谈到由于学制,老师、学生们的生活与关系,所养成的学生的人格与德性。《醒世姻缘》虽然是一部全世界最伟大的怕太太小说,但它里面有些地方,把当时的学制与师生之间的生活情形,描写得非常透彻,《论语》则是一部非常好的教育制度的

---

* 1959年12月27日在教育学术团体联合年会上的讲演词。原载1959年12月28日台北《中央日报》。——编者

资料。《礼记》的《檀弓》篇，从语言学的观点来看，是与《论语》是在同一时期的。《论语》中孔子与门人的对话，便是活的教育资料。此外《聊斋》一书亦含有部分资料。

中国的教育史，应当从《论语》时代开始。我国的太学远在二千多年前便开始，汉平帝时，王莽扩充太学，收买学生，但仍出了革命人物，汉光武便是由太学出来，以后太学又增至三万人。太学学生，也即是当年的青年知识分子，从而批评政治，形成后汉的党锢之祸。宋代有一部杂记形容太学学生的生活，说"有发头陀寺，无官御史台"，由此可以看到太学的生活了。后来到了明朝，又有东林党的事件。到了清朝，教育制度又有不同，一部分监生可以花钱去买。

谈到书院，到了北宋时代，有四个书院很出名，清代更为发达，我的父亲便是在同治七年考入上海的龙门书院。我的父亲[在]《钝夫年谱》里详细叙述当年该书院的详细情形，并特别提出，该书院在学生的笔记本上印有一句很有意义的格言："学者先要会疑，要能于无疑处有疑，方能进步。"此话虽是九十年前的格言，但在今天来说，仍非常有意义。

最后希望有兴趣撰教育史的，要多多注意以上各种的活的资料，写活的教育史。同时，希望各人能把自己的资料写下来，给以后的人们作参考。

一个防身药方的三味药[*]

毕业班的诸位同学,现在都得离开学校去开始你们自己的事业了,今天的典礼,我们叫作"毕业",叫作"卒业",在英文里叫作"始业"(Commencement)。你们的学校生活现在有一个结束,现在你们开始进入一段新的生活,开始撑起自己的肩膀来挑自己的担子,所以叫作"始业"。

我今天承毕业班同学的好意,承阎校长的好意,要我来说几句话。我进大学是在五十年前(1910),我毕业是在四十六年前(1914),够得上做你们的老大哥了,今天我用老大哥的资格,应该送你们一点小礼物。我要送你们的小礼物只是一个防身的药方,给你们离开校门,进入大世界,作随时防身救急之用的一个药方。

这个防身药方只有三味药:

第一味药叫做"问题丹"。

第二味药叫做"兴趣散"。

第三味药叫做"信心汤"。

第一味药,"问题丹"。就是说,每个人离开学校,总得带一两

---

[*] 这是1960年6月18日在台南成功大学毕业典礼上的讲演词。原载1960年6月19日台北《中央日报》;收入《胡适演讲集》中册(1970年台北出版)。——编者

个麻烦而有趣味的问题在身边作伴,这是你们入世的第一要紧的救命宝丹。

问题是一切知识学问的来源,活的学问、活的知识,都是为了解答实际上的困难,或理论上的困难而得来的。年轻人世的时候,总得有一个两个不大容易解决的问题在脑子里,时时向你挑战,时时笑你不能对付他,不能奈何他,时时引诱你去想他。

只要你有问题跟着你,你就不会懒惰了,你就会继续有知识上的长进了。

学堂里的书,你带不走;仪器,你带不走;先生,他们不能跟你去,但是问题可以跟你走到天边!有了问题,没有书,你自会省吃省穿去买书;没有仪器,你自会卖田卖地去买仪器!没有好先生,你自会去找好师友;没有资料,你自会上天下地去找资料。

各位青年朋友,你今天离开学校,夹袋里准备了几个问题跟着你走?

第二味药,叫做"兴趣散"。这就是说,每个人进入社会,总得多发展一点专门职业以外的兴趣——"业余"的兴趣。

你们多数是学工程的,当然不愁找不到吃饭的职业,但四年前你们选择的专门职业,真是你们自己的自由志愿吗?你们现在还感觉你们手里的文凭真可以代表你们每个人终身的志愿,终身的兴趣吗?——换句话说,你们今天不懊悔吗?明年今天还不会懊悔吗?

你们在这四年里,没有发现什么新的、业余的兴趣吗?在这四年里,没有发现自己在本行以外的才能吗?

总而言之,一个人应该有他的职业,又应该有他的非职业的玩意儿,不是为吃饭而是心里喜欢做的,用闲暇时间做的,——这种非职业的玩意儿,可以使他的生活更有趣、更快乐、更有意思,有时候,一个人的业余活动也许比他的职业还更重要。

英国十九世纪的两个哲学家,一个是弥尔(J. S. Mill),他的职业是东印度公司的秘书,他的业余工作使他在哲学上、经济学上、政治思想史上,都有很大的贡献。一个是斯宾塞(Herbert Spencer),他是一个测量工程师,他的业余工作使他成为一个很有势力的思想家。

英国的大政治家邱吉尔,政治是他的终身职业,但他的业余兴趣很多,他在文学、历史两方面,都有大成就;他用余力作油画,成绩也很好。

今天到"自由中国"的贵宾,美国大总统艾森豪先生,他的终身职业是军事,人都知道他最爱打高尔夫球,但我们知道他的油画也很有功夫。

各位青年朋友,你们的专门职业是不用愁的了,你们的业余兴趣是什么？你们能做的,爱做的业余活动是什么?

第三味药,我叫他做"信心汤"。这就是说,你总得有一点信心。

我们生存在这个年头,看见的、听见的,往往都是可以叫我们悲观、失望的——有时候竟可以叫我们伤心,叫我们发疯。

这个时代,正是我们要培养我们的信心的时候,没有信心,我们真要发狂自杀了。

我们的信心只有一句话:"努力不会白费",没有一点努力是没有结果的。

对你们学工程的青年人,我还用多举例来说明这种信心吗?工程师的人生哲学当然建筑在"努力不白费"的定律的基石之上。

我只举这短短几十年里大家都知道的两个例子:

一个是亨利福特(Henry Ford),这个人没有受过大学教育,他小时半工半读,只读了几年书,十六岁就在一小机器店里作工,每周工钱两块半美金,晚上还得去帮别家做夜工。

五十七年前(1903)他三十九岁,他创立 Ford Motor Co.(福特汽车公司),原定资本十万元,只招得两万八千元。

五年之后(1908),他造成了他的最出名的 model T 汽车,用全力制造这一种车子。

一九一三年——我已在大学三年级了,福特先生创立他的第一副"装配线"(Assembly line)。

一九一四年,——四十六年前,——他就能够完全用"装配线"的原理来制造他的汽车了。同时(1914)他宣布他的汽车工人每天只工作八点钟,比别处工人少一点钟——而每天最低工钱五元美金,比别人多一倍。

他的汽车开始是九百五十元一部,他逐年减低卖价,从九百五十元直减到三百六十元——第一次世界大战之后,减到二百九十元一部。

他的公司,在创办时(1903)只有两万八千元的资本,——到二十三年之后(1926)已值得十亿美金了!已成了全世界最大的汽车公司了。一九一五年,他造了一百万部汽车,一九二八年,他造了一千五百万部车。

他的"装配线"的原则在二十年里造成了全世界的"工业新革命"。

福特的汽车在五十年中征服全世界的历史还不能叫我们发生"努力不白费"的信心吗?

第二个例子是航空工程与航空工业的历史。

也是五十七年前——一九〇三年十二月十七,正是我十二整岁的生日,——那一天,在北加罗林那州的海边 Kitty Hawk(基帝霍克)沙滩上,两个修理脚踏车的匠人,兄弟两人,用他们自己制造的一只飞机,在沙滩上试起飞,弟弟叫 Owille Wright,他飞起了十二秒钟。哥哥叫 Wilbur Wright,他飞起了五十九秒钟。

那是人类制造飞机飞在空中的第一次成功,——现在那一天(十二月十七日)是全美国庆祝的"航空日"——但当时并没有人注意到那两个弟兄的试验,但这两个没有受过大学教育的脚踏车修理匠人,他们并不失望,他们继续试飞,继续改良他们的飞机,一直到四年半之后(1908年5月),才有重要的报纸来报导那两个人的试飞,那时候,他们已能在空中飞三十八分钟了!

这四十年中,航空工程的大发展,航空工业的大发展,这是你们学工程的人都知道的,航空工业在最近三十年里已成了世界最大工业的一种。

我第一次看见飞机是在一九一二年。我第一次坐飞机是在一九三〇年(30年前)。我第一次飞过太平洋是在二十三年前(1937);第一次飞过大西洋是在十五年前(1945)。当我第一次飞渡太平洋的时候,从香港到旧金山总共费了七天!去年我第一次坐 Jet 机,从旧金山到纽约,五个半钟点飞了三千英里!下月初,我又得飞过太平洋,当天中午起飞,当天晚上就到美国西岸了!

五十七年前,Kitty Hawk 沙滩上两个脚踏车修理匠人自造的一个飞机居然在空中飞起了十二秒钟,那十二秒钟的飞行就给人类打开了一个新的时代,——打开了人类的航空时代。

这不够叫我们深信"努力不会白费"的人生观吗?

古人说:"信心可以移山"(Faith moves mountains),又说:"功不唐捐"(唐是空的意思),又说:"只要功夫深,生铁磨成绣花针。"

青年的朋友,你们有这种信心没有?

书院的教育[*]

这一千年来的中国教育史,可说是书院制度的沿革史。这是我深信而不疑的。二十年前的盲目的革新家不认得书院就是学堂,所以他们毁了书院来办他们所谓"学堂"!他们不知道书院是中国一千年来逐渐演化出来的一种高等教育制度;他们忘了这一千年来造就人才,研究学问,代表时代思潮,提高文化的唯一机关全在书院里。他们不知道他们所谓"学堂",——那挂着黑板,排着一排一排的桌凳,先生指手划脚地讲授,学生目瞪口呆地听讲的"学堂",——乃是欧洲晚近才发明的救急方法,不过是一种"灌注"知识的方便法门,而不是研究学问和造就人才的适当办法。他们不知道这一千年演进出来的书院制度,因为他注重自修而不注重讲授,因为他提倡自动的研究而不注重被动的注射,真有他独到的精神。可以培养成一种很有价值的教育制度。

二十年前的革新家因反对八股的科举而一并废除了文官考试制度;因反对书院的课程不合时势而一并废除了一千年艰难演进出来的教育制度!没有历史眼光的革新家的流毒真不浅啊!

---

[*] 录自《胡适遗稿及秘藏书信》第5册,黄山书社1994年版。——编者

道 德 教 育*

究竟什么叫做道德？

诸位都曾读过韩愈的《原道》，他说：

> 博爱之谓仁，行而宜之之谓义，由是而之焉之谓道，足乎己，无待于外之谓德。仁与义为定名，道与德为虚位。

这话怎么讲呢？其实他对于这四个字，只有"博爱之谓仁"勉强可算是有内容的定义。"行而宜之"岂不也是很空泛的虚位吗？况且我们读《论语》的人，看孔丘说"仁"字有许多种的说法；墨翟主张兼爱，孟轲不但不赞他为"仁"，还要骂他是禽兽。其实兼爱与博爱有何不同？由此看来，"仁"字也是一种虚位了。所以我们觉得韩愈应该说："仁义道德都是虚位，都不是定名。"我们现在可以借用韩愈的话头来下道德的"虚位"的定义：

> 由是而之焉，而宜之，之谓道。

---

* 此为在天津教育厅的讲演词，全稿未写完，故难于确定写作日期。收入《胡适遗稿及秘藏书信》第12册，黄山书社1994年版。——编者

> 足乎己,无待于外,之谓德。

翻成白话,就是:

> 正当的行为,就叫做道。
> 正当行为的结果,成了个人的正当品格,不须勉强,自然出来,就叫做德。

那么,我们又要问:怎么样才是"正当"呢?这两字最难说。我们要晓得,道德是变迁的,是随时随地变迁的。今日的正当,未必是千百年前的正当。这里的正当,未必是那里的正当。比如说谎是不正当的,然而我们又说"兵不厌诈";有时你的朋友病危的时候,他家中死了人,你定要瞒着他;有时小孩子不肯吃药,你定要哄他是糖。有时戏园对面失火,园主人若老实说火起了,看客一定纷纷逃走,挤死跌死;园主人只从从容容地走出台前,说,"今天谭老板病倒了,不能登台,明天补唱。"大家慢慢散出,才知道园主人说谎救人,然而大家决不怪他说谎的。又如杀人是不正当的,但是我们何以又称颂那许多暗杀的烈士呢?又如造反向来叫做叛逆的行为,是不正当的;现在我们叫他做革命,便觉得正当了。又如放火是不正当的,但是前三年北京学生放火烧曹汝霖的房子,我们总觉得一种痛快;又如前几年东三省防疫的医官为防止传染起见,烧了许多染疫的房屋与街道,我们也觉得他是正当的。又如喝酒,陶潜、李白、杜甫一班诗人多把酒醉看做解忧除闷的圣品。会喝酒的叫做"酒仙"、"酒圣";"古来圣贤皆寂寞,唯有饮者留其名。"但是现在西洋有许多文明国家,竟把酒完全禁止了。又如鸦片烟在十几年前是敬客的上品,现在是犯罪的禁品了。又如男娼，乾隆嘉庆时代的状元、宰相公然承认这是"韵事"，诗人作歌称赞男妓，小说家作小说称赞小旦。但是十年来这种风俗也禁绝了。最可注意的是，五十年前曾国藩、左宗棠是中兴的大功臣，五十年后便有许多人骂他们是汉族的罪人了。二十年前康有为对清室是"逆臣"，对国人是维新的领袖；二十年后康有为对清室是"忠臣"，对国人是守旧的复辟党了。

这并不止是平常所谓"守经"与"达权"的问题。这是道德的性质的问题，是道德的中心问题。荀卿说的最好："人无动而不与权俱。"权是一个秤锤。道德本无定名，只是虚位，就如那秤上的星点一样。道德的生活是随时随地求个正当的生活，就如那秤上的提绳一样，故说"人无动不与权俱"。假如天下的道德都是不变的，都是不须随时随地去求个正当的，那么，我们只消凭着理想做一部《道德经》或一部《道德教科书》，就可以施诸四海而皆准，行诸万世而不惑了。道德教育就不成问题了。无奈人事是复杂的、变迁的、个别的。因为复杂，故没有简单的应付；因为变迁，故没有刻板的标准；因为个别，故没有根本的解决。明末高攀龙说得好：

> 唯权乃所以为经也。非权则经不可用矣。经，譬之秤也。权，则秤锤也。秤一定不可移，（即我说的那秤上的星点，还即是虚位，并非真一定不可移。）权则随轻重而定。故权字即时字也。（《东林论学语》上）

我们现在可以下"道德"的定义如下：

> 依着个人的智慧的光明，对于那复杂、变迁、个别的人事问

题,在行为上随时随地做相当的应付:这就是道。

　　这种行为,久而久之,习惯了,圆熟了,不须勉强了,成了品性了。这就是品格的养成,这就是德。

现在我们可以讲"道德教育"了。
向来中国人的道德教育有三种:

第一,大多数人的道德教育完全是不名道德教育的道德教育。他们不晓得什么"修身"、"正心"、"伦理",他们也不晓得什么"性"、"仁"、"良知"、"主敬"。他们的智慧是很有限的,他们的生活问题也是很有限的。他们用那有限的经验与知识来应付那有限的生活问题,——一点一滴的活知识,用在一点一滴的活问题上,——居然也往往有很正当的行为,居然也往往养成很正当的品格。

第二,还有少数的人,想从书本子里得着一种道德教育。他们谈心,谈性,谈良知良能,谈正心诚意,谈主一主敬,谈修身,谈道德仁义。然而这种道德教育的效果可实在不多。有时候,他们用强制的方法,立功过格,写座右铭,至多也不过成一种束身自保的道学先生。有时候,这种功夫完全当不得一个粉面村姑娘的一盼,也禁不住一只大元宝的光焰。比较上,功效最大的还是一部《觉世真经》,和一部《太上感应篇》、一篇《阴骘文》。清朝的刑名大家汪辉祖,学问总算是好的了,然而他自己说他一生所以不敢做恶事,全靠他每天早起念三遍《感应篇》! 其实何止汪辉祖一个人？一部《正谊堂全书》(清张伯行编刻,为程朱一派的理学书的最大结集。)那里比得上这一小本《太上感应篇》? 这种书本子里的道德教育,充其量不过是一班《感应篇》的信徒;他们不敢做恶事,因为怕近报在己身,远报在儿孙;他们也做点好事,因为他们要积点阴骘,延寿一纪,贵子双生!天下的大傻子也出在他们里面,天下的大奸巨猾也出在他们里面。最大的成绩也不过几个"不求有功,但求无过"的好好先生。若想单靠这种道德教育就可以产出一些能做大事的王守仁、曾国藩,那是没有希望的。

第三,到了晚近的时期,一些谈教育的人提出"三育"的名称:体育、智育、德育,——在学校的课程里分出一两点钟来,专教"德育"。小学里叫做读经与修身,中学以上叫做读经与伦理。这种教育的效果,我们也看见了。学生见了这种功课,觉得毫无趣味,打瞌睡的打瞌睡,看小说的看小说。即使用功的学生把一部修身教科书记得烂熟,考试时得着个一百分,究竟于学生的行为上有什么用处?况且我们既把"德育"特别提出,列为一个独立的学科,那么,其余的学科——国文、历史、地理、数学、理化、博物等,——明明也是可以宣告独立的了。当初提倡"三育分立"的人,本意是提高"德育",不料反把"德育"降为一种讨厌的科目!

以上三种道德教育的方法,我们若用成绩来批评他们,自然要算第一种"不名道德教育的道德教育"的成绩最大了。我们中国的背脊骨,还须靠这一班真有道德的老百姓。其余那两种"自命道德教育的道德教育",却不曾有什么可以使人心服的成绩。这种比较,使我们明白一个教训:

用"道德教育"来教道德,远不如不用"道德教育"来教道德。

换句话说,就是:"直接教道德,远不如间接教道德。"再说的骇人一点,就是:"教道德,远不如不教道德。""间接教道德"就是用经验与知识来应付生活的问题,这虽不是教道德,而结果却是一种最有成效的道德教育。

那么,我们难道应该完全效法这种自然的、不自觉的道德教育吗?这又不然。这种不自觉的道德教育很有流弊:(1)因为不自觉,往往知其然而不知其所以然。①

---

① 此后无下文,底本如此。——编者